D1748182

Günter G. Bamberger
Lösungsorientierte Beratung

Günter G. Bamberger

Lösungsorientierte Beratung

Praxishandbuch

2., völlig neu bearbeitete und erweiterte Auflage

BELTZPVU

Anschrift des Autors:
Dipl.-Psych. Günter G. Bamberger
Obere Schillerstraße 45
72076 Tübingen

Das Werk einschließlich aller seiner Teile ist urheberrechtlich geschützt. Jede Verwertung außerhalb der engen Grenzen des Urheberrechtsgesetzes ist ohne Zustimmung des Verlags unzulässig und strafbar. Das gilt insbesondere für Vervielfältigungen, Übersetzungen, Mikroverfilmungen und die Einspeicherung und Verarbeitung in elektronischen Systemen.

2., völlig neu bearbeitete und erweiterte Auflage 2001

1. Auflage 1999 Psychologie Verlags Union, Weinheim

© Psychologie Verlags Union, Verlagsgruppe Beltz, Weinheim 1999, 2001

http://www.beltz.de

Lektorat: Sabine Köster
Herstellung: Uta Euler
Umschlaggestaltung: Federico Luci, Köln
Umschlagbild: The Image Bank, Frankfurt
Satz: TypoStudio Tobias Schaedla, Heidelberg
Druck und Bindung: Druckhaus „Thomas Müntzer", Bad Langensalza
Printed in Germany

ISBN 3-621-27503-7

Inhalt

Geleitwort von Anne M. Lang   IX

1 Lösungsorientiert beginnen!   1

2 Von den Anfängen der systemischen Therapie zu Steve de Shazer   5

  2.1 Grundbausteine der systemischen Theorie   7
  2.1.1 Zirkularität   7
  2.1.2 Konstruktivismus   7
  2.1.3 Kybernetik   9
  2.2 Small is beautiful: Die Entwicklung lösungsorientierter Kurztherapie   10
  2.3 Das lösungsorientierte Beratungskonzept   15
  2.3.1 Ausblick statt Rückblick: Lösungsszenarien statt Problemanalyse   15
  2.3.2 Woran erkennt man einen lösungsorientierten Berater?   21
  2.4 Ein Exkurs: Lösungsorientiertes Denken auch in der Medizin – Salutogenese   26
  2.4.1 Kohärenzgefühl – das psychische Immunsystem   27
  2.4.2 Autonomietraining – ein Verhaltensprogramm zur Psychohygiene   28

3 Ein lösungsorientierter Leitfaden: Phasenmodell der Beratung   29

  3.1 Der Weg vom Problem zur Lösungsorientierung   30
  3.2 Sich Gemeinsam auf den Weg machen: Synchronisation   30
  3.3 Ein vorläufiges Phasenmodell der lösungsorientierten Beratung   31

4 Erste Beratungsphase: Synchronisation   35

  4.1 Lösungsorientierte Problemanalyse?!   36
  4.1.1 Respektierung des Klienten und seines Problems   38
  4.1.2 Vom Problem zum Nicht-Problem   38
  4.1.3 Ein erstes Kompliment im Hier und Jetzt   39
  4.1.4 Wenn die Lösung das Problem ist   39
  4.1.5 Eine Neuorientierung auch für den Berater   40

4.2	Auftragsklärung und Kontrakt: Die Vereinbarung von Kooperation	40
4.3	Klienten sind nicht immer Klienten: Vom Umgang mit „Besuchern", „Klagenden" und „Leidenden"	43

5 Zweite Beratungsphase: Lösungsvision 47

5.1	Über Visionen und den Zauber der Sprache	47
5.1.1	Die lösungsorientierte Zentralfrage	48
5.1.2	Lösen als ein „Mehr des Unterschiedlichen"	50
5.1.3	Schlüsselfragen des Lösens	50
5.2	Lösungstendenzen: Veränderung schon vor der Beratung	51
5.3	Ausnahmen: Die unbewusst funktionierenden Lösungen	54
5.3.1	Kein Problem ohne Ausnahme!	55
5.3.2	Positive Konnotation von Ausnahmen	57
5.3.3	Verschreibung der Ausnahme(n)	58
5.3.4	Wenn es keine Ausnahmen zu geben scheint	58
5.4	Hypothetische Lösungen: „Was wäre wenn …?"	65
5.4.1	Die Entwicklung einer hypothetischen Lösung	65
5.4.2	Von den Phantasien zu konkreten Verhaltensbeschreibungen	68
5.4.3	Von den Verhaltensbeschreibungen zum Verhalten	70
5.4.4	Fallbeispiel	72
5.5	Reframing: Dem Problem eine neue Bedeutung geben	73
5.5.1	Verhaltensdiversifizierendes Reframing: „Viele Wege führen nach Rom!"	75
5.5.2	Motivationsdiversifizierendes Reframing: „Alles ist Ansichtssache!"	76
5.5.3	Situationsutilisierendes Reframing: „Alles ist zu etwas nütze!"	82
5.5.4	Fallbeispiel	83
5.6	Universallösung: „Mach', was Du willst, aber ander(e)s!"	84
5.6.1	Ansatzpunkte für „etwas ander(e)s"	85
5.6.2	Motivation für „etwas ander(e)s"	87
5.6.3	Effekte von „etwas ander(e)s"	91
5.6.4	Fallbeispiel	92
5.7	Universallösung 2. Ordnung: Wenn Berater für sich lösungsorientiert denken	94
5.7.1	Lösungsorientierte Beratung als koevolutiver Prozess	94
5.7.2	Lösungsorientierte Selbstberatung des Beraters	95
5.7.3	Fallbeispiel	97

6 Dritte Beratungsphase: Lösungsverschreibung 99

6.1	Rapport: Gerne bei sich selbst Klient sein	101
6.1.1	Rapport und nichts als Rapport	101

6.1.2	Rapport unter lösungsorientierter Perspektive	103
6.1.3	Rapport ist immer wieder anders	106
6.1.4	Rapport ist nicht alles!	106
6.2	Nachdenkpause: Eine Zäsur, bevor Neues beginnt	107
6.2.1	Wie sich der Klient auf Neues einstellt	107
6.2.2	Wie der Berater Neuem den Weg bereitet	108
6.3	Positive Konnotation: Ressourcen aktivieren durch „Komplimente"	110
6.3.1	Komplimente für den Klienten	110
6.3.2	Von den Komplimenten zur Ressourcenaktivierung	111
6.3.3	Von der Ressourcenaktivierung durch den Berater zur Ressourcenutilisierung durch den Klienten	113
6.3.4	Der Berater und seine Ressourcen	114
6.3.5	Fallbeispiel	115
6.4	Eigentlicher Lösungsvorschlag: Das „Briefing" für das Lösungshandeln	118
6.4.1	Zusätzliche motivationale Stimulierung	118
6.4.2	Die Präsentation der Hausaufgabe	119
6.4.3	Registrierung von Compliance	120
6.4.4	Operationalisierung – ganz konkret und scheinbar unkonkret	120
6.4.5	Abschluss der Beratungsstunde	121
6.4.6	Fallbeispiel	122
6.5	Vereinbarung des Folgegesprächs: Lösungsorientiertes Timing der Beratungsfrequenz	124
6.6	Telekommunikative Verstärkung des Lösungsverhaltens	125
6.6.1	Briefe, die etwas „vertiefen"	125
6.6.2	Briefe, die etwas „festhalten"	126
6.6.3	Briefe, die etwas „nachtragen"	129
6.6.4	Briefe, die Beratung fortsetzen	130
6.6.5	Beratung über die neuen Medien („e-Beratung")	133

7 Vierte Beratungsphase: Lösungsevaluation 137

7.1	Das Folgegespräch: Fokussierung der Verbesserungen	137
7.1.1	Ein Breitbandscreening der Veränderungen	139
7.1.2	Identifizierung der relevanten Ressourcen	140
7.1.3	Ein Kompetenzen-Würfelspiel	141
7.1.4	Eine neue „Lösungsverschreibung"	142
7.2	Wenn es nicht besser geworden ist: Ein Test für die Utilisationkompetenz des Beraters	143
7.2.1	Wenn die Hausaufgabe nicht gemacht wurde	144
7.2.2	Wenn sich nichts bzw. zu wenig verändert hat	146
7.2.3	Wenn es zu einem Misserfolg gekommen ist	147

7.2.4	Wenn es sogar schlechter geworden ist	148
7.2.5	Fallbeispiel	148
7.3	Wenn der Beratungsprozess ins Stocken geraten ist: „Klemmen-Symptome"	149
7.4	Sich erfolgreich entbehrlich machen: Das Ende der Beratung	152
7.4.1	Annäherung statt Vollendung: Das Ende vor dem Ziel	152
7.4.2	Abschlussformen und Abschiedsrituale	154
7.4.3	Lösungsorientiert = zeiteffizient + veränderungseffektiv	156

8 Fallbeispiel: Herr E. und seine Promotion zum „Dr. vitae" — 159

8.1	Anmeldung	159
8.2	Erste Sitzung	159
8.3	Zweite Sitzung	166
8.4	Dritte Sitzung	170
8.5	Vierte Sitzung	175
8.6	Über die weiteren Sitzungen	180

9 Beforschte Beratung: Qualitätsmanagement und Prozesskontrolle — 187

9.1	Eine Analyse der Wirkfaktoren	188
9.2	Das Ratinginventar lösungsorientierter Interventionen	190
9.3	Die Methode der sequentiellen Plananalyse	193

10 Die Effektivität der lösungsorientierten Beratung: Einige kritische Fragen und manche (auch provozierende) Antworten — 195

10.1	Ein Plädoyer für „Minimalismus" und „Pragmatismus"	196
10.2	Sprachphilosophische Gründe für die Wirksamkeit lösungsorientierter Beratung	198
10.3	Der Klient als Experte der Wirksamkeitsbeurteilung	199
10.4	Wirksamkeit aus der Sicht anderer Beratungsschulen	200
10.5	Eine lösungsorientierte „Universalantwort"	201

Was ich Ihnen ganz zum Schluss noch sagen wollte ... 203

Literaturverzeichnis 205

Stichwortverzeichnis 215

Geleitwort

„Lösungsorientierte Beratung" ist ein Fachbegriff geworden. Dennoch existieren selbst in der Fachwelt noch immer zwei Vorurteile:

Da ist einmal dieses: Es gehe dabei um ein rein technisches Vorgehen, das dem Charakter der Störung nicht gerecht würde, so dass es auch zu der – in solchen Fällen immer „unkenrufhaft" zitierten – Symptomverschiebung komme.

Das andere Vorurteil lautet: Es gehe darum, eine Person ohne echte Kontaktaufnahme und ohne Empathie für ihre Geschichte mit fremd induziertem positiven Denken zu manipulieren.

Im übrigen sei Lösungsorientierung nur bei leichteren Fällen einsetzbar.

Welch eine Erleichterung, dass das Buch von Günter G. Bamberger all dies nun endlich überzeugend widerlegt.

Zunächst macht sein Buch die neuen erkenntnistheoretischen Vorstellungen von Veränderung verständlich, welche die Grundlage für ein lösungsorientiertes Vorgehen bilden. Dann zeigt es zweitens in einem ausführlichen Fallbeispiel, wie wenig sich lösungsorientierte Beratung und mitfühlender Kontakt und Begegnung ausschließen. Es wird dabei deutlich, wie gerade ein guter Rapport die Grundlage bildet für eine zielgerichtete effiziente Lösungsorientierung.

Die klassische Vorstellung von therapeutischer Veränderung beruht verkürzt entweder darauf, dass im Problemgespräch Geschildertes zusammen ergründet und wiederholt wird, oder darauf, dass durch spezielle Übungen neues Verhalten erzeugt wird. Konzepte, die auf den Modellen der Systemtheorie, der Synergetik, der Selbstorganisationstheorien beruhen, beschäftigen sich mit neuen Prinzipien für Veränderung beim Menschen. Individuen werden als nicht einseitig instruierbare Systeme gesehen, weil sie einem sehr eigenen Selbstorganisationsprozess unterliegen.

Dabei spielt die Sprache zur Erschaffung von Wirklichkeit eine wichtige Rolle. Durch sie entstehen quasi zwangsläufig neue Wirklichkeiten. Mit den entsprechenden Fragen werden die Ausnahmen der Störungen entdeckt, wird der Fokus der Betrachtung auf die Verbesserung gelegt, werden Schritte herausgearbeitet, die sozusagen als „Leitersprossen" für Entwicklung fungieren. Insofern hat ein Berater auch eine hohe Verantwortung für seine sprachlichen Interventionen.

Beginnen Sie dieses Buch mit dem Fallbeispiel (Kapitel 8). Ich weiß noch genau, wie sehr es mich beim ersten Lesen angerührt hat. Da arbeitet ein Therapeut mit spürbarem Engagement. Er bleibt bei aller Lösungsorientierung dennoch zielneutral und reflektiert seine Begleitung immer wieder gemeinsam mit dem Klienten. So schafft er ein fruchtbares Klima für dessen selbstbestimmte Entwicklung.

Ein solcher Prozess wirkt zudem magisch auf den Umgang mit sich selbst. Hier kann der Klient für seinen eigenen Umgang mit sich lernen, wie wichtig die Aufmerksamkeitsfokussierung ist für das, was er empfindet, für das, was er fühlt, und dafür, für welche Handlung er sich entscheidet, bzw. dafür, welche neuen Handlungsoptionen plötzlich entstehen können.

In den Theorieteilen des Buches lesen Sie dann übersichtlich, wie sich das praktische Vorgehen ableitet und erklärt. Eine Fülle von Interventionen, Fragen und Aufgaben ergänzen einen Leitfaden der Beratung.

Lassen Sie sich von den Möglichkeiten von Kommunikation faszinieren.

Ich wünsche Ihnen, dass Sie von diesem Buch angesteckt werden zu menschlich engagierter und effektiver lösungsorientierter Beratung. Ich wünsche Ihnen auch, dass Sie die intellektuelle Freude entdecken, neue Lösungsmöglichkeiten bei sich und anderen entstehen zu lassen. Und nicht zuletzt glaube ich, dass die lösungsorientierte Arbeit auch der eigenen Psyche gut tut.

Ich bin sicher, dieses Buch liefert Ihnen zu allem wichtige Impulse.

Bonn im Februar 2001 *Anne M. Lang*

1 Lösungsorientiert beginnen!

Eigentlich bin ich der Überzeugung, dass man lösungsorientierte Beratung gar nicht lehren kann – weder in einem Seminar noch mit einem Buch.

Genauso wenig ist es meiner Meinung nach möglich, einem Klienten, der eine Problemlösung sucht, die Lösung zu erklären.

Als Berater bleibt einem lediglich, in der Begegnung mit dem Klienten solche emotionalen oder kognitiven Kontextbedingungen entstehen zu lassen, die im Sinne eines Empowerment diesen Klienten in Kontakt bringen mit seinem ganzen Handlungspotential – also auch mit solchen Fähigkeiten, Begabungen, Intentionen, Phantasien usw., von denen er bislang keinen Gebrauch gemacht hat. Dadurch wird er sich dann immer besser in der Lage sehen, geeignete Problemlösungsstrategien aus sich heraus zu entwickeln und selbst seinen Lösungsweg zu finden. Und mit dieser neuen Perspektive wird er dann seinem Leben eine neue Richtung geben, die ihn in eine befriedigendere und vielleicht auch glücklichere Zukunft führt.

Meine Hoffnung als Autor ist es nun, mit diesem Buch in gleicher Weise Kontextbedingungen schaffen zu können, die innere Suchprozesse initiieren und unterstützen – Suchprozesse, die Ihnen Ihre ganze beraterische Phantasie und Kreativität vor Augen führen und Sie in Ihrer beraterischen Selbstwirksamkeitsüberzeugung bestärken.

Dazu möchte ich Sie vorab einladen, sich jetzt der Frage zu widmen, was Sie in Ihrer beraterischen Arbeit schon immer so gemacht haben, dass es so bleiben soll, wie es ist.

Und indem Sie sich wertschätzend all Ihre Kompetenzen und Ressourcen vergegenwärtigen, begegnen Sie dem grundlegenden Prinzip der lösungsorientierten Beratung …

Wenn Sie einen Stift zur Hand haben, würde ich Ihnen vorschlagen, all das stichwortartig festzuhalten, was an Gedanken und Bildern in Ihnen auftaucht – am besten auf der folgenden Seite oder auch einem separaten Blatt Papier.

Lassen Sie sich überraschen, wie Ihnen im Verlaufe der Lektüre dieses Buches immer mehr Ihrer beraterischen Ressourcen bewusst werden und Ihre Stichwortliste immer mehr wächst.

....
....
....
....
....
....
....
....
....
....
....
....

Nun möchte ich Ihnen einen kurzen Überblick vermitteln über das, was Sie inhaltlich im Einzelnen erwartet:

In der Einführung treffen Sie auf eine kurze Geschichte der systemischen Psychotherapie, einschließlich einer etwas längeren Begründung, warum aus dieser Geschichte eine Person, nämlich Steve de Shazer, herausragt und was ihn in dieser herausragenden Position von den anderen unterscheidet und sozusagen einzigartig macht: **„Von den Anfängen der systemischen Therapie zu Steve de Shazer"** (Kapitel 2).

Mit dieser theoretischen „Grundlegung" können sodann Konzepte für die Praxis entwickelt werden, hier in Form eines Gliederungsschemas für den Beratungsprozess, eines „roten Fadens" quasi gegenüber der unendlichen Vielfalt und Komplexität menschlicher Beratungsbedürfnisse: **„Entwurf eines lösungsorientierten Leitfadens"** (Kapitel 3).

In den folgenden Kapiteln sollen die so konzipierten Beratungsphasen detailliert vorgestellt werden, wobei es insbesondere um die jeweilgen Gestaltungsmöglichkeiten des Beraters durch aufmerksamkeitsfokussierende Fragen geht: **„Synchronisation"** (Kapitel 4), **„Lösungsvision"** (Kapitel 5), **„Lösungsverschreibung"** (Kapitel 6) und **„Lösungsevaluation"** (Kapitel 7).

Kapitel 8 präsentiert Ihnen ein längeres **Fallbeispiel.** Es veranschaulicht die praktische Umsetzung der verschiedenen beraterischen Interventionstechniken im lösungsorientierten Beratungsprozess. Dabei ist der Leser eingeladen, in eine supervisorische Position zu gehen und sich immer wieder die Frage zu stellen, wie er selbst wohl den nächsten Schritt konzipiert und wie sich dadurch der Beratungsprozess wohl weiter entwickelt hätte.

Derartige Fragen führen vom Terrain der Praxis wieder in die Gefilde der Wissenschaft, und zwar zu dem Thema **„Qualitätsmanagement und Prozesskontrolle".** In diesem 9. Kapitel werden Analysetechniken vorgestellt, die als „bildgebende Verfahren" den Beratungsprozess direkt sichtbar machen. Damit ist die Basis für ein effektives Qualitätsmanagement in der psychologischen Beratung geschaffen.

Damit wäre ich eigentlich mit meinem Buch am Ende – hätte ich nicht doch die Hoffnung, dass das intensive Fragen im Rahmen der lösungsorientierten Beratung Sie angesteckt hat und Sie nun selbst einige kritische Fragen aufwerfen. Vielleicht finden Sie im 10. Kapitel sogar Ihre Frage wieder: **„Kritische Fragen – und (auch provozierende) Antworten".**

Ich wünsche Ihnen, dass dieses Buch durch das, was Sie beim Lesen ganz persönlich für sich daraus machen werden, zu einem Ideengeber wird für all die Situationen und Ereignisse, in denen *neue* Perspektiven, *neuer* Mut und *neues* Handeln Not tun.

2 Von den Anfängen der systemischen Therapie zu Steve de Shazer

Im Rückblick auf die Entwicklung der Wissenschaften und ihrer verschiedenen Anwendungsbereiche lässt sich immer wieder beobachten, dass sich Erkenntnisgewinn und Praxisfortschritt nicht in gleichmäßigen, kontinuierlichen Schritten vollziehen, sondern einem dynamischen Prozess folgen, bei dem Phasen der „Innovation" und solche der „Etablierung" einander abwechseln. Und es scheint auch so zu sein, dass solche Innovationen meist von mehreren Pionieren gleichzeitig und doch (relativ) unabhängig voneinander eingebracht werden. Im Nachhinein ist es dann meist schwierig, den eigentlichen „geistigen Erfinder" auszumachen. Oft scheint die Zeit einfach reif für einen bestimmten kognitiven Entwicklungsschritt, eine ideologische Wende, einen Paradigmenwechsel, einen epistemologischen Wandel. Und wenn dadurch Antworten gegeben werden auf die Fragen und Probleme der zu diesem Zeitpunkt vorliegenden gesellschaftlichen Bedingungen bzw. wenn sich daraus Impulse ableiten lassen für aktuell anstehende Veränderungsprozesse, dann finden solche Innovationen eine breite, gesellschaftsprägende Resonanz.

Ein Beispiel für ein solches innovatives Denken im psychosozialen Bereich stellt Ende der fünfziger Jahre die Entwicklung der Familientherapie dar. Sie greift – in Abgrenzung zu den bis dahin vorherrschenden psychoanalytischen Denktraditionen – systemtheoretische und kybernetische Konzepte auf und versucht mit dieser Perspektive menschliche Probleme in einer neuen Art und Weise zu verstehen und zu bearbeiten. Zu den Schrittmachern dieser „Revolution in der Psychotherapie" (Gottlieb Guntern, 1980) zählen beispielsweise Gregory Bateson, John Weakland, Jay Haley, Salvadore Minuchin, Virginia Satir.

Systemisches Denken. Dieses neue Denken basiert auf dem Postulat, dass „das Verhalten von Elementen sich aus den Relationen zwischen diesen Elementen, nicht aus ihren inneren Eigenschaften heraus erklärt" (Jochen Schweitzer und Gunthard Weber, 2000, S. 209). Für das Verstehen von psychischen Problemen und Konflikten bedeutet dies, dass weniger das Individuum (als „Problemträger", „Konfliktverursacher" usw.) interessiert, als vielmehr der betreffende Lebenskontext, also das Gesamt von psychosozialen Bedingungen, in dem dieses Individuum lebt und in dem es sich mit einer Vielzahl von Interaktionsmustern eingerichtet hat bzw. sich ständig neu einrichtet. Unter dieser Perspektive erscheint beispielsweise „Depressivität" weniger als Symptom einer Krankheit oder als Manifestation eines ungelösten innerpsychischen Konflikts, sondern vielmehr als eine – auf den zweiten Blick – meist sinnvolle Verhaltensweise im Zusammenleben mit anderen Personen in der jeweiligen Lebenswelt.

So können etwa die von einer Ehefrau geäußerten Gefühle der Trauer und Schwermut bei ihrem Partner komplementäre Interaktionen der liebevolltröstenden Zuwendung bewirken. Und in dieser Art der Zuwendung realisiert der Ehemann zugleich eine idealisierte Selbstwahrnehmung, nämlich dass er eben der psychisch Stabilere ist, so, wie es sich für einen „richtigen Mann" gehört. Außerdem interpretieren die Kinder die „Depressivität" der Mutter als eine unmissverständliche Aufforderung, ordentlich zu funktionieren, vor allem in schulischer Hinsicht keinen Ärger zu machen. Und je weniger die Mutter damit behelligt werden will, umso mehr Autonomie gewinnen die Kinder. Insgesamt – und damit systemisch gesehen – sorgt die Mutter ganz unwillkürlich für eine gute emotionale Befindlichkeit ihrer wichtigsten Bezugspersonen. Sie selbst muss dafür allerdings mit beeinträchtigenden Gefühlen „bezahlen". Aber nach ihrer innersten Überzeugung ist es eben das Schicksal der Frauen, sich für andere zu opfern.

Insofern war es dann nur logisch, das bis dahin übliche Zweiersetting in der Psychotherapie, also die „abgeschirmte" Interaktion zwischen einem Therapeuten und einem Klienten mit Analyse der **intrapsychischen** Bedingungen und Prozesse, nun aufzubrechen und zu einer „Familientherapie" zu erweitern. Damit werden wichtige Bezugspersonen in das therapeutische Geschehen konkret integriert, und es geht vorrangig um das Verstehen der **interpersonellen** Bedingungen und Prozesse. Später wurde dann – im Bewusstsein, das die Familie nur eines von vielen möglichen Systemen darstellt, in denen Klienten leben – statt von „Familientherapie" zunehmend von „Systemischer Therapie" bzw. „Systemischer Beratung" gesprochen.

> **!** Systemische Beratung/Therapie befasst sich also weniger mit der Analyse von individuell-persönlichkeitsspezifischen Prämissen oder mit der Interpretation der intrapsychischen Dynamik, ihr geht es vielmehr um das Bewusstmachen von interpersonellem Geschehen, um die multifaktoriell bedingten Interaktionen in einem komplexen System aus Vernetztheit und Rekursivität. Im beraterisch/therapeutischen Fokus stehen also Individuum **und** Kontext, das **interdependente** Beziehungsgeschehen, insbesondere die **interpersonelle** Kommunikation.

2.1 Grundbausteine der systemischen Theorie

Die systemische Theorie stellt inzwischen selbst ein hoch komplexes System aus Hypothesen, Erklärungen und Wertungen dar (siehe z.B. Jürgen Kriz, 1999). Zu den zentralen Grundannahmen gehören dabei die der Zirkularität, des Konstruktivismus sowie der Kybernetik.

2.1.1 Zirkularität

Die Verhaltensweisen des Einzelnen sind immer durch die Verhaltensweisen der anderen (mit-) bedingt und bedingen diese gleichzeitig selbst. Jedes Verhalten kann man sowohl unter dem Aspekt seiner Ursachen als auch unter dem seiner Wirkungen analysieren, wobei diese Wirkungen wiederum zu den Ursachen für neues Verhalten werden usw. Folglich kann man jeden Handelnden sowohl unter dem Aspekt des Opfers als auch unter dem des Täters sehen. Entsprechend stellt ein Problem immer das Ergebnis des Zusammenwirkens vieler Beteiligter und des Zusammentreffens verschiedenster Umstände dar, auch wenn nur eine einzelne Person als definierter Problemträger in Erscheinung tritt.

Der Berater/Therapeut ist unter dem Aspekt der „Zirkularität" einerseits darauf konzentriert, diese interaktionellen, zirkulären Prozesse in ihrer problemrelevanten Dynamik zu erkennen und zu verstehen. Zum anderen geht es ihm darum, die „Beiträge" der beteiligten Personen, wie sie sich aus interindividuell unterschiedlichen Wahrnehmungs-, Vorstellungs-, Überzeugungs- und Werthaltungskonstruktionen sowie ihren analog unterschiedlichen Handlungsplänen und -realisationen ergeben, zu identifizieren und in ihrer Gesamtwirkung allen vor Augen zu führen (z.B. durch „zirkuläres Fragen").

2.1.2 Konstruktivismus

Diese systemische Theorie von der Zirkularität des Verhaltens und die sich daraus ableitenden Handlungspostulate für das beraterisch-therapeutische Vorgehen stehen zugleich mit einer bestimmte Sicht von „Realität" in Zusammenhang, hier: beraterisch-therapeutischer Realität. Diese nimmt nicht für sich in Anspruch, wahr zu sein, sondern beschränkt sich darauf, Nützlichkeit zu bieten, und zwar in dem Sinne, dass damit hilfreiche beraterisch-therapeutische Arbeit möglich wird. Die Frage, ob es daneben oder außerdem noch so etwas wie eine „wirkliche Realität" gibt, die quasi unabhängig von den „subjektiven Überzeugungen" existiert, ist für den Systemiker nicht interessant bzw. stellt sich überhaupt nicht. Nach seiner Auffassung sind dem Menschen mit seinen sensorischen Wahrnehmungsmöglichkeiten, in seinem aktuellen Lebenskontext und vor dem Hintergrund seiner individuellen Lebenserfahrungen grundsätzlich nur subjektive Realitäten zugänglich. Er kann insofern Realität immer nur auf seine Weise erschließen bzw. konstruieren: Wir sehen nicht mit unseren Augen, sondern mit unserem Verstand!

Dieser Konstruktivismus (u.a. Ernst von Glasersfeld, 1981), der einen weiteren Grundbaustein der systemischen Theorie darstellt, gilt in gleicher Weise für den Klienten:

Jedes Individuum konstruiert sich aufgrund der Erfahrungen, die es in den Interaktionen mit seiner Umwelt macht, sein Bild von der Wirklichkeit. Diese Wirklichkeitskonstruktionen beeinflussen wiederum, und das unwillkürlich, was dieses Individuum sieht, wie es das Gesehene bewertet, welche Verhaltenspläne es entwickelt und wie es sich dann tatsächlich verhält. Dabei wird es solche Konstruktionen für wahr halten, die für sein Wohlbefinden und seine existentielle Sicherung im Zusammenleben mit anderen nützlich sind. Genau dieser Sachverhalt begründet eine in vieler Hinsicht gemeinsame Welt durch Übereinkunft (konstitutive Ontologie). Es bleiben aber interpersonelle Differenzen genug, die dann im Zusammenleben mit anderen immer wieder zu Konfrontationen führen, die letztlich Konfrontationen unterschiedlicher Realitätskonstruktionen sind. Jeder beharrt dabei auf seinen Realitätsannahmen mit Absolutheitsanspruch, so als ob sein Bild von der Welt die wirkliche Wirklichkeit repräsentieren würde.

> **BEISPIEL**
>
> Die ganze Romanliteratur lebt von der Dynamik des Aufeinandertreffens solcher unterschiedlicher Welten, in denen sich Menschen eingerichtet haben. Hier eine Textpassage aus „Homo Faber" von Max Frisch (1977, S. 47f):
>
> „In jener Zeit kam das Angebot von Escher-Wyss, eine Chance sondergleichen für einen jungen Ingenieur, und was mir dabei Sorge machte, war nicht das Klima von Bagdad, sondern Hanna in Zürich. Sie erwartete damals ein Kind. Ihre Offenbarung hörte ich ausgerechnet an dem Tag, als ich von meiner ersten Besprechung mit Escher-Wyss kam, meinerseits entschlossen, die Stelle in Bagdad anzutreten sobald als möglich. Ihre Behauptung, ich sei zu Tode erschrocken, bestreite ich noch heute; ich fragte bloß: Bist du sicher? Immerhin eine sachliche und vernünftige Frage. Ich fühlte mich übertölpelt nur durch die Bestimmtheit ihrer Meldung; ich fragte: Bist du bei einem Arzt gewesen? Ebenfalls eine sachliche und erlaubte Frage. Sie war nicht beim Arzt gewesen. Sie wisse es! Ich sagte: Warten wir noch vierzehn Tage. Sie lachte, weil vollkommen sicher, und ich musste annehmen, dass Hanna es schon lange gewusst, aber nicht gesagt hatte; nur insofern fühlte ich mich übertölpelt. Ich legte meine Hand auf ihre Hand, im Augenblick fiel mir nicht viel dazu ein, das ist wahr; ich trank Kaffee und rauchte. Ihre Enttäuschung! Ich tanzte nicht vor Vaterfreude, das ist wahr, dazu war die politi-

> sche Situation zu ernst. Ich fragte: Hast du denn einen Arzt, wo du hingehen kannst? Natürlich meinte ich bloß: um sich einmal untersuchen zu lassen. Hanna nickte. Das sei keine Sache, sagte sie, das lasse sich schon machen! Ich fragte: Was meinst du? Später behauptete Hanna, ich sei erleichtert gewesen, dass sie das Kind nicht haben wollte, und geradezu entzückt, drum hätte ich meinen Arm um ihre Schultern gelegt, als sie weinte. Sie selbst war es, die nicht mehr davon sprechen wollte, und dann berichtete ich von Escher-Wyss, von der Stelle in Bagdad, von den beruflichen Möglichkeiten eines Ingenieurs überhaupt. Das war keineswegs gegen ihr Kind gerichtet. Ich sagte sogar, wieviel ich in Bagdad verdienen würde. Und wörtlich: Wenn du dein Kind haben willst, dann müssen wir natürlich heiraten. Später ihr Vorwurf, dass ich von Müssen gesprochen habe! Ich fragte offen heraus: Willst du heiraten, ja oder nein? Sie schüttelte den Kopf, und ich wusste nicht, woran ich bin."

All das bedeutet, dass es auch in der beraterischen Interaktion keinen Experten geben kann, der weiß, welche Konstruktionen von Wirklichkeit wirklich, richtig oder wahr sind. Das Expertentum des Beraters besteht „lediglich" darin, dass er weiß, dass etwas Konstruiertes immer auch umkonstruiert werden kann: „Was wäre, wenn …?" Und das Expertentum des Klienten ergibt sich daraus, dass er am besten beurteilen kann, welche Konstruktionen für sein Leben **nützlich** und welche **nicht nützlich** sind.

2.1.3 Kybernetik

Ursprünglich geht es in der psychologischen Kybernetik einfach um die Beschreibung und die Erklärung der Dynamik von Systemen (zum Beispiel einer Familie), und zwar durch einen außenstehenden Beobachter, der das System in quasi objektiver Weise analysiert (Subjekt-Objekt-Dualismus). Dieser Beobachter bzw. Berater entwickelt dann entsprechend seiner Analyse ihm geeignet erscheinende psychotherapeutische Strategien zur Beeinflussung/Veränderung dieses Systems.

Kybernetik zweiter Ordnung. Heinz von Foerster (1985, 1993) hat dieses positivistische psychotherapeutische Modell dadurch erweitert und verändert, dass er die Beziehung zwischen diesem vermeintlich außenstehenden Beobachter zu seinem beobachteten Objekt unter die Lupe nimmt, er also den Beobachter in das System integriert, was allerdings wieder einen Beobachter (auf einer höheren Ebene) voraussetzt, nämlich einen Beobachter, der einen Beobachter (den Berater) beobachtet, wie dieser einen Klienten beim Beobachten (Aktualisierung von Erinnerungsbildern) beobachtet. Mit dieser Perspektive wird klar, dass Berater und Klient selbst in einem systemischen Zusammenhang aufeinander bezogen sind: „Ich sitze nie auf der Tribüne, sondern spiele immer mit" (Fritz B. Simon, 1999b). Das heißt: Im Kontext der Beratung ist der Berater immer Interaktionspartner und fördert sowohl bewusst wie auch unwillkürlich bestimmte Interaktionsmuster mehr und andere Interaktionsmuster weniger. Und dasselbe trifft auf den Klienten und **sein** Verhalten in dieser Beziehung zu. Berater sind nie nur Beobachter, und Klienten sind nie nur Beobachtete!

Man kommt so zu einer Kybernetik der Kybernetik, einer „Kybernetik zweiter Ordnung".

Eine solche erweiterte Sichtweise bleibt natürlich nicht ohne Folgen, und zwar sowohl im Sinne von Chancen als auch hinsichtlich möglicher Schwierigkeiten: Wenn es so ist, dass der Berater immer nur Interaktives beobachten kann und nicht ein außerhalb seiner Beobachtung existierendes „Objekt", dann gibt es auch keine „Objektivität" im eigentlichen Sinne. Kybernetik zweiter Ordnung bedeutet damit für den Berater, dass er nie wissen kann, wie dieser Klient „wirklich" ist bzw. was für ihn „objektiv" gut ist. Das entlastet den Berater von der Bürde, das „einzig Richtige" zu tun und gibt ihm den kreativen Spielraum, um mit dem Klienten zusammen nach Möglichkeiten – als Alternativen zum gegenwärtigen Status – Ausschau zu halten, und zwar in Form von korrespondierenden inneren Suchprozessen.

Andererseits steht der Berater als „interner Beobachter", der allein schon durch seine Beobachtung das System verändert (zum Beispiel weil der Beobachtete weiß, dass er beobachtet wird), in einer besonderen Verantwortung – Verantwortung dafür, in der Interaktion mit dem Klienten eine ausgewogene Balance zwischen der Anregung zu solchen Suchprozessen und der Respektierung von Autonomie zu finden.

2.2 Small is beautiful: Die Entwicklung lösungsorientierter Kurztherapie

Innerhalb der „systemischen Bewegung" fand dann Ende der sechziger und Anfang der siebziger Jahre das Konzept einer **„Kurztherapie"** immer größere Beachtung – nachdem zuvor Milton Erickson derartige Ideen „gesät" hatte, zum Beispiel in einem schon 1954 veröffentlichten Aufsatz mit dem Titel „Special Techniques of Brief Hypnotherapy".

Kurztherapie heißt zum einen, die vorgetragenen Probleme, Konflikte, Störungen usw. nicht vertieft zu explorieren, sondern möglichst rasch auf die beim Klienten vorhandenen Kompetenzen und Ressourcen zu fokussieren und alle Möglichkeiten ihrer aktiven Nutzung auszuschöpfen, um so möglichst direkt zu einer Problemlösung zu kommen. Zum anderen kann die Kurztherapie auch deswegen kurz sein, weil sie davon ausgeht und darauf abzielt, dass innerhalb der Beratungs- bzw. Therapiestunde nur Anregungen, Anstöße gegeben werden für die eigentlichen Entwicklungs- und Veränderungsprozesse, die sich im konkreten Alltag des Klienten vollziehen bzw. vollziehen müssen.

Es lassen sich im Rückblick drei Orte ausmachen, von denen diese „Bewegung" ausging, nämlich Palo Alto (Kalifornien), Mailand (Italien) und Milwaukee (Wisconsin):

- 1968 wurde das „Brief Therapy Center" als eigenständige Abteilung am Mental Research Institute in Palo Alto, Kalifornien, eingerichtet; 1974 stellten John Weakland, Richard Fisch, Paul Watzlawick und Arthur M. Bodin in „Brief Therapy: Focused Problem Resolution" ihre neue therapeutische Sichtweise dar.
- 1971 entstand das „Centro per lo Studio della Famiglia" in Mailand; 1974 erschien „The Treatment of Children Through Brief Therapy with Their Parents" von Mara Selvini-Palazzoli, Luigi Boscolo, Gianfranco Cecchin und Guiliana Prata.
- Seit 1969 arbeitet Steve de Shazer mit der von ihm entwickelten „Lösungsorientierten Kurztherapie", die er 1975 erstmals publizierte: „Brief Therapy – Two's Company"; 1978 gründete er in Milwaukee, Wisconsin, mit einer Gruppe gleichgesinnter Therapeuten (Insoo Kim Berg, Eve Lipchik, Elam Nunnally, Alex Molnar u.a.) das „Brief Family Therapy Center" (BFTC).

Aber trotz des gemeinsamen systemischen Grundgedankens und der gemeinsamen systemischen Erkenntnistheorie, wie sie durch den Konstruktivismus formuliert worden ist, und auch trotz des gemeinsamen „geistigen Vaters", nämlich Milton Erickson, blieben es doch unterschiedliche „systemische Schulen", die zu unterschiedlichen praktisch-therapeutischen Schlussfolgerungen kamen und unterschiedliche Schwerpunkte in ihrer wissenschaftlichen Begleitforschung setzten. Kurt Ludewig (1996, S. 108) spricht von der „Binnendifferenzierung der systemischen Therapie". So spezialisierte sich der Palo Alto Kreis auf strategische Interventionen, das heißt auf manipulative Verhaltensverschreibungen, die auf den jeweiligen Problemfall sozusagen nach Maß zugeschnitten sind, zum Beispiel um das Familiensystem zu „verstören" und dann zu förderlichen Prozessen der Neuorganisation anzuregen. Das Brief Family Therapy Center dagegen hat sich an der Beobachtung orientiert, dass die Problemlösungen sich weit mehr gleichen als die Probleme selbst, die zu lösen sind – und deshalb nach universellen Basis-Interventionsformen, nach „Standardverschreibungen" bzw. „therapeutischen Dietrichen" gesucht. Die Erfahrungen, die Steve de Shazer damit in seiner therapeutischen Arbeit gemacht hat, beschreibt er folgendermaßen: „Mit einem relativ kleinen Bund von Dietrichen lässt sich ein weiter Bereich von Schlössern öffnen" (Steve de Shazer in Brian Cade, 1986, S. 344).

Das „Milwaukee-Axiom". Das Gemeinsame dieser Dietriche, die im Einzelnen noch ausführlich dargestellt werden, ist dabei die Überzeugung des Beraters, dass man eine Problemlösung am schnellsten und sichersten dadurch erreicht, dass man sich von Anfang an auf die Lösung und nicht auf das Problem konzentriert. Man bezeichnet diese Grundüberzeugung, dieses „Credo" des lösungsorientierten Ansatzes auch als das „Milwaukee-Axiom".

„Geburtsstunde" der lösungsorientierter Beratung. Das Schlüsselereignis, das Steve de Shazer überhaupt erst zu dieser Neukonzeption des beraterischen Vorgehens gebracht hat, waren, wie Peter de Jong und Insoo Kim Berg (1998) berichten, eigene Erfahrungen der Verwirrung und Hilflosigkeit: Eine Familie hatte ihn gleich zu Beginn der ersten Beratungsstunde mit einer Vielzahl von Problemschilderungen regelrecht überschüttet. Insgesamt ließen sich 27 verschiedene Probleme unterscheiden. Diese für den Berater geradezu erdrückende Lage provozierte die verzweifelte Frage, was denn an diesem „todkranken" System überhaupt noch funktionierte. Zum Erstaunen Steve de Shazers nahm die Familie diese Frage mit großer Ernsthaftigkeit auf, ließ sich sogar auf die Hausaufgabe ein, ihre Beobachtungen dazu während der nächsten Wochen zu protokollieren. Zum Folgetermin schien eine andere Familie gekommen zu sein: Alle Mitglieder sprudelten von positiven Berichten, und alle waren sich einig in dem Wunsch, als Familie zusammenzubleiben. Der Berater konnte sich darauf beschränken, den einzelnen Familienmitgliedern Komplimente zu machen und sie zu ermutigen, all diesen wertgeschätzten Verhaltensweisen zukünftig noch mehr Raum im Familienalltag zu geben.

Die „Kristallkugel-Technik". Der Dietrich, der in der psychotherapeutischen Szene am populärsten wurde, ist die sogenannte „Kristallkugel-Technik". Sie stammt ursprünglich von Milton Erickson; Steve de Shazer hat sie später zur „Wunderfrage" abgewandelt. Der Klient wird eingeladen, in seiner Aufmerksamkeit nach innen zu gehen, dabei die unwillkürlich aufsteigenden Gedanken und Bilder einfach vorbeiziehen zu lassen, bis dann – vom Berater suggestiv vorgegeben – eine Kristallkugel erscheint, mit der man in die Zukunft schauen kann. In dieser eingeengten Aufmerksamkeit, die einer „Trance" entspricht, „darf" der Klient nun seiner natürlichen Neugierde nachgeben, indem er in diese Kristallkugel hineinschaut und dabei dann immer deutlicher seine eigene Zukunft erkennen kann. Anschließend, mit der Aufmerksamkeit wieder im bewussten Hier und Jetzt, soll er beschreiben, was er gesehen hat, insbesondere wie sich die Entwicklung von heute in diese Zukunft hinein ergeben hat und welche situativen bzw. persönlichen Umstände die Lösung seines Problems unterstützt haben.

Der Blick in die Kristallkugel bedeutet dabei die Imagination einer Zukunft, in der, gegenüber der Jetzt-Situation, etwas **anders** ist. Dieses Bewusstmachen von Unterschieden sowie die suggestive Einladung, sich Entwicklungen und Änderungen, auch im Sinne von Problemlösungsprozessen, vorzustellen, vermitteln dann die psychotherapeutischen Impulse für entsprechende Schritte des Klienten in der „Wirklichkeit".

> **!** Die ganze Kunstfertigkeit des Therapeuten besteht darin, den Klienten in seiner Phantasie zu beflügeln, so dass er Änderungsmöglichkeiten zu sehen vermag und damit bereits einen ersten Schritt in einem Veränderungsprozess unternommen hat.

Veröffentlichungen zum lösungsorientierten Denken. Im deutschsprachigen Raum machte Steve de Shazer seit 1983 durch mehrere Publikationen in den relevanten Fachzeitschriften auf sich aufmerksam, zum Beispiel mit seinem Aufsatz „Über übliche Metaphern" (1983, Zeitschrift für systemische Therapie). Außerdem sorgten Schüler und Hospitanten für einen immer größer werdenden Bekanntheitsgrad. An erster Stelle ist hier Gunther Schmidt (u.a. 1985, 1989) zu nennen, ferner Thomas Weiss mit seinem Buch „Familientherapie ohne Familie" (1988). Den eigentlichen Durchbruch brachten jedoch Steve de Shazers Veröffentlichungen „Wege der erfolgreichen Kurztherapie" (1989), und „Der Dreh – Überraschende Wendungen und Lösungen in der Kurzzeittherapie" (1989).

Fortbildungsinstitute für lösungsorientierte Therapie. Seit 1985 existiert in Bremen das Norddeutsche Institut für Kurzzeittherapie, das Fortbildungsveranstaltungen mit Steve de Shazer anbietet (und davon teilweise Videoaufzeichnungen fertigt – zum Beispiel „To Whom The Bell Tolls", 1993). Ähnliche Einrichtungen gibt es in Österreich und der Schweiz.

Lösungsorientiertes Denken im außerklinischen Bereich. Aber auch über den beraterisch-psychotherapeutischen Bereich hinaus werden immer häufiger Lösungsperspektiven gesucht und genutzt. Zum Beispiel propagieren Ralf Mehlmann und Oliver Röse (2000) das „LOT-Prinzip" für die Personal- und Organisationsentwicklung, wobei LOT das Kürzel für LösungsOrienTierung ist. Ferdinand Wolf (2000) beschreibt eine „Lösungsorientierte Moderation". Gunther Schmidt (1998) präsentiert „Lösungsorientierte Konzepte für Teamsysteme". Das Norddeutsche Institut für Kurzzeittherapie hat einen eigenen Kongress veranstaltet und die einzelnen Beiträge unter dem Titel „Gelöst und los!" veröffentlicht. Dabei geht es schwerpunktmäßig um systemisch-lösungsorientierte Vorgehensweisen in Supervision und Organisationsberatung (Manfred Vogt-Hillmann et al., 2000). Auch im medizinischen Bereich werden – unter dem ganzheitlich-integrativen Konzept der Verhaltensmedizin – zunehmend lösungsorientierte Ansätze aufgegriffen, und zwar zur effektiveren Entwicklung der „Selbsthilfe" (Annette Wolf, 1999). In diesen Bereich gehört zum Beispiel ein lösungsorientiertes Gruppenprogramm für Frauen mit Essstörungen, dem Agnes-Christine Nelle und Anna Maria Prechtl (2000) das Motto gegeben haben: „Lebensfülle statt Leibesfülle".

Lösungsorientiertes Denken „weltweit". Natürlich sind auch im „World Wide Web" die lösungsorientierten Diskussionen längst eröffnet, zum Beispiel im

Forum „SysLoA" des Norddeutschen Instituts für Kurzzeittherapie, was als Abkürzung für „Systemisch-Lösungsorientierter-Ansatz" steht. Alternativ kann man sich über die „European Brief Therapy Association" mit regelmäßig erscheinenden Newslettern versorgen lassen. Ebenso finden sich im Internet entsprechende wissenschaftliche Publikationen, zum Beispiel von Peter Kaimer (1998) vom Psychologischen Institut der Universität Bamberg, dem es ein Anliegen ist, die Radikalität des Shazerschen Ansatzes unter der Überschrift „Lösungsfokussierte Therapie" hervorzuheben. Und der Dokumenteserver der Universität Konstanz stellt die vollständigen Protokolle zweier Seminare zum Thema „Ressourcenorientierte Arbeit in Beratung und Supervision" zur Verfügung. Ben Furman (1999) bietet sogar eine „virtuelle Beratung" in Form eines „Lösungsorientierten Programms zur persönlichen Entwicklung", das in zwölf Schritten einen Prozess des „Self-Empowerment" zu initiieren versucht.

> **!** Internetadressen, die zu einem „lösungsorientierten Surfen" einladen (Stand: April 2002):
> - Homepage des Brief Family Therapy Center in Milwaukee:
>   www.brief-therapy.org
> - Online-Newsletter der European Brief Therapy Association:
>   www.ebta.nu
> - Deutsches Diskussionsforum für den Systemisch-lösungsorientierten Ansatz (SysLoA): www.nik.de/nik/deutsch/sysloa.htm
> - Aufsätze und Forschungsberichte zur lösungsfokussierten Therapie (Universität Bamberg): www.uni-bamberg.de/~ba2pk99/SFT.HTM
> - Fortbildungsangebote in lösungsorientierter Beratung/Therapie:
>   www.nik.de (Norddeutsches Institut für Kurzzeittherapie),
>   www.wilob.ch (Weiterbildungsinstitut für lösungsorientierte Therapie und Beratung)
> - Kontaktstudium in lösungsorientierter Beratung und Supervision
>   www.ilbs.de/LoB-Kontaktstudium/lob.html
> - Seminarprotokolle zur Ressourcenorientierten Beratung:
>   www.ub.uni-konstanz.de/cgi/w3-msql/v13/frontdoor.html?source_opus=401
> - The Solutions Focus Links:
>   www.thesolutionsfocus.com/linksh.cfm

Wie Steve de Shazer diese Entwicklungen sieht. Steve de Shazer selbst zeigt sich von der positiven Resonanz auf sein therapeutisches Konzept übrigens sehr überrascht. In einem Interview mit Jürgen Hargens (1996, S. 8f), der danach fragte, was die Leute wohl dazu gebracht habe, in so kurzer Zeit diesen Ansatz zu akzeptieren, antwortete er: „Vielleicht sind sie verrückt, ich weiß es nicht. Es ist eine schwierige Frage, auf die ich einfach keine Antwort habe ..." – um dann als Vorteil für sich selbst einzuräumen, dass man als Therapeut mit einem solchen Ansatz einfach weniger arbeiten müsse, das Geschäft mehr beim Klienten bleibe:

„Ich habe einmal mit einem Schüler Minuchins zusammengesessen, und wir haben unsere Therapie-Bänder angeschaut. Er sagte, strukturelle Familientherapie zu machen, ist wie Fußball spielen, aber das, was ihr macht, ist mehr wie ein langer gemütlicher Landspaziergang. Es ist also eine Menge weniger Arbeit für den Therapeuten als in allen anderen Arten von Therapie, die ich kenne. Und deswegen ist es auch mehr Arbeit für den Klienten."

2.3 Das lösungsorientierte Beratungskonzept

Lösungsorientierte Beratung zählt sich also zur Gruppe der systemischen Ansätze (mit den Aspekten der Zirkularität, des Konstruktivismus und der Kybernetik) und verpflichtet sich zu kurztherapeutischen Interventionen. Aber was ist nun mit dem dritten und eigentlich namensgebenden Merkmal, dem der Lösungsorientierung? Wie begründet sich diese Sichtweise und wie realisiert sie sich in der beraterischen bzw. therapeutischen Arbeit? Darum geht es in den folgenden Kapiteln.

2.3.1 Ausblick statt Rückblick: Lösungsszenarien statt Problemanalyse

Psychologische Beratung bzw. Psychotherapie beginnt mit bzw. beruht auf der Formulierung von Problemen, welche den Klienten veranlassen, den Berater bzw. Therapeuten aufzusuchen. Ein solches Problem ist in der Regel aus vier „Bestandteilen" konstruiert:

(1) der Wahrnehmung einer Diskrepanz zwischen dem, wie etwas ist, und dem, wie es – aus irgendwelchen Gründen – sein sollte (Ist-Soll-Diskrepanz im Sinne von Klaus Dörner, 1976);
(2) der subjektiven Bewertung, nach der dieses „Soll" als deutlich attraktiver eingeschätzt wird als die aktuelle Ist-Befindlichkeit;
(3) dem vergeblichen Versuch, aus eigenen Kräften von Ist nach Soll zu kommen („Ist-Barriere-Soll-Modell");
(4) und den dysfunktionalen Interaktionsmustern, die sich quasi als Folge der misslungenen Problemlösungsversuche etabliert haben und die nun in einem engeren Sinne sich als „das Problem" bzw. „die Probleme" präsentieren.

Üblicherweise bedeutet dies nun, dass diese Probleme hinsichtlich ihrer Genese und Ätiologie, ihrer einzelnen sozialen und auch biologischen Bestimmungsstücke, der verschiedenen Verstärkerbedingungen usw. sehr detailliert untersucht werden – wenn sich auch das, was die Berater als wichtig erachten, je nach therapeutischer Schule oft erheblich unterscheidet. Gemeinsam ist jedoch die grundlegende Überzeugung, dass, bevor ein Problem gelöst werden kann, man zuerst in einem differenzierten diagnostischen Prozess herausfinden muss, was „falsch" läuft. Das, worüber der Klient klagt oder was er als Leiden präsentiert, ist in dieser Auffassung ja nur das Symptom von etwas anderem, nämlich einer dahinter, darunter, im Verborgenen, in der Tiefenstruktur, in der frühen Kindheit, im Unbewussten liegenden Störung – zum Beispiel einer polymorphen Psychose, einer schizophrenen Episode, einer depressiven Verstimmung, eines Borderline-Typus, einer histrionischen Persönlichkeit, eines Depersonalisationssyndroms, einer sozialen Phobie, eines primären Narzissmus, einer Megalomanie, eines Lerndefizits, einer Zwangsneurose, einer posttraumatischen Belastungsreaktion, einer Fixation in der oralen Phase, einer Neurasthenie, einer sexuellen Reifungskrise, eines Mangels an kommunikativen Fertigkeiten, eines verdrängten Gefühls usw., um nur einige wenige Beispiele aus der „Internationalen Klassifikation psychischer Störungen" (ICD-10, Horst Dilling et al., 1991) zu nennen. Und dieses eigentliche Problem muss eben zuerst ans Licht gehoben und ins Bewusstsein gebracht, als Hindernis aus dem Weg geräumt, als Blockierung aufgehoben, als Defekt repariert, als Minussymptomatik überwunden, als Pathologie beseitigt werden.

Der „Problem-talk" als Problem

Es gibt jedoch verschiedene Argumente, die gegen eine solche mechanistische Ursachenforschung, gegen ein solches medizinisches Modell von Dysfunktion, gegen einen solchen psychoanalytischen „Mythos der Einsicht" und gegen einen therapeutischen Einstieg in Form eines extensiven „problem-talk" sprechen.

Aktualisierung von Hilflosigkeit. Eine ausführliche und intensive Problemanalyse – womöglich verbunden mit der Überzeugung des Therapeuten, dass die vom Klienten vorgetragene Problemklage nur die Spitze eines Eisbergs darstelle und deshalb eine intensive „Aufdeckungsarbeit" notwendig ist – hat den Effekt, dass genau die bedrückende Hilflosigkeit aktualisiert wird, die den Klienten letztlich in die Therapie gebracht hat. Ein solches Hineinfragen in das, was nicht funktioniert, also was der Klient nicht kann, wozu ihm der Mut fehlt, wovor er Angst hat, was ihn unglücklich macht, wo er versagt hat usw., ist dann erlebensmäßig nichts anderes als eine Fortsetzung des Nicht-Funktionierens. Wenn das Bewusstsein seine Aufmerksamkeit auf „Defizite" fokussiert, dann gibt der Organismus automatisch die entsprechenden Gefühle dazu. Auf diese Weise werden die „Problemhypnose" und das klagende Verhaltensmuster des Klienten nur noch verstärkt. Zur neurologischen Basis solcher unheilvollen Zusammenhänge verweist der Ulmer Psychiatrie-Ordinarius Manfred Spitzer (1997) auf sein „Modell der neuronalen Landkarten". Er warnt davor, etwa mit

Schizophrenen über deren Wahnideen zu sprechen, denn dadurch würden immer wieder diese „verrückten Netze von Nervenzellen" aktiviert. Statt dessen plädiert er dafür, dem Patienten neue Erfahrungen zu ermöglichen.

Was für den Klienten gilt, trifft in gleicher Weise auf den Therapeuten zu. Ein Therapeut, der sich voll und ganz auf alle Lebensprobleme des Klienten konzentriert und dabei auch noch empathisch den korrespondierenden Gefühlen der Ohnmacht, der Verzweiflung und der Depressivität nachgeht, wird unweigerlich selbst von diesen Gefühlen eingefangen werden.

Und der Klient, der solche Veränderungen bei seinem Therapeuten sieht und spürt, begreift endgültig, wie hoffnungslos seine Lage ist …

> **BEISPIEL**
>
> In diesem Zusammenhang eine kurze Geschichte von Moshe Talmon (1996, S. 87):
> „Ein junger und ein alter Therapeut treffen einander am Ende eines langen Tages in einem Lift. Der junge sieht heruntergekommen, zerzaust und erschöpft aus. Der ältere richtet den Knoten seiner Krawatte auf seinem untadeligen Hemd zurecht. Er macht einen gutgelaunten und energiegeladenen Eindruck, bereit für einen vergnüglichen Abend. Der jüngere fragt ihn: 'Wissen Sie, was ich nicht verstehe? Sie sind 30 Jahre älter als ich. Wie schaffen Sie es, sich den ganzen Tag Geschichten von Leid und Schmerzen anzuhören und am Abend eine so glänzende Figur zu machen?' Der ältere Psychiater lächelt und fragt zurück: 'Wer sagt denn, dass ich [da] zuhöre?"

Die Unmöglichkeit von Objektivität. Verschiedene Bedingungen machen eine „objektive" Informationserhebung und damit eine „objektive" Problemklärung von vornherein schwierig bis unmöglich. Beispielsweise ist es dem Berater nur selten möglich, den Klienten in der „realen" Problemsituation und in seinem „konkreten" Problemverhalten zu beobachten. In der Regel erfährt er vielmehr subjektive Geschichten über dieses Geschehen. Man muss also unterscheiden zwischen einem „erlebten Leben" und dem „erzählten Leben" (Arnold Retzer, 1994) – sowie den komplexen Transformationsregeln, unter denen aus dem einen das andere wird.

Zu dieser individuellen Transformationsleistung gehören subjektive Erklärungsmuster, warum die Geschichte gerade so und nicht anders verlaufen ist – eine Geschichte soll ja Sinn machen, für den Erzähler selbst und für den, dem man sie erzählt. Hierbei kommt es beim Klienten aber häufig zu selbsteinschränkenden Attributionen – sei es aufgrund eines problembedingten „Tunnelblicks" oder auch einfach dadurch, dass vieles unreflektiert oder sogar unbewusst abläuft. Insbesondere automatisierte Routinen des alltäglichen Sozialverhaltens bieten im Nachhinein eine große Projektionsfläche für subjektive Deutungen. Nicht zuletzt bedingt der Wunsch nach einer insgesamt stimmigen Geschichte, wobei die aktuelle Problemdarstellung ja nur ein Kapitel eines ganzen „Lebensromans" darstellt, oft Vorschub für unbewusste Akzentuierungen oder Ausblendungen. Aus Aussagen werden so oft Einsagen, nämlich dass etwas aus bestimmten Gründen so und nicht anders geschehen sein möge. Und wenn man sich etwas lange genug einsagt, gibt irgendwann das Gedächtnis nach.

> **BEISPIEL**
>
> Wie unterschiedlich Geschichten ausfallen können, obwohl sie von der genau selben Sache erzählen, das zeigt in einer sehr anschaulichen und zugleich sehr berührender Weise ein 1963 gedrehter Doppelfilm von André Cayatte. Es geht um die Liebe zwischen einem Mann (Pierre) und einer Frau (Jacqueline) und dem Misslingen ihrer Partnerschaft. Einmal erzählt die Frau im Rückblick auf die gemeinsamen sieben Lebensjahre („Meine Tage mit Pierre"), dann – unabhängig davon – der Mann („Meine Nächte mit Jacqueline"). In den Kinos lief damals an den geraden Tagen der Bericht von Pierre, an den ungeraden der von Jacqueline, jedes Mal als ein in sich abgeschlossener Film. Man kann sich leicht vorstellen, wie es dem Zuschauer erging, der zunächst eingeladen war, sich mit Pierre zu identifizieren, sich seine Geschichte zu eigen zu machen, und der am nächsten Tag sich in der Welt von Jacqueline bewegte, von ihren Gefühlen angesteckt wurde – oder in umgekehrter Reihenfolge. Ob so oder so, nach dem ersten Filmerlebnis kommt es zumeist zu einer starken Sympathie für die erzählende Person. Man ist überzeugt – hat es ja auch gesehen und gehört –, dass sie logisch und richtig gehandelt hat – so, wie man selbst sich unter den gegebenen Umständen auch verhalten hätte. Dann aber, beim zweiten Film, gerät diese Überzeugung immer mehr ins Wanken, und man spürt, wie man sich selbst untreu wird: Auf den ersten Blick scheinen die Szenarien gleich zu sein, dann aber drängen sich immer mehr Unterschiede ins Bewusstsein, indem die Kamera oft auf andere Aspekte fokussiert und zugleich die Kommentare des Protagonisten dem Geschehen eine etwas andere Bedeutung verleihen. Am Ende findet sich der Zuschauer in einer totalen Verwirrung, weiß nicht nur nicht, wem er recht geben soll, Pierre oder Jacqueline, sondern versteht irgendwie die Welt nicht mehr. Und während er in dieser Betroffenheit das Kino verlässt, grübelt er darüber nach, wie es wohl „wirklich" gewesen sein könnte – und ist damit dabei, für sich selbst das Drehbuch für einen dritten Film zu entwerfen: „Die ganze Wahrheit über Pierre und Jacqueline – aus der Sicht von …".

Dieser Wunsch nach Stimmigkeit und Sinn, dieses Streben nach Konsistenz, bestimmt aber nicht nur die Erzählung des Klienten, sondern auch die Interpretation des Beraters, der aus dem **erzählten** Leben des Klienten das **gelebte**

Leben zu rekonstruieren versucht. Für den Berater ist ein solches Interpretieren und Deuten aber immer nur vom eigenen Standpunkt aus möglich, der bestimmt ist durch die eigene Lebensgeschichte und durch die spezifische berufliche Sozialisation. Der eigene „Standpunkt" wird den Berater hellhörig machen für all diejenigen Geschichtenelemente, die zu diesem Standpunkt irgendwie passen. Infolgedessen wird er den Klienten darin verstärken, davon mehr und ausführlicher zu berichten. Und das wiederum hat zur Konsequenz …

> **!** Als Berater ist man nie unabhängiger, objektiver Beobachter eines Geschehens, sondern immer – bewusst bis unbewusst – aktiver Mitgestalter. Manchmal mag diese un/bewusste Einflussnahme sogar so weit gehen, dass der Berater schon aufgrund der Anmeldedaten des Klienten eine Hypothese formuliert und im konkreten Gespräch nur noch die Aussagen registriert, die sein „Vor-Urteil" bestätigen. Die sogenannten „objektiven" Analysedaten aus der Interaktion zwischen Berater und Klient stellen also immer Konstruktionen dar.

Wenn man sich diese Komplexität wirklich bewusst macht, dann stellt sich die Frage, ob zum Beispiel eine Bedingungsanalyse des Problems, wie sie in der Verhaltenstherapie als die zentrale Grundlage für die Therapieplanung angesehen wird, überhaupt all die Details zu objektivieren vermag, um diesen Ansatz effektiv anwenden zu können. In der Praxis der Verhaltenstherapie läuft es dann auch tatsächlich anders, wie Franz Caspar (1996a, S. 21f) einräumt, weil eben „der innere Schweinehund die meisten Menschen … dazu bringt, sich mit einem ungefähren Bild der Zusammenhänge zu begnügen …, [um dann] Therapien aus dem Bauch zu gestalten … Vielleicht ist das alte Ideal einer umfassenden Analyse überholt." Und vielleicht ist dieser „innere Schweinehund" auch einfach die Intuition dafür, dass ein detailliertes Wissen um solche Problembedingungsfaktoren letztlich doch nur wenig zur **Lösung** des Problems beizutragen vermag.

Der Mensch als nichttriviale Maschine. Ferner gilt es zu bedenken, dass differenzierte Fragen nach den einzelnen Störungsdetails bei mechanistischen Systemen mit ihren linearen Kausalitäten relevant sein mögen, also bei sogenannten „trivialen Maschinen" (Heinz von Foerster und Bernhard Pörksen, 1999). Das sind Konstruktionen, die immer nach dem selben immanenten Prinzip funktionieren, zum Beispiel als Waschmaschine waschen, als Staubsauger saugen, als Geldsortiermaschine Geld sortieren, als Rasenmäher mähen usw. In diesem Sinne sind triviale Maschinen „berechenbar". Bei einem Defekt kann man sich in der Regel mit Hilfe einer Checkliste aus möglichen Fehler-Ursache-Zuordnungen an die Reparatur machen, und es besteht sogar eine hohe Wahrscheinlichkeit, dass man damit Erfolg hat. Notfalls bringt man das Gerät zu einem „Trivialisateur", der dafür sorgt, dass wieder alles in trivialer Weise funktioniert.

> **!** Der Mensch ist eine „nichttriviale Maschine", das heißt, er funktioniert nicht nach linearen Transformationsregeln, so dass ein bestimmtes Ereignis nicht immer eine bestimmte Reaktion auslöst. Zwischen Input und Output ist eine Operation im Sinne einer „inneren Verarbeitung" zwischengeschaltet. Und solche inneren Operationen sind eingebunden in systemisch-**intra**personale Bedingungen (Motivation, Affekt, Selbstkonzept usw.) und systemisch-**inter**personale Prozesse (soziale Wahrnehmung, Einstellungen usw.), was in dieser Komplexität dann den Menschen undurchschaubar und unberechenbar macht.
> Entsprechend ist der Versuch, die bei trivialen Maschinen sinnvolle Analysemethode auf nichttriviale Systeme übertragen zu wollen, von vornherein zum Misslingen verurteilt.

Unabhängigkeit von Problem und Lösung. Damit stellt sich die Frage, wie Problem und Lösung überhaupt miteinander zusammenhängen: Kann die analytische Dekonstruktion des Problems irgendwie für die Konstruktion der Lösung genutzt werden? Gunthard Weber (1994) gibt hierauf eine klare Antwort: „Wenn ich weiß, wie ein Karren in den Dreck gefahren wurde, weiß ich noch lange nicht, wie er wieder herauszuziehen ist." Das spricht eindeutig für eine Unabhängigkeit von Problem und Lösung.

Problemstabilisierung durch die Problemdiagnose. Außerdem schaffen die Ergebnisse einer solchen funktionalen Analyse, nämlich ursachenerklärende Konstruktbildungen sowie die diagnostische Etikettierung des Problems als Krankheit, Defekt, Pathologie usw., eine Wirklichkeit, die wiederum eine Stabilisierung dieses Problems bewirkt. Mit anderen Worten: Wenn Diagnostiker über einen Menschen aussagen, er habe eine bestimmte Krankheit, einen bestimmten Defekt usw., dann sprechen sie damit ein diagnostisches Urteil, auf das Klienten häufig mit Gefühlen der Minderwertigkeit und der Schuld reagieren, was sie in ihren Bewältigungskompetenzen geradezu lähmt.

Erstaunlich ist, dass Therapeuten, die im Rahmen ihrer Lehranalyse selbst schon einmal in der Rolle des „Patienten" gewesen sind, häufig solche Verletzungen bestätigen: „Meine Erfahrungen in der Klientenrolle waren meistens demütigend und einschüchternd gewesen. Zumindest verstärkten sie das Selbstbild, ein irgendwie unzulängliches menschliches Wesen zu sein" (Lynn Hoffmann, 1992, S. 28).

Reparatur statt Entwicklung. Nicht zuletzt erhält durch eine ausführliche Ursachenanalyse das Problem und seine Beseitigung eine so gewichtige und dominierende Bedeutung, dass darüber hinausgehende Perspektiven im Sinne von Entwicklung und Wachstum leicht außer acht bleiben. Therapie steht dann mehr für „Beseitigung" und „Reparatur" als für „Kompetenzerweiterung" und „Entfaltung" – und mehr für ein Verständnis für das, was war, als für das, was sein könnte.

Problemdiagnose als Problem des Diagnostikers. Und schließlich: „Als Therapeut wird man geschult, nach dem zu suchen, was hinter dem Problem ist. Es könnte jedoch sein, dass da nichts ist" (Steve de Shazer, zit. nach Eva Madelung, 1996, S. 151). Genau dieser pointiert formulierte Sachverhalt ist gemeint, wenn Skeptiker überzeugt sind, dass eine Problemdiagnose mehr über den Diagnostiker und sein Weltbild als über den Diagnostizierten und dessen Potentiale aussagt.

Vom „Problem-talk" zur „Sehnsucht nach Zukunft"

All dies legt dem Berater/Therapeuten nahe, auf eine detaillierte Analyse des Problems zu verzichten, um sich statt dessen von Anfang an auf die Analyse einer Lösung – besser: möglicher Lösungen – zu konzentrieren, und das übliche retrospektive Szenarium durch eine „Einstimmung auf Zuversicht" zu ersetzen. Statt der Rekonstruktion solcher Geschichten, die von Verletzungen, Enttäuschungen und Mängeln handeln, wird nach Möglichkeiten gesucht, eine **neue** Geschichte zu konstruieren, die wahr werden kann. An Stelle des Rückblicks auf Vergangenheit tritt die Vision von Zukunft und die Weckung einer „Sehnsucht nach Zukunft".

Steve de Shazer (1989a, S. 12f) veranschaulicht diese beraterische „Kehrtwende vorwärts" mit folgender Metapher:

„Die Klagen, mit denen Klienten zum Therapeuten kommen, sind wie Türschlösser, hinter denen ein befriedigenderes Leben wartet. Die Klienten haben alles versucht, was ihnen vernünftig, richtig und gut erschien, und was sie unternommen haben, basierte auf ihrer unbezweifelten Realität, aber die Tür ist noch immer verschlossen; sie halten ihre Situation also für jenseits jeder Lösungsmöglichkeit. Häufig hat dieser Schluss immer weitergehende Bemühungen zur Folge: Nun versuchen sie herauszufinden, warum das Türschloss so und nicht anders beschaffen ist oder warum es sich nicht öffnen lässt. Dabei dürfte es doch klar sein, dass man zu Lösungen mit Hilfe eines Schlüssels und nicht mit Hilfe eines Schlosses gelangt."

> **!** Die **lösungsorientierte Maxime** lautet also:
> Lösungen konstruieren statt Probleme analysieren!

2.3.2 Woran erkennt man einen lösungsorientierten Berater?

Lösungsorientiertes Denken als beraterisch-therapeutisches Konzept basiert auf einer ganzen Reihe von Überzeugungen, Werthaltungen, ethischen Grundsätzen und Schemata:

Erschließen alternativer Verhaltensmöglichkeiten. Das Problem und das damit verbundene Verhalten des Klienten stellt **eine** (aber nicht die einzige!) Möglichkeit des Sich-Verhaltens unter den jeweiligen Kontextbedingungen dar: „Menschen verfügen an jedem Punkt ihrer Entwicklung über eine Vielzahl von Möglichkeiten, sie entschließen sich aber – aus subjektiv respektablen Gründen – vieles von dem, was sie tun könnten, zumindest vorläufig noch nicht (oder nur manchmal) zu tun" (Arist von Schlippe u. Jochen Schweitzer, 1996, S. 124f).

Beratung/Therapie soll den Blick auf alternative Verhaltensmöglichkeiten öffnen, indem sie beispielsweise dem Klienten ein erweitertes „Bild" von der problemevozierenden Situation vermittelt, das dann mehr Handlungsoptionen bietet. Es geht also darum, den „Möglichkeitssinn" zu schärfen, dadurch Wahlmöglichkeiten zu schaffen und schließlich zu Neuentscheidungen zu ermutigen. In Anlehnung an Heinz von Foerster (1988, S. 33) könnte man geradezu einen „beraterischen Imperativ" postulieren: „Handle stets so, dass du die Anzahl der Möglichkeiten für den Klienten vergrößerst!"

Und da sich eine Problemsituation **immer** unter **verschiedenen** Perspektiven betrachten lässt, kann man sagen, dass alternative Verhaltensweisen und damit mögliche Lösungen immer schon vorhanden sind, sie nur noch vom Klienten entdeckt werden müssen. Zunehmend wird deshalb statt von lösungsorientierter Beratung auch von „Möglichkeiten-Therapie" (Bill O'Hanlon und Sandy Beadle, 1989) gesprochen.

Utilisierung zieldienlicher Ressourcen. Entsprechend ist es wichtig, „hilfreiche" (und nicht irgendwelche „dysfunktionalen") Persönlichkeitsanteile bewusst zu machen, also danach zu fragen, was der Klient tut bzw. tun könnte, was gut für ihn ist, und nicht danach zu suchen, was „falsch" läuft. Nur mit diesen Kompetenzen, über die der Klient bereits verfügt und die Lösungspotentiale darstellen, lässt sich eine Lösung konstruieren. Das können Fähigkeiten, Fertigkeiten, Begabungen, Talente, Kenntnisse, Geschicklichkeiten, Erfahrungen, Gewohnheiten, Interessen, Überzeugungen, Werthaltungen, Ideale, Wünsche, Hoffnungen, Ziele, Intentionen, Kontakte, Beziehungen, Bindungen, Einflüsse usw. sein – also Ressourcen, die in der Person des Klienten liegen, oder solche, die der soziale Kontext bietet, in dem dieser Klient lebt (interne/externe bzw. persönliche/soziale Ressourcen).

Eine solche Utilisierung zieldienlicher Ressourcen ist für Milton Erickson der wichtigste Fokus in der therapeutischen Arbeit überhaupt. Er selbst verfügte dabei über quasi seismographische Fähigkeiten, die es ihm ermöglichten, selbst minimale Spuren von Ressourcen aufzugreifen, sie dem Klienten „sichtbar" zu machen und im Weiteren für die Lösung von Problemen zu nutzen. In diesem Sinne schrieb er in einem Lehrbrief an seinen Schüler Jeffrey K. Zeig: „Ich finde es wichtig, dass Sie erkennen, dass Geplapper, Wortschwalle, Anweisungen oder Suggestionen schrecklich unwichtig sind. Das einzige, was wirklich wichtig ist, ist … die Einsicht, dass es keine Person gibt, die ihre wahren Fähigkeiten je kennt" (zit. n. Jeffrey K. Zeig, 1995, S. 82).

Unter der Bezeichnung „Ressourcen-Aktivierung" wird die Bedeutsamkeit dieses Aspekts auch in den Forschungsergebnissen von Klaus Grawe et al. (1994) hervorgehoben, und zwar als einer der vier zentralen Wirkfaktoren im psychotherapeutischen Prozess und als einer der zentralen Bausteine für eine „Allgemeine Psychotherapie". Dieses Zukunftsmodell der Psychotherapie, das er inzwischen kurz und bündig „Psychologische Therapie" nennt (1998), stellt das praktische Fazit seiner außergewöhnlich vielfältigen Forschungen zur Effektivität von Psychotherapie dar. Es repräsentiert als ein schulenübergreifendes Modell für therapeutisches Handeln einen neuen Qualitätsstandard, wofür Klaus Grawe den Slogan geprägt hat: „Von der Konfession zur Profession" (1994).

Neuere Forschungsergebnisse aus seinem Berner Institut belegen darüber hinaus, dass es genau dieser Wirkfaktor ist, der am stärksten mit dazu beiträgt, dass Klienten eine Therapiesitzung als positiv und hilfreich bewerten (Klaus Grawe et al., 1999). Das ressourcenorientierte Wahrnehmen, Denken und Handeln stellt also das wichtigste Merkmal eines hilfreichen Beraters/Therapeuten dar.

Strategie des ersten Schritts. Lösungen werden verstanden als Veränderungen eines Teils eines Systems – also Veränderungen von Wahrnehmungen, Gedanken, Gefühlen, Verhaltensmustern, Lebensplänen usw. Solche Veränderungen führen dann zu Rückwirkungen und Transformationen in anderen Teilen des Systems, und damit ist ein eigendynamischer Veränderungsprozess angestoßen, wobei jede Änderung wieder eine andere nach sich zieht. Ganz gleich, wie problembelastet und komplex eine Situation sich darstellt, eine kleine Veränderung hinsichtlich des inneren oder äußeren Verhaltens des Klienten kann zu einer tiefgreifenden Neuorganisation des Systems führen. Warum ein Problem sich ergeben hat, spielt insofern überhaupt keine Rolle. Eine Therapie kann selbst dann effektiv sein, wenn der Therapeut nicht einmal weiß, was eigentlich das Problem des Klienten ist. Alles, was er wirklich wissen muss, ist, woran für den Klienten erkenntlich sein wird, dass das Problem gelöst ist. Dann nämlich kann man sich Gedanken darüber machen, wie man zu dieser Lösung kommt, das heißt, wie der erste Schritt in diese Richtung aussehen könnte, bzw. was jetzt als erstes konkret zu **tun** ist.

Humanistisches Menschenbild. Grundlegend ist ein humanistisches Menschenbild: Jeder Mensch ist aktiver Gestalter seiner eigenen Existenz. Er trägt all die Ressourcen in sich, die es ihm ermöglichen, nicht nur selbstverwirklichend zu handeln, sondern in der Verwirklichung dessen, woran er glaubt, seine Existenz zu transzendieren und damit sein Leben mit Sinn zu erfüllen.

Probleme ergeben sich dadurch, dass dem Klienten im betreffenden Problemkontext nicht bewusst ist, dass er über die erforderlichen Ressourcen verfügt. Solches Unbewusstsein resultiert daraus, dass die Aufmerksamkeit auf **andere** Inhalte ausgerichtet ist. Dabei stellt die selektive Aufmerksamkeit eine

Leistung des Individuums dar und ist vergleichbar mit der Bündelung von Lichtstrahlen in Form eines Scheinwerferkegels, der Gegenstände in seinem Zentrum mehr erhellt als solche, die sich am Rande befinden oder gar außerhalb liegen. Dieses Verständnis von Bewusstem und Unbewusstem unterscheidet sich von der psychoanalytischen Vorstellung, nach der etwas aktiv verdrängt werden muss, um unbewusst zu werden.

Beraterische bzw. therapeutische Hilfe besteht dann darin, den Scheinwerferkegel zu erweitern bzw. den Fokus zu verändern. Oder anders formuliert: Es geht um das Anstoßen von inneren Suchprozessen, die den Klienten wieder in Kontakt bringen mit seiner „ganzen" Kreativität und seiner „ganzen" Vitalität.

Kundenorientierung statt Expertenstatus. In logischer Konsequenz resultiert daraus ein Selbstverständnis des Beraters/Therapeuten, der sich nicht mehr in der Rolle des „Problemlösers" sieht, sondern als „Moderator von Entwicklung", als „Agent der Veränderung" (Matthias Hermer, 1996) als „Mitgestalter sinnvoller Alternativen zum Problemverhalten" (Kurt Ludewig, 1992), als „Supervisor für die Interaktion mit der Außenwelt" (Gunther Schmidt, 1992), als „Faciliator für die Nutzung dessen, was schon vorhanden ist" (Hans Metsch, 1993), als „Katalysator eines Selbstorganisationsprozesses" (Günter Schiepek, 1999) – und all das in einem tiefen Glauben an das Entwicklungspotential des Menschen und in vollem Respekt vor der Autonomie individueller Lebensentwürfe.

Um den Unterschied zum **problemanalysierenden** Vorgehen in der traditionellen Psychotherapie hervorzuheben und diesen Wandel vom Expertenmodell zur Kundenorientierung zu unterstreichen, soll im Weiteren nur noch von lösungsorientierter Beratung und vom lösungsorientierten Berater die Rede sein – und das nicht nur in der Überzeugung, dass die Beratung als die allgemeinere Form von kommunikativer psychosozialer Hilfe anzusehen ist (Dietmar Chur, 1997), sondern auch mit Blick auf das aktuelle wissenschaftliche Verständnis: Kurt Ludewig (1992) und Günter Schiepek (1999) verstehen Therapie als die „Arbeit am Problem", demgegenüber sehen sie die Beratung vorrangig in der Funktion, vorhandene Kompetenzen besser zu nutzen. Als drittes Argument kann man noch hinzufügen, dass diese Abgrenzung sicherlich auch einen Unterschied für den Klienten macht: Es ist etwas anderes, ob ich mich einer Psychotherapie **unterziehe** oder ob ich Beratung **in Anspruch nehme**, ob ich etwas kurieren oder kreieren möchte, ob ich Patient oder Klient bin, ob ich Heilung suche oder Lösung.

Das Verständnis von Problemen als etwas Normales. Schließlich ist eine spezifische „Lebensphilosophie" für den lösungsorientierten Berater kennzeichnend, nach der Probleme als etwas völlig Normales, als konstitutive Elemente jedes menschlichen Lebenslaufs, ja geradezu als notwendige Impulse für Entwicklung und persönliches Wachstum angesehen werden. Steve de Shazer selbst bevorzugt für die Darstellung dieser Sichtweise eine pointiertere Beschreibung: „Das ganze Leben ist eigentlich nichts anderes als ein verdammtes Ding nach dem anderen!" (zit. nach Michael J.W. Angermaier, 1994, S. 77). Erträglich wird es jedoch dadurch, dass es immer auch Lösungen gibt. „Die Hölle ist ein Ort, an dem niemand mehr an irgendwelche Lösungen glaubt" – so formuliert es Johann in Ingmar Bergmanns Film „Szenen einer Ehe" (1976).

Für den Beratungsprozess bedeutet dies, dass es natürlich viel einfacher ist, eine Lösung für ein „normales" Problem zu finden als für eine Pathologie, deren psychodynamische Wurzeln bis in die frühe Kindheit reichen. Und eine solche „normale" Schwierigkeit kann der Klient mit etwas Hilfe dann selbst bewältigen, während er bei der Auseinandersetzung mit den „tiefendynamischen Konflikten" auf die „einsichtsfördernden Deutungen" eines hierfür spezialisierten „Experten" angewiesen ist.

Unterstützung von Selbstwirksamkeit. Daraus ergibt sich als Metaziel des lösungsorientierten Konzepts, dem Klienten einen Lernprozess zu ermöglichen, in dem er sich immer bewusster wird, dass er sich selbst regulieren und in der Interaktion mit der Umwelt die Kontextbedingungen angemessen beeinflussen kann, so dass er nicht nur mit den aktuellen, sondern – über die Ausbildung von Lösungsschemata – auch mit möglichen zukünftigen Problemen besser zurechtzukommen vermag. Letztlich geht es also um die Verstärkung des Bewusstseins von autonomer Gestaltungsfähigkeit: Self-efficacy – dem wohl wichtigsten Faktor für Resilienz, d.h. der Kompetenz zur Bewältigung von Lebensbelastungen (Christian Schulte-Cloos und Annette Baisch, 1996). Mit diesem Bewusstsein von Selbstwirksamkeit, das der Klient in einer immer aktiveren Gestaltung seines Lebens realisiert, wird er schließlich eine größere Selbstachtung gewinnen und sich in einer ausgewogeneren Balance zwischen seinen Stärken **und** seinen Begrenzungen erleben. Empirische Befunde von Peter Becker (1999) bestätigen dabei, dass Selbstachtung und seelische Gesundheit als zwei Perspektiven derselben Sache betrachtet werden können.

> **!** Die Merkmale, die für den lösungsorientierten Berater kennzeichnend sind und die sein Selbstkonzept in der Interaktion mit einem Klienten bestimmen, lassen sich zu folgendem „Tätigkeitsprofil" zusammenfassen:
> 1. Entwickler von Möglichkeitssinn
> 2. Aktivierer von Ressourcen
> 3. Ermutiger für den ersten Schritt
> 4. Bewunderer von Autonomie
> 5. Supervisor für die Interaktion mit der Außenwelt
> 6. Förderer von Normalität
> 7. Unterstützer von Selbstwirksamkeit.

In der Sprache von Milton Erickson (zitiert nach Steve de Shazer, 1992, S. 99) kann man die Merkmale eines lösungsorientierten Beraters aber auch folgendermaßen beschreiben:

„Patienten, die zu dir kommen, kommen, weil sie nicht genau wissen, weshalb sie kommen. Sie haben Probleme, und wenn sie wüßten, um was es sich handelt, wären sie nicht gekommen. Und da sie nicht wissen, worum es sich bei ihren Problemen eigentlich handelt, können sie es dir auch nicht sagen. Sie können dir nur eine recht verworrene Schilderung dessen geben, was sie denken. Und du (der Therapeut) hörst mit deiner Erfahrung zu, und du weißt nicht, was sie sagen, aber hoffentlich weißt du, dass du es nicht weißt. Und dann musst du versuchen, etwas zu tun, um in dem Patienten eine Veränderung zu induzieren … irgendeine kleine Veränderung, denn dieser Patient will eine Veränderung, sei sie auch noch so klein, und er wird das als Veränderung akzeptieren. Er wird nicht groß auf das Ausmaß der Veränderung schauen. Er wird das als eine Veränderung akzeptieren, und er wird sich entsprechend verhalten, und die Veränderung wird sich in Übereinstimmung mit seinen eigenen Bedürfnissen entwickeln … Das Ganze erinnert sehr stark an einen Schneeball, den man einen Berghang hinunterrollen lässt. Er fängt als kleiner Schneeball an, aber beim Hinunterrollen wird er größer und größer … und wird zu einer Lawine, die sich der Form des Hanges anpaßt."

2.4 Ein Exkurs: Lösungsorientiertes Denken auch in der Medizin – Salutogenese

Es gibt auch einen „Steve de Shazer" in der Medizin: Aaron Antonovsky (1923–1994), zuletzt Professor an der medizinischen Fakultät der Ben-Gurion-Universität des Negev. Anders als sonst in dieser Wissenschaft üblich, interessierte er sich nicht für Fragen der Krankheit und der jeweiligen Ursachen („Pathogenese"), sondern konzentrierte sich voll und ganz auf den quasi gegenteiligen Status, den der Gesundheit. Er versuchte herauszufinden, wie es dem Einzelnen gelingt, diesen Zustand trotz vielfältiger Risikofaktoren und Belastungen (kritische Lebensereignisse, alltägliche Stressoren, Viren usw.) aufrechtzuerhalten: Was sind die hierfür relevanten Bewältigungs- und Behauptungsressourcen?

Aus dieser sozusagen um 180° gewendeten Perspektive (von den Stressoren zu den Copingmechanismen) und den damit verbundenen Forschungsaktivitäten entwickelte sich – in Abgrenzung zur Pathogenese – der Begriff der „Salutogenese" (vom Lateinischen „saluto" = Gesundheit). Zwei weitere in diesem Zusammenhang zentralen Begriffe sind das „Kohärenzgefühl" und das „Autonomietraining".

2.4.1 Kohärenzgefühl – das psychische Immunsystem

Als wichtigstes Ergebnis dieses gesundheitsorientierten Ansatzes und einer Vielzahl entsprechender Studien identifizierte Aaron Antonovsky (1997) – als Korrelat zum Immunsystem auf physiologischer Ebene – ein „psychisches Immunsystem". Er beschreibt dieses System als die Bereitschaft, sich auf die Umwelt mit einem „grundsätzlichen und generellen Vertrauen in das Leben" einzulassen. Und er bezeichnet dieses Motiv einschließlich der damit verbundenen emotionalen sowie kognitiven Aspekte als „Kohärenzgefühl". Damit ist – im Sinne einer subjektiven Gewissheit – das „Gefühl" gemeint,

- dass die Ereignisse des Lebens in ihrem Sinn größtenteils erklärlich und damit verstehbar sind („Verstehbarkeit");
- dass man über alle notwendigen Fähigkeiten verfügt, um den vielfältigen Lebensanforderungen gerecht zu werden und um dem eigenen Leben individuelle Gestalt zu geben („Handhabbarkeit");
- und dass es das Leben wert ist, sich zu engagieren („Bedeutsamkeit").

Diese drei Aspekte von Kohärenzgefühl lassen sich in ihrer Ausprägung über einen „Fragebogen zur Lebensorientierung" (Aaron Antonovsky, 1997, S. 192ff) messen. Hohe Werte stehen für einen aktiven Seinsmodus, einen bewusst gestalteten Lebensentwurf, und korrelieren hoch mit

- einem positiven Selbstwertgefühl und einer optimistischen Grundstimmung (versus Angst),
- psychophysischer Gesundheit,
- und dem Bewusstsein, ein sinnerfülltes Leben führen zu können.

Verschiedene Versuche, die drei Komponenten des Kohärenzgefühls mittels Faktorenanalyse zu bestätigen, führten allerdings zu wenig überzeugenden Werten und sprechen eher für einen Generalfaktor (Übersicht bei Alexa Franke in Aaron Antonovsky, 1997).

Im so definierten Kohärenzgefühl, das als Ressource zu verstehen ist, geht sicherlich der aus der Psychologie stammende Begriff der „Self-efficacy" (Albert Bandura, 1977) auf, wobei die gemeinsame Schnittmenge sich als das Vertrauen in die eigene Handlungsfähigkeit, als das Wissen um die individuelle Gestaltungskompetenz beschreiben lässt. Und genau dieses Vertrauen und Wissen zu erweitern, ist das Ziel jeglicher lösungsorientierten Intervention. Man kann den lösungsorientierten Ansatz insofern auch als ein systematisches Verstärkerprogramm in Sachen Self-efficacy bzw. Kohärenzgefühl betrachten.

Der zusätzliche Bedeutungsgehalt des Konzeptes „Kohärenzgefühl" betrifft die Überzeugung, dass es Sinn macht, sich in einem aktiven Leben zu engagieren. Damit geht Antonovsky konform mit der Logotherapie von Viktor Frankl, auch wenn er dessen „Wer ein Warum zum Leben hat, erträgt fast jedes Wie" präzisieren würde: Wer Ja zum Leben sagt, begreift auch das Warum und findet so Möglichkeiten des Wie.

2.4.2 Autonomietraining – ein Verhaltensprogramm zur Psychohygiene

Für die praktische Umsetzung der salutogenetischen Perspektive steht gegenwärtig vor allem Ronald Grossarth-Maticek (1999, 2000), Direktor des Instituts für präventive Medizin in Heidelberg. Er hat dreißig Jahre lang die gesundheitliche Entwicklung von fast 35.000 Personen verfolgt, und das mit der Frage, warum bestimmte Menschen an Krebs erkranken, andere mit ähnlicher Lebensweise jedoch gesund bleiben. In Übereinstimmung mit Aaron Antonovsky kommt er zu dem Fazit, dass hierfür in erster Linie psychische Faktoren relevant sind und dabei insbesondere diejenigen Personen besser geschützt sind, die sich als Gestalter ihres Lebensschicksals sehen und sich auch entsprechend verhalten, also ihr Leben bewusst planen und nicht mit der Hilfe anderer rechnen. Sozusagen den Gegenpol bilden die ewig „Leidenden" und „Klagenden", die sich als Opfer einer unglücklichen Kindheit, einer ungerechten Gesellschaft und sonstiger widriger Umstände fühlen. Grossarth-Maticek hat auf der Grundlage dieser Erkenntnisse ein verhaltensmedizinisches Lernprogramm entwickelt, um Patienten sowohl in ihrer Fähigkeit als auch in ihrer Motivation zu verstärken, das eigene Leben aktiv zu gestalten, die individuell gegebenen Ressourcen zu nutzen und sich so in einer ebenso lustvollen wie sinnerfüllten Weise zu verwirklichen („Selbstregulation"). Mit diesem „Autonomietraining", das auf eine Sensibilisierung für das hinausläuft, was einem gut tut, also mit Wohlbefinden verbunden ist, verspricht er nicht nur einen besseren gesundheitlichen Status, sondern auch eine größere Psychohygiene durch initiativeres Problemlöseverhalten. Gegenwärtig formieren sich in Deutschland immer mehr Autonomie-Selbsthilfegruppen. Aber auch die Gesundheitspolitiker scheinen angesichts steigender Belastungen der Krankenkassen hellhörig geworden zu sein.

Letztlich stellt das Autonomietraining nichts anderes als eine systematische Anleitung zu einem konsequent lösungsorientierten Denken und Handeln dar. Es eignet sich insofern nicht nur zu einer Prophylaxe gegen Krankheit, sondern erweitert die „Lebenskompetenz" als solche.

Vielleicht gelingt es ja irgendwann auch noch, an dieser Schnittstelle von Medizin und Psychologie die Pädagogik mit einzubinden – mit der Konsequenz, dass „Autonomie" ein reguläres Schulfach wäre. Dann würde das Lebensmotto von Hartmut von Hentig (1991), dem großen deutschen Pädagogen und Gründer der Laborschule in Bielefeld, tatsächlich in einer großen Breite „Schulwirklichkeit" werden: „Die Sachen klären und den Menschen stärken!"

3   Ein lösungsorientierter Leitfaden: Phasenmodell der Beratung

Lösungsorientierte Beratung steht in der Tradition der Humanistischen Psychologie, die den Menschen als einen aktiven Gestalter seiner Existenz sieht (Charlotte Bühler und Melanie Allen, 1974). In dieser Gestaltungsintention kann er auf vielfältige Ressourcen zurückgreifen, die sowohl als Kompetenzen in seiner eigenen Person liegen (Fähigkeiten, Interessen, Werthaltungen usw.), sich aber auch aus der Interaktion mit seiner Umwelt ergeben (Gruppenzugehörigkeit, soziale Position, emotionale Zuneigung usw.). Dieses Menschenbild bildet die **Basis** des lösungsorientierten Beratungskonzepts.

Gestaltung der eigenen Existenz ist ein lebenslanger Prozess, sowohl in aktiver als auch in reaktiver Form. In Analogie zu Watzlawicks Axiom von der Unfähigkeit zur Nicht-Kommunikation gilt für das Leben, dass man nicht Nicht-Gestalten kann: „Der auffallendste Unterschied zwischen einem statischen und einem lebenden System besteht darin, dass lebende Strukturen aktiv aufrechterhalten werden müssen" (Fritz B. Simon, 1993, S. 29).

Lösungsorientierte Beratung bietet „Gestaltungshilfen" – insbesondere dann, wenn Inkonsistenzen im Erleben und Verhalten wachsen, sich maladaptive Aktionsmuster herausbilden und damit Aspekte des Lebens zum „Problem" geworden sind.

Zur Erklärung, wie diese „Gestaltungshilfen" überhaupt im Sinne von Problemlösungen wirken können, stützt man sich in der lösungsorientierten Beratung auf systemische Theoreme:

▸ **Zirkularität:** Irgendeine (kleine) Veränderung in einem problemrelevanten Muster von Kommunikation und Interaktion wird einen Veränderungsprozess in Gang bringen, der das Problemmuster zum **Lösungsmuster** wandeln kann.
▸ **Konstruktivismus:** Probleme sind Konstruktionen – vom Klienten und seinen Bezugspersonen unter den jeweiligen Kontextbedingungen mit gutem Grund erstellt. Was konstruiert ist, kann jedoch immer auch umkonstruiert bzw. dekonstruiert werden, so dass eine **Lösungskonstruktion** entsteht.
▸ **Kybernetik 2. Ordnung:** Da der Berater kein außenstehender Beobachter ist, der in objektiver Weise sagen könnte, was das Problem ist bzw. was für den Klienten gut sein wird, kann er sich Diagnosen und Ratschläge ersparen. Statt dessen geht es in der lösungsorientierten Beratung darum, sich offen,

neugierig und wertschätzend auf wirkliche Begegnung einzulassen – von Fritz B. Simon (1988) als „Koppelung" beschrieben. Es konstituiert sich so ein lösungsorientiertes Beratungssystem, aus dem heraus der Klienten Sicherheit gewinnt und Mut schöpft, um **Lösungsschritte** zu unternehmen.

3.1 Der Weg vom Problem zur Lösungsorientierung

Der **Ausgangspunkt** für eine lösungsorientierte Beratungsarbeit ist durch den Klienten definiert, der sich in einer Ist-Soll-Diskrepanz erlebt und mit seinen Bemühungen feststeckt, vom einen zum anderen zu kommen, was dann von ihm selbst und/oder irgendwelchen Bezugspersonen als „Problem" benannt wird.

Unter der Annahme, dass Menschen grundsätzlich über die Fähigkeit verfügen, aus eigener Kraft das Leben positiv zu gestalten, ist es dann das **Ziel** der lösungsorientierten Beratung, die persönlichen Kompetenzen und sozialen Ressourcen eines Klienten zu identifizieren und zu aktivieren, damit er den Herausforderungen in der jeweiligen Gestaltungssituation, die im Augenblick noch als „Problemsituation" gesehen wird, besser gerecht zu werden vermag. Ziel der lösungsorientierten Beratung ist also nicht die Lösung als solche, sondern die Lösungsorientierung!

Für den **Prozess** des lösungsorientierten Vorgehens stellen sich dabei folgende zentralen Leitfragen:

▸ Wie kann der Zugang zu den Kompetenzen und Ressourcen überhaupt gelingen?
▸ Wie sieht eine synergetische Nutzung dieser Potentiale im Sinne einer Problemlösung aus?
▸ Wie lässt sich das, was dann gelöst sein wird, als dauerhafte Verhaltensänderung sichern?

Anhand dieser Fragen lässt sich der lösungsorientierte Beratungsprozess in folgende drei Phasen unterteilen:
▸ Ressourcenfokussierung / Lösungsvision,
▸ Lösungsverschreibung,
▸ Lösungsevaluation.

3.2 Sich Gemeinsam auf den Weg machen: Synchronisation

Dieses Phasenmodell, das aus dem lösungsorientierten Beratungskonzept logisch abgeleitet ist, kann aber im konkreten Beratungsfall nur dann als **effektiver** Leitfaden genutzt werden, wenn der Klient für sich diese „Logik" nachvollzogen hat, so dass er sich mit seinem Berater „synchron" weiß und quasi „mit dabei" ist. Dann erst wird aus einem theoretischen Modell praktisch-lebendiges Beratungsgeschehen. Dazu gehört zum Beispiel die Annäherung zwischen dem Menschenbild des Beraters, wie es für den lösungsorientierten Ansatz grundlegend ist, und dem Selbstbild, mit dem sich der Klient als Klient versteht und so auch verstanden werden möchte. Eine solche Übereinstimmung gilt nach allen Wirksamkeitsstudien zur Psychotherapie als gewichtiger Erfolgsprädiktor.

Zu einer solchen „Synchronisation" bzw. „Koppelung" gehört aber ebenso, dass der Berater sich in einem komplementären Sinne auf die „logischen Prämissen" des Klienten einlässt, die für **ihn** mit Beratung verbunden sind und die quasi **seine** subjektiven Erfolgskriterien ausmachen. Wichtig ist hierbei insbesondere, dass der Berater das Problem tatsächlich als Problem respektiert und den Klienten dort abholt, wo er leidet – und ihm nicht einfach eine Lösungseuphorie aufdrängt und ihm damit ständig drei Schritte voraus ist (bis er ihn verloren hat).

Ergänzend zu den bereits genannten Phasen der Ressourcenfokussierung/Lösungsvision, Lösungsverschreibung und Lösungsevaluation soll die Synchronisation als eigene Phase definiert werden, die nicht nur zeitlich an erster Stelle steht, sondern auch in ihrer Bedeutung für den gesamten Beratungsverlauf als „grundlegend" gesehen werden muss.

3.3 Ein vorläufiges Phasenmodell der lösungsorientierten Beratung

Damit ergibt sich dann folgendes erweiterte (und dennoch immer nur vorläufige) „Phasenmodell":
▶ Synchronisation / „Problemanalyse" (Kapitel 4)
▶ Ressourcenfokussierung / Lösungsvision (Kapitel 5)
▶ Lösungsverschreibung (Kapitel 6)
▶ Lösungsevaluation (Kapitel 7)

Die in Anführungszeichen gesetzte „Problemanalyse" soll signalisieren, dass hier nicht die übliche extensive Ursachen-Recherche gemeint ist, sondern die Respektierung des Klienten in seiner augenblicklichen Situation und das Registrieren seines Anliegens.

> **!** Im **ersten Beratungsgespräch,** in dem die ersten drei Phasen integriert sind, geht es im Detail um folgende Themen:
> ▶ **Synchronisation:** Einander kennen lernen, erste Orientierung, Problemverstehen, Kontraktbildung;
> ▶ **Ressourcenfokussierung / Lösungsvision:** Exploration von Ausnahmen, hypothetischen Lösungen und sonstigen Veränderungspotentialen;

> - **Lösungsverschreibung:** Reflexion einer geeigneten Intervention („Nachdenkpause"); Kommunikation des Lösungsvorschlags.
>
> Das **zweite Beratungsgespräch** beschäftigt sich schwerpunktmäßig mit „evaluativen" Fragen, und das gilt auch für alle weiteren Gespräche:
> - **Lösungsevaluation:** Was hat sich verbessert? Wie ist es besser geworden? Wer hat darauf wie reagiert? Welche Veränderungsschritte werden als nächste folgen? Sind Modifikationen des Lösungsvorschlags notwendig? Kann die Beratung beendet werden – und wenn ja, in welcher Form?

Wie die lösungsorientierte Beratung in diesen verschiedenen Phasen konkret ablaufen kann, das wird in den Kapiteln 4 bis 7 ausführlich und mit anschaulichen Fallbeispielen beschrieben werden.

Aber: Eine solche idealtypische Präsentation des Beratungsprozesses in einer definierten Phasenabfolge ergibt sich aus didaktischen Gründen und hat das Ziel, das Vertrautwerden mit den „Grundschritten" der lösungsorientierten Vorgehensweise zu erleichtern. Das sollte keinesfalls als Aufforderung zu einer direkten Umsetzung im konkreten Beratungsgeschehen missverstanden werden: Ein beraterischer Prozess stellt keine konsekutiv-lineare Schrittabfolge in immer derselben Form dar, sondern gleicht mehr einem spontan-kreativen und offen-experimentellen Tanz, wobei sich die Choreographie zwischen den beiden Tänzern in interaktiver Weise entwickelt, und das unter Einbeziehung kontextueller Bedingungen.

Beispielsweise stellt die Abgrenzung zwischen der „Exploration" im Rahmen der Synchronisation und der eigentlichen „Intervention" innerhalb der Lösungsverschreibung ein Konstrukt dar. Tatsächlich bewirken Fragen, speziell lösungsorientierte Fragen, nicht nur Klärung, sondern initiieren mit dieser Klärung immer auch schon Veränderung – Veränderung von Kognitionen, Emotionen, Verhaltensplänen usw. Insofern beginnt die beraterische „Veränderungsarbeit" schon mit der ersten Frage des Beraters.

Beratungsprozess als Wachstumsprozess. Man kann sogar so weit gehen zu sagen: Der gesamte lösungsorientierte Beratungsprozess bzw. die gesamte lösungsorientierte Beratungstechnik besteht in einer systematisch aufeinander aufbauenden Abfolge von lösungsorientierten Fragen: „It's my job to ask difficult questions" (Steve de Shazer, Video, 1999).

Entsprechend ließe sich sogar ein Phasenmodell des Beratungsprozesses nach den vorzugsweise verwendeten „Fragentypen" konstruieren – von „Begrüßungsfragen" über „Einladungsfragen" und „Ressourcenfragen" bis hin zu „Bewältigungsfragen".

Klienten, die mit vielen Fragen einen Berater aufsuchen und nun die Erfahrung machen, dass sie statt Antworten zu erhalten mit noch mehr (lösungsorientierten!) Fragen konfrontiert werden – und das auf eine ebenso freundliche wie penetrant-hartnäckige Art und Weise, werden Antwort für Antwort entdecken, dass sie über die Fähigkeit verfügen, lösungsorientierte Antworten zu finden. Und daraus erwächst dann nicht nur die Lösung für den Augenblick, sondern eine generell verbesserte Lösungskompetenz für die Zukunft. Fragen eröffnen also nicht nur neue Wahrnehmungsperspektiven, sondern konstruieren gleichzeitig eine neue Realität – eine Realität, in der Klienten Zugriff auf Lösungen haben! Somit wandelt sich der Beratungsprozess zu einem Wachstumsprozess.

4 Erste Beratungsphase: Synchronisation

Der Beginn eines Beratungsgesprächs mit einem neuen Klienten ist zumeist schon durch viele Vorinformationen und den daraus resultierenden Erwartungen „vorgeprägt" – und das auf beiden Seiten.

Der Klient beispielsweise ist überhaupt erst durch einen Freund auf diese Möglichkeit hingewiesen worden, und das mit Argumenten, die dieser Freund aus eigenen Erfahrungen abgeleitet hat. Eigentlich wäre es der Wunsch gewesen, dass der Ehepartner mitkommt, aber schon Andeutungen dieser Art haben heftige Abwehr ausgelöst, und das verbunden mit einer Abwertung der Berater als „Seelenklempner". Die telefonische Vereinbarung eines Termins gestaltete sich durch eine freundliche Telefonstimme sehr positiv, die lange Wartezeit jedoch löste ärgerliche Gefühle aus. Die Beratungsstelle selbst ist etwas schwierig zu finden und Parkplätze gibt es gut wie keine in der Nähe. Beim Betreten des mittelalterlichen Gebäudes wecken spezifische Gerüche Assoziationen in Richtung ... usw. usw.

Mindestens genauso komplex könnte man den Wurzeln der aktuellen emotionalen und kognitiven Befindlichkeit des Beraters nachgehen.

Wenn man sich alles genau überlegt, wird man hier vom Hundertsten zum Tausendsten kommen und sich der schweren Hypothek bewusst werden, mit der eine Beratung schon „belastet" ist, bevor sie noch begonnen hat.

Ohne diese Aspekte in irgendeiner Weise vernachlässigen oder abwerten zu wollen, soll auf ihre Erörterung hier aber doch verzichtet werden. Ausführliche Hinweise findet der Interessierte zum Beispiel im „Praxishandbuch der Beratung und Psychotherapie" von Brigitte Eckstein und Bernard Fröhlig (2000).

Lösungsorientierte Beratung beginnt im Hier und Jetzt, und es wird zunächst einmal hingenommen, dass etwas so ist, wie es ist. Genau das ist der Anfang von „Synchronisation", ein respektvolles Aufeinanderzugehen.

Die zweite wichtige Ressource, die der Berater von sich aus in diesen ersten Moment der Begegnung einbringen wird, ist seine Fähigkeit, „Brücken zu bauen", Brücken des Vertrauens, der Wertschätzung, der Ermutigung – und später dann – die Brücke vom Hier und Jetzt zu einem Punkt, der in der Zukunft liegt.

4.1 Lösungsorientierte Problemanalyse?!

Streng genommen ist für den lösungsorientierten Berater die Problemanalyse entbehrlich. Er möchte sich nicht lange mit einer oft deprimierenden Rückschau und mit spekulativen Ursachenerklärungen aufhalten, sondern möglichst direkt den Lösungsprozess in Gang bringen. Eine solche wirklich lösungspuristische Auffassung wird zum Beispiel von Bradford P. Keeney (1991, S. 25f) vertreten, der seine Beratungsgespräche folgendermaßen einleitet:

„Bevor wir mit unserer gemeinsamen Arbeit beginnen, möchte ich Ihnen erklären, wie ich arbeite. Was wir *nicht* tun werden, ist, darüber zu sprechen, was Sie als Schwierigkeit oder Problem erleben. Warum? Nun, ich habe festgestellt, dass die meisten Leute, die einen Therapeuten aufsuchen, bereits viel zuviel über ihr Problem nachdenken, viel zuviele Gefühle haben, die sich darauf beziehen, und dass sie viel zuviel darüber reden. Wenn sie morgens aufwachen, fangen sie sofort an, über ihr Problem nachzudenken, oder sie stellen sich vor, sie würden mit jemandem ein Gespräch über ihr Problem führen. Im Laufe des Tages ertappen sie sich wiederholt dabei, dass sie über das Problem nachdenken, darüber, ob sie mit Kollegen, Freunden oder anderen Mitgliedern ihrer Familie darüber sprechen sollen. Wenn sie nicht bewusst über das Problem nachdenken, so befindet es sich gewöhnlich permanent in ihrem Hinterkopf. Bevor sie schlafen gehen, denken sie ebenfalls über das Problem nach, und ob es ihnen klar ist oder nicht, wahrscheinlich träumen sie auch über das Problem.

Was sollen wir nun mit all dem anfangen? Erinnern Sie sich noch daran, dass man Ihnen in der Schule irgendwann einmal gezeigt hat, wie man einen Kristall züchten kann? Dazu nimmt man ein Stück Bindfaden und bindet einen winzigen Samenkristall daran. Dann füllt man ein Reagenzglas oder ein anderes Gefäß mit einer übersättigten Lösung, hängt den winzigen Kristall am Bindfaden hinein und kann beobachten, wie er zu wachsen beginnt. Er wächst und wächst, indem er der Lösung die feste Materie entzieht, bis er fast den gesamten Behälter ausfüllt. Ein Problem hat große Ähnlichkeit mit einem solchen Samenkristall. Im übersättigten Raum Ihres Geistes wächst und wächst es, bis Ihr gesamter Erfahrungsraum mit dem Kristall angefüllt ist – d.h. mit dem Problem. Genau das ist bei Ihnen passiert. Wenn Ihr Geist mit dem Problem angefüllt ist, kann man zutreffend sagen, dass Sie das Problem sind oder dass das Problem mit Ihnen identisch geworden ist.

Das Schlimmste, was ich in dieser Situation tun könnte, wäre, eine noch stärker gesättigte Lösung bereitzustellen, denn dann würde Ihr Kristall noch größer. Wahrscheinlich sind Sie schon jetzt von diesem Problemkristall überwältigt und „ertrinken" förmlich darin. Deshalb werden wir in diesem „Therapie-Behälter" [analog zum Behälter, in dem der Kristall wächst] nicht mehr über Probleme sprechen. Statt dessen werde ich Sie mit einem anderen Samenkristall bekannt machen ..."

Steve de Shazer selbst zeigt sich pragmatischer. Trotz seines Grundprinzips „Lösungen konstruieren statt Probleme analysieren" beginnt er – nach einer kurzen Kennenlernphase – in der üblichen Weise mit der „Problemanalyse" einschließlich einer biographischen Exploration. Allerdings behandelt er dieses Thema meist sehr knapp, um sich eben nicht in ein „Jammertal" zu verirren. Außerdem bzw. vor allem verbindet er damit eine völlig andere Intention: Es geht ihm nicht um das Ziel, ein bestimmtes **Problem** besser zu verstehen, so wie dies zum Beispiel der Fall ist

- bei einer psychoanalytischen Rückschau auf die frühkindliche Problemgenese und der Aktualisierung des zugrundeliegenden Konflikts im Übertragungsgeschehen,
- bei der verhaltenstherapeutischen Suche nach den Bedingungen, die als Verstärker das Problem aufrechterhalten,
- bei der familientherapeutischen Recherche nach bestehenden Familiengeheimnissen, aus denen sich die Dynamik für die aktuelle Symptomatik ableitet,
- bei den gestalttherapeutischen Interventionen zur „Einsichtsförderung" und zur „Verantwortlichkeitsübung" mit einer Frage wie zum Beispiel: „An was erinnert Sie das Problem?",
- oder bei der NLP-gemäßen „Kommunikation mit dem Symptom" bzw. dem Dialog zwischen den bewussten Prozessen und den dieses Symptom produzierenden unbewussten Prozessen.

> **!** In einer **„lösungsorientierten Problemanalyse"** geht es vielmehr darum,
> - dem problembelasteten Klienten das Gefühl zu vermitteln, dass man ihn versteht – und ihn mit seinen Problemen, seinen Verletzungen, seinen Beeinträchtigungen respektiert (Kap. 4.1.1);
> - außerdem bietet sich hier bereits die Chance, einen wichtigen Unterschied einzuführen, nämlich den zwischen Problem und Nicht-Problem (Kap. 4.1.2);
> - und wie immer kann das, was der Klient an Aktivitäten überhaupt zeigt, sei es in der Auseinandersetzung mit dem Problem oder jetzt in der Inanspruchnahme von psychologischer Beratung, als besonders lobenswert verstärkt werden (Kap. 4.1.3);
> - natürlich fallen ganz nebenbei Informationen darüber an, was an vergeblichen Problemlösungsbemühungen der Klient selbst schon unternommen hat und insofern als Lösung ausscheidet (Kap. 4.1.4).

Somit wird die „Problemanalyse" im hier beschriebenen Sinne zu einer Umdenkaufgabe für all diejenigen Berater, die bislang problemorientiert arbeiten (Kap. 4.1.5).

4.1.1 Respektierung des Klienten und seines Problems

Über die uneingeschränkt wertschätzende Grundhaltung der humanistischen Psychologie hinaus geht es hier um die besondere Respektierung, dass der Klient ein Problem hat, **sein** Problem, und dass er gegenüber dem Berater (und auch sich selbst) zu erklären versucht, warum es notwendig ist, dass er beraterische Hilfe in Anspruch nimmt. Außerdem sehen Klienten **ihren** Beitrag zur beraterischen Arbeit häufig darin, eine präzise Beschreibung des Problems zu liefern – verbunden mit der Überzeugung, dass ein Berater um so effektiver helfen kann, je genauer er das Problem kennt. Zugleich gilt es zu respektieren, dass der Klient dabei auf den Berater Einfluss nehmen und ihn für die eigene Sichtweise und die eigenen Fokussierungen gewinnen möchte.

Ein Klient, der sich in diesen persönlichen Anliegen verstanden fühlt und sich als Person insgesamt wertgeschätzt erlebt, wird sich reaktiv wertschätzend auf die beraterische Beziehung einlassen können und engagiert mit dem Berater zusammenarbeiten. Es entsteht so ein kooperatives Arbeitsbündnis.

4.1.2 Vom Problem zum Nicht-Problem

Den Klienten darin zu akzeptieren, dass er sich als „Problemträger" exponiert und dabei die korrespondierenden Gefühle der Angst, der Trauer, des Schmerzes, der Verzweiflung usw. in sich wachruft, sie bewusst erlebt und ihnen standhält, stellt auch quasi die Voraussetzung dafür dar, dass im nächsten Schritt eine Alternative, eine Perspektive des „Statt-dessen" gewonnen werden kann. Sobald eine solche Alternative erst einmal visioniert ist, verfügt der Klient über das notwendige doppelte Wissen, nämlich wovon er weg will einerseits und in welche Richtung er die Lösung angehen könnte andererseits. Und dieses doppelte Wissen bietet in synergetischer Weise die motivationale Grundlage für ein entsprechendes Lösungshandeln des Klienten.

Der Berater kann diesen kontrastierenden Wechsel in der Weise einleiten und bewusst machen, dass er den Klienten dazu einlädt, zwischen problembelasteten und problemunbelasteten Lebensbereichen zu unterscheiden, dabei das **äußere Verhalten** zu fokussieren (versus einer empathischen Vertiefung der Problemgefühle) und schließlich dieses Verhalten in einen systemischen Kontext zu bringen.

> **LÖSUNGSINTERVENTIONEN**
>
> ▶ „Wenn Sie sich einmal überlegen, welche Bereiche Ihres Lebens und Ihrer Beziehungen von diesem Problem beeinflusst werden und **welche nicht**, was fällt Ihnen da zu beiden Bereichen als erstes ein?"

> - „Gibt es irgendwelche Vorzeichen, wenn das Problem gravierender wird? Und wie kündigt sich eine Veränderung in die andere Richtung an?"
> - „Wie sieht das konkret aus, **wenn** Sie sich depressiv fühlen? Welche Verhaltensweisen sind dann **anders als sonst**? Und wie reagiert Ihr Partner darauf?
> - „Wann haben Sie sich zuletzt so verhalten? Und wann haben Sie sich zuletzt **anders** verhalten, auch wenn es nur ein klein bisschen anders war?"
> - „Wer von Ihrer Familie bemerkt es gewöhnlich als erster, wenn solch ein **besserer** Tag ist, und woran merkt er bzw. sie es?"

4.1.3 Ein erstes Kompliment im Hier und Jetzt

Die dritte Funktion der Problemanalyse besteht in einer indirekten Verabschiedung vom Problem durch Hinwendung zu der vom Klienten begonnenen aktiven Problemlösungssuche: Es wird ihm also bestätigt, dass es sich wirklich um ein Problem handelt, so dass es richtig war, Beratung in Anspruch zu nehmen und an einer Lösung zu arbeiten, „während andere oft den Kopf in den Sand stecken". Gleichzeitig wird seine Entscheidung, **jetzt** beraterische Hilfe zu suchen, als wichtig in seiner augenblicklichen Lebenssituation dargestellt, „weil jetzt genau der Punkt erreicht ist, der eine Neuentscheidung über die zukünftige Lebensgestaltung notwendig macht". Und es wird ihm ein Kompliment gemacht, wie ernsthaft er doch all das angeht. Aus einer behutsamen Veränderung der Blickrichtung entsteht so die Atmosphäre für einen Neubeginn – jetzt!

4.1.4 Wenn die Lösung das Problem ist

Als viertes geht es in dieser Phase auch um das Kennenlernen der vom Klienten selbst schon unternommenen Problemlösungsversuche. Es ist wichtig, diese zu kennen, um zu vermeiden, dass man bei der späteren Intervention genau das vorschlägt, was er bereits als Misserfolg abgehakt hat. In diese Kategorie gehören zum Beispiel die sogenannten „Vorschläge des Friseurs", also Problemlösungsideen, die von jedermann für eine solche Problemlage als hilfreich angesehen und in der Regel ungefragt dem „Problemträger" ans Herz gelegt werden – die jedoch selten hilfreich sind, weil die Lösung zu direkt-linear angegangen wird und weil die Kommunikation dieser Idee in zu direktiver Form geschieht. Das „psychische Immunsystem" reagiert auf einen solchen „Fremdkörper" mit einer Abstoßung.

Hierher gehören aber auch all die Lösungsversuche des Klienten, die in ihrer Unangemessenheit selbst zum Problem geworden sind („Problem 2. Ordnung"), was den Klienten aber nicht davon abhält, es auf dieselbe Weise immer wieder zu versuchen. Beispielsweise hat das als „Workaholic" beschriebene Phänomen oft seine Wurzeln in einem Problemlösungsversuch hinsichtlich einer unbefriedigenden emotionalen Situation. Diese Vermeidungsreaktion wächst dann manchmal zu einem eigenständigen Problem, einem Problem 2. Ordnung, heran.

Dieser Aspekt der Problemanalyse stellt damit schon den Übergang zur Phase der Lösungsvision dar, das heißt, man klärt ab, was als Lösung **nicht** in Betracht kommt.

4.1.5 Eine Neuorientierung auch für den Berater

Für den Berater, der sich in das lösungsorientierte Vorgehen einarbeitet, stellt diese „Umdeutung der Problemanalyse" in der Regel das am schwierigsten zu erlernende und vor allem das am schwierigsten zu realisierende Element dieses Ansatzes dar.

Die Problemanalyse beinhaltet immer die Versuchung, „zu interpretieren, Hypothesen über mögliche Ursachen aufzustellen und damit die Grundidee der lösungsorientierten Kurztherapie – das Fokussieren auf problemfreie Lebensbereiche der Klienten – über Bord zu werfen ... Das ist im übrigen nicht weiter verwunderlich, haben wir doch alle im Laufe unserer therapeutischen Sozialisation gelernt, 'zwischen den Zeilen zu lesen', d.h. **hinter** den Äußerungen unserer Klienten emotionale Prozesse, Beziehungsmuster, mit einem Wort andere Wirklichkeiten zu suchen und auch zu finden – oft durchaus erfolgreich. Und erfolgreiche Strategien sind besonders schwer aufzugeben" (Corina Ahlers et al., 1991, S. 138).

Andererseits bietet solch eine beraterische Neuorientierung auch eine Entlastung: Wenn keine problemanalytische Arbeit mehr gefordert wird, ist das sonst übliche und sicherlich mühsame „Lesen zwischen den Zeilen", das „Heraushören von Zwischentönen" und „Spüren von emotionalen Ambivalenzen" entbehrlich.

4.2 Auftragsklärung und Kontrakt: Die Vereinbarung von Kooperation

Die Art und Weise wie ein Klient sein Problem präsentiert, drückt immer auch schon aus, wie er sich die Zusammenarbeit mit dem Berater wünscht – das, was üblicherweise als das „Anliegen" des Klienten bezeichnet wird. Dieses Anliegen – implizit formuliert oder durch gezielte Nachfragen explizit geklärt – ist zum einen durch die Zielvorstellungen bestimmt, die der Klient für sich entwickelt hat (zunächst oft nur als „Beseitigung von etwas"), und zum anderen und insbesondere durch die Erwartungen an den Berater, wie er bei der Realisierung der Zielvorstellungen behilflich sein soll. Dieses Anliegen gilt es abzustimmen mit dem, was der Berater selbst als fachliches Angebot unter Berücksichtigung der persönlichen und kontextuellen Ressourcen für angezeigt und realisierbar hält. Am Ende der Synchronisationsphase lässt sich dann auf der Basis der gemeinsamen Schnittmenge so etwas wie ein „Kontrakt" zwischen Klient und Berater über die Modalitäten des gemeinsamen weiteren Vorgehens formulieren.

Dass ein solcher Kontrakt im Verlaufe des Beratungsprozesses immer wieder der Modifikation bedarf, korrespondierend zu den Entwicklungen im Lösungsprozess, versteht sich von selbst. Dabei können auch Zwischenaufträge ausgehandelt werden. Solche Anpassungen sollten vom Berater auch explizit eingefordert werden, um deutlich werden zu lassen, wie der Klient Schritt für Schritt vorankommt.

Sinn und Zweck eines Kontrakts. Erst durch die Formulierung eines „Auftrags" ist der Berater legitimiert, mit fachlichen Interventionen direkten Einfluss auf eine förderliche Beziehungsgestaltung zu nehmen.

Und erst eine solche Vereinbarung gibt auch dem Klienten Sicherheit, nämlich darüber, was auf ihn zukommt. Dadurch kann er besser abschätzen, wie das Terrain des gemeinsamen Arbeitens aussieht, was sein Part dabei ist, welche Rolle der Berater übernimmt, und nicht zuletzt, was als „O.K.-Bereich" so bleiben kann, wie es ist.

Formulierung eines Kontrakts. Wie dieser Kontrakt formuliert und als Zäsur im Beratungsprozess kenntlich gemacht wird, ist situations- wie klientenabhängig. Unter Umständen kann auf eine explizite Formulierung sogar verzichtet werden, weil er sich als „konkludent" aus dem Verhalten des Klienten ableiten lässt (wie im Fallbeispiel unten). Oder aber, im anderen Extrem, wird zwischen Berater und Klient ein schriftlicher Vertrag ausgehandelt, so wie dies im Rahmen eines verhaltenstherapeutischen Settings üblich ist. Wichtig ist dabei zum einen, dass wirklich kooperative Strategien angesprochen werden, es sich also um einen bilateralen Kontrakt handelt. Zum anderen sollte in kleinen Schritten gedacht werden, so dass eventuell auch nur eine Konzeption für die aktuelle Beratungsstunde gemacht wird. Es ist besser, kontinuierlich und entwicklungsadäquat nachzubessern, als auf einen einmaligen und inflexiblen „großen Entwurf" zu setzen.

Ein solcher erster Kontrakt, schwerpunktmäßig über die **formale** Art der Zusammenarbeit zwischen Berater und Klient, wird gleich in der nächsten Phase des Beratungsgesprächs, der Lösungsvision, dann in **inhaltlicher** Hinsicht, also in Bezug auf die spezifischen Themen der Zusammenarbeit erweitert werden. Manchmal geht beides jedoch direkt ineinander über, wie das folgende Fallbeispiel zeigt.

> **BEISPIEL**
>
> Eine Klientin, Sekretärin eines Klinikchefs, erzählt in einem ersten Beratungsgespräch spontan von ihren selbstwertbeeinträchtigenden Erfahrungen als Mobbingopfer. Sie zeigt sich unsicher, wie sie sich zukünftig verhalten soll, schwankt zwischen Überlegungen in Richtung einer resignativen Kündigung oder einem verzweifelten Sichaufbäumen mit Inanspruchnahme juristischer Hilfen. Dabei pendelt sie zwischen beiden Extremen mit ebenso depressiv-klagenden wie aggressiv-anklagenden Aussagen hin und her. Nach etwa zwanzig Minuten, während derer die Klientin einen Einblick in ihre berufliche Lebenswelt vermitteln konnte, versucht der Berater eine Konzeptualisierung des weiteren Gesprächsverlaufs:
>
> Berater: „Ich würde an dieser Stelle gerne einmal den Versuch machen, für mich das zusammenzufassen, **was** ich bis jetzt verstanden habe – und, wenn Sie mögen, auch laut darüber nachdenken, **wie** das alles bei mir angekommen ist.
> Im nächsten Schritt sollten wir dann gemeinsam überlegen, wie eine Zusammenarbeit zwischen uns konkret aussehen könnte. Ist das so o.k. für Sie?"
>
> Klientin: „Ja, ja – ich bin gespannt, wie sich das aus Ihrer Sicht anhört. Ich hab' ja noch nie so offen über all das gesprochen."
>
> Berater: „Vielleicht sollte ich dann doch gleich damit beginnen, dass ich zuerst darauf eingehe, **wie** ich Sie wahrgenommen habe. Und da möchte ich Ihnen genau für diese Offenheit danken! Mir ist aufgefallen, wie Sie beim Erzählen anfangs noch etwas vorsichtig formuliert haben, dann aber zunehmend mehr aus sich herausgegangen sind – wobei ich den Eindruck gewonnen habe, dass solch ein 'Darüber-Reden' etwas Wichtiges ist. Dafür sollten wir uns auf jeden Fall Zeit nehmen."
>
> Klientin: „Irgendwie erleichtert mich das Reden."
>
> Berater: „Manchmal habe ich Sie aber doch mit einer Frage unterbrochen, um eben noch genauer die Dinge so sehen zu können, wie Sie sie sehen. Und da konnte ich eine weitere sehr angenehme Eigenschaft bei Ihnen kennenlernen: Sie lassen sich nicht nur offen auf solche Fragen ein, sondern fragen auch interessiert nach, wie ich gerade zu dieser Frage komme. So, wie ich mich für Ihren Standpunkt und Ihre Sichtweise interessiere, gehen Sie auf meinen Standpunkt und meine Sichtweise ein. Wir haben sozusagen begonnen, unsere Sichtweisen auszutauschen. Und das halte ich für etwas ganz Wichtiges in solchen Gesprächen, nämlich dass man einerseits genau hinschaut und sich fragt, 'Wie sehe und erlebe ich die Sache?' – und andererseits, dass man sich auf die spannende Frage einlässt, ob auch noch andere Sichtweisen und anderes Erleben möglich sind.

> Gerade wenn jemand ein so genauer Beobachter ist wie Sie – und übrigens auch ein so guter Zuhörer, wie ich jetzt gerade feststellen kann – wird ein präzises Hinschauen und Betrachten dazu führen, dass man ganz neue Seiten und neue Zusammenhänge entdeckt."
>
> Klientin: „Ich glaube, ich bin schon dabei, gerade etwas Neues zu entdecken … Bin ich wirklich ein so guter Beobachter?"
>
> Berater: „Ich sehe ganz vieles, das dafür spricht, zum Beispiel dass Sie jetzt nachhaken, es genau wissen wollen, genau hinschauen möchten, mich beim Wort nehmen."
>
> Klientin: „Ja, ich nehme immer alles sehr genau."
>
> Berater: „Ich kann mir eine Zusammenarbeit mit Ihnen genau in der Weise vorstellen, dass wir uns darauf konzentrieren, die Dinge genauer zu betrachten – und das von unterschiedlichen Beobachtungsstandpunkten aus! Also, dass wir uns zum Beispiel genau anschauen, wie dieses Mobbing an Ihrem Arbeitsplatz geschieht – aber genauso genau zum Beispiel, was für Kräfte es sind, die es Ihnen ermöglicht haben, das doch so lange durchzuhalten."
>
> Klientin: „Das habe ich mich auch schon gefragt!"
>
> Berater: „Vielleicht sollten wir uns dann direkt diese Frage für das heutige Gespräch vornehmen …"
>
> Klientin: „Manchmal ist es wirklich schlimm, dann fühle ich mich am Boden zerstört …"

Das Zauberwort „manchmal", das immer die Spur zu weiteren Verhaltensmöglichkeiten legt („manchmal" ist nicht immer, also muss noch etwas anderes sein), wird hier von der Klientin selbst eingeführt und bietet dem Berater die Option, umzuschalten zu einer ermutigenden Perspektive: „Und **manchmal** ist es auch ein wenig anders …". Und mit diesem vorsichtigen „Manchmal", was eben einem alternativen Beobachtungsstandpunkt entspricht, kann man ganz sacht, fast wie ein Archäologe, verschüttete Kompetenzen und Ressourcen wieder frei zu legen versuchen.

4.3 Klienten sind nicht immer Klienten: Vom Umgang mit „Besuchern", „Klagenden" und „Leidenden"

Das lösungsorientierte Beratungskonzept geht von der Interaktion zwischen einem problemlösungssuchenden Klienten und einem „professionellen Lösungsorientierer" aus. In dieser Vorstellung sind eine ganze Reihe von Vorannahmen enthalten, die nicht in jedem Fall bei einer Begegnung zwischen zwei Personen in einer Beratungsinstitution erfüllt sind. Man kann zum Beispiel fragen, was die Kriterien dafür sind, dass ein Berater sich tatsächlich als solcher, und dann auch noch als lösungsorientierter Berater, als „Lösungsorientierer" verstehen und bezeichnen darf. Darauf wurde aber bereits im Kapitel 2.3.2 ausführlich eingegangen: „Woran erkennt man einen lösungsorientierten Berater?". Genauso stellt sich mit Blick auf den Klienten jedoch die Frage: Was macht einen Klienten zum Klienten? Oder: Wann sind Klienten keine Klienten?

Hinsichtlich letzterer Frage werden drei „Typen" vorgestellt: Besucher, Klagende und Leidende (wobei für die beiden erstgenannten Steve de Shazer, 1989, der Namensgeber ist).

Klienten, die „Besucher" sind

Gelegentlich haben „Klienten" kein (explizites) Problem und kommen dennoch zur Beratung – sei es, weil sie von irgend jemandem geschickt wurden („delegierte Fürsorge") oder weil sie jemand (mit-)gebracht hat. Man sollte in solchen Fällen besser von „Besuchern" sprechen, sie als solche respektieren und sich einfach besuchen lassen.

Da kein Problem vorliegt, das behandelt werden kann, fehlt die Grundlage für eine sinnvolle Beratung. Selbst wenn für einen Außenstehenden das „Problem" offensichtlich ist, wäre es unsinnig, in dieser Sache beraten zu wollen: Kooperation ist unwahrscheinlich, wenn Besucher meinen, dass sie keine Beratung nötig haben. Ein unfreiwilliger Klient wird nichts unternehmen, um nach Lösungen zu suchen. Warum sollte er auch?! Und für den Berater bleibt am Ende seiner Bemühungen meist nur eine „Kostprobe" in Sachen „Burn-out-Syndrom".

Im konkreten Fall, wenn einem der Klient also direkt gegenübersitzt, wird man aber doch häufig nach der Maxime handeln „Keine Regel ohne Ausnahme", beispielsweise weil die psychische Not direkt spürbar ist oder weil von den Vorinformationen her bekannt ist, dass eine fehlende Mitwirkung negative sozialrechtliche Folgen hätte. Eine solche Ausnahme bestünde in der **Einladung** zur beraterischen Interaktion, die wieder in Form von Fragen kommuniziert wird – wobei die Art und Weise dieser Kommunikation dem Klienten schon einen ersten (und dann vielleicht auch entscheidenden) Eindruck vom Berater vermittelt.

> **LÖSUNGSINTERVENTIONEN**
>
> ▶ „Haben Sie eine Idee, warum XY möchte, dass wir miteinander ins Gespräch kommen? Und was halten Sie selbst von dieser Idee?"
> ▶ „Gibt es sonst noch jemanden, dem es wichtig ist, dass Sie heute hier sind? Und wie wichtig ist Ihnen der Betreffende?"
> ▶ „Wenn wir jetzt einmal unterstellen, dass XY es wirklich gut meint, was könnten wir dann zusammen Sinnvolles tun, damit es Ihnen tatsächlich gut geht?"

- „Wenn Sie den Umstand, dass Sie jetzt schon mal hier sind, für ein eigenes Anliegen nutzen wollten, was könnte das am ehesten sein?"
- „Gibt es etwas, das ich für Sie **im Augenblick** tun könnte?"

Klienten, die „Klagende" sind

Oft klagen Klienten über ganz konkrete Probleme, belassen es aber beim Klagen. Es gelingt ihnen nicht bzw. manchmal wollen sie es auch nicht, eine attribuierende Beziehung zwischen ihrer Person und der beklagenswerten Situation herzustellen. Mit dieser „verdammten Geschichte" haben sie nur so viel zu tun, dass sie ungerechterweise die Leidtragenden sind. Sie selbst fühlen sich ganz und gar ohnmächtig. Wenn die anderen ihre Schuld eingestehen und sich ändern würden, dann wäre alles gut. Nur, dummerweise bzw. wieder ungerechterweise, denken „diese Egoisten" nicht einmal im Traum daran. Und so setzt sich die Geschichte von den Peinigern und ihrem Opfer unendlich fort.

Wo ungerecht empfundenes Leid ist, da ist in der Regel eben auch laute Klage, und wer zu klagen hat, der sucht nach Mitklägern. Ein Berater, der sich darauf einlässt, wird die beklagenswerte Situation eher noch verhärten. Statt dessen wäre es wichtig, eine neue Perspektive in dieses triadische Beziehungsmuster aus den anderen, dem Problem und dem Klagenden einzuführen, die darauf abzielt, die Beziehung vom Typ „Klagender" in eine Beziehung vom Typ „Klient" zu verwandeln. Das kann wiederum nur im Sinne einer **Einladung** erfolgen.

LÖSUNGSINTERVENTIONEN

- „Ich bin beeindruckt, wie differenziert Sie diese schwierige Situation darstellen. Wahrscheinlich wäre es ohne eine so genaue Analyse nur verwirrend. Ich überlege mir, was Sie sonst noch alles tun, um die Situation zu entschärfen. Wäre das vielleicht sogar ein Ziel für unser Gespräch, dass wir uns gemeinsam überlegen, was Sie sonst noch tun könnten?"
- „Wenn eine Situation so schwierig ist, mag man manchmal gar nicht mehr an eine Besserung glauben. Sollten wir uns jetzt im Gespräch zuerst darauf konzentrieren, was Sie tun könnten, um all das wenigstens ein bisschen besser zu ertragen, oder doch darauf, wie ein erster kleiner Schritt zur Veränderung der Situation aussehen würde?"
- „Ich muss Ihnen recht geben, das Beste wäre, wenn Ihr Partner sich hätte entschließen können, mit zur Beratung zu kommen. Andererseits habe ich oft die Erfahrung gemacht, dass es auch einen zweitbesten Weg gibt, solange der beste **noch nicht** zugänglich ist. Dieser zweitbeste Weg bedeutet, dass eben der Aktivere in **seinem** Verhalten den Anfang macht und dadurch den Partner positiv überrascht. Was würden Sie davon halten, wenn wir gemeinsam nach solchen Möglichkeiten der Überraschung suchten?"

Klienten, die „Leidende" sind

Eine dritte Kategorie „besonderer" Klienten bilden die diffus „Leidenden". Sie leiden unter diesem und jenem, manchmal unter fast allem, bleiben aber in ihrer Problembeschreibung sehr vage und springen, wenn man sie befragt, von einem Thema zum anderen. Als Berater spürt man deutlich die starke emotionale Verankerung der Probleme, aber sprachlich lässt sich all das nur schwer fassen.

Oft drängt sich auch der Eindruck auf, dass all diese Leidensgeschichten nichts anderes als eine bedrückende Einsamkeit signalisieren und dass mit dem Leid zunächst einfach Mitleid als eine erste Stufe der Anteilnahme gesucht wird. Dann kann es tatsächlich hilfreich sein, sich als Berater mitleidend einzulassen – um dann in einem zweiten Schritt eine subjektive Skala einzuführen.

> **LÖSUNGSINTERVENTIONEN**
>
> „Wenn Sie sich eine Skala von 1 bis 10 vorstellen – und die Zahl 10 für die Person steht, die Sie eigentlich sein möchten, wie weit entfernt von dieser 10 erleben Sie sich heute?"

Wenn solch eine Skala erst einmal erstellt ist – hier als sogenannte „**Zielerreichungsskala**", auf die man im Verlaufe des Beratungsprozesses immer wieder zurückgreifen kann –, ist es eben möglich, Unterschiede und Veränderungen sichtbar zu machen, die den Klienten einer Lösung näher bringen.

5 Zweite Beratungsphase: Lösungsvision

Nachdem in der ersten Beratungsphase das „Hier und Jetzt" des Klienten sondiert werden konnte und – darauf aufbauend – ein Kontrakt die Form der weiteren Zusammenarbeit regelt, so dass „Synchronisation" zwischen Klient und Berater gewährleistet ist, geht es nun in der zweiten Beratungsphase darum, von diesem „Hier und Jetzt" aus eine Brücke zu bauen zu einem Ufer, das zum „Möglichkeitenland" gehört.

Als Bauelemente dienen dabei Wörter, die Brücke ist eine sprachliche Konstruktion (Kapitel 5.1: „Über Visionen und den Zauber der Sprache").

Hinsichtlich der technischen Realisation sind verschiedene Technologien möglich. Es wird je nach den Bedürfnissen des Klienten, den Bedingungen der Situation und unter Kosten-Nutzen-Überlegungen zu entscheiden sein, welche sich am besten eignet: „Lösungstendenzen" (Kapitel 5.2), „Ausnahmen" (Kapitel 5.3), „Hypothetische Lösungen" (Kapitel 5.4), „Reframing" (Kapitel 5.5) oder „Universallösung" (Kapitel 5.6).

Am Ende soll noch die Frage aufgegriffen werden, inwieweit „Brückeningenieure" nur Auftragsarbeit erledigen, oder ob sie auch so etwas wie Eigenbedarf haben (Kap. 5.7).

5.1 Über Visionen und den Zauber der Sprache

„Lösung" bezieht sich sprachlich sowohl auf den Status, in dem ein Problem nicht mehr existiert, weil es gelöst ist, als auch den Prozess, also den Weg hin zu diesem Status. Genau besehen muss man also unterscheiden zwischen dem Problem, dem Problemlösen und der Problemlösung.

Beratung versucht Hilfestellung zu geben beim Problemlösen.

Um eine Idee davon zu bekommen, wie im Einzelfall dieses Problemlösen aussehen könnte, bemühen sich Berater häufig um ein differenziertes Verständnis des Problems selbst. Der Ablauf des beraterischen Prozesses sieht dann folgendermaßen aus:

$$\text{Problemanalyse} \rightarrow \text{Problemlösen} \rightarrow \text{Problemlösung}$$

Der lösungsorientierte Berater favorisiert eine andere Reihenfolge, denn für ihn besteht die „Ideenquelle" für ein erfolgreiches Problemlösen darin, dass man sich zuerst die problemgelöste Situation (virtuell) genauer anschaut – und bei diesem Blick nach vorne am besten gleich auf die Bezeichnung „Problem" verzichtet.

> **Es ergibt sich folgendes Beratungsablaufschema:**
> **Lösungsvision → Lösen → Lösung**

Was dabei für den Berater Sinn macht, erscheint auch für den Klienten sinnvoll: Es dürfte leichter sein, sich von einer attraktiven Vision anziehen zu lassen, als mühsam etwas von sich wegzuschieben oder von etwas wegzukommen.

Es gilt auch zu bedenken, dass Problemmuster und Lösungsmuster unterschiedlich „gestrickt" sind, man also nicht vom einen für das andere Entscheidendes lernen kann bzw. vom einen zum anderen in quasi kontinuierlichen Schritten kommt. Vielmehr ist ein „Sprung", eine „Kehrtwende" oder ein „Wechsel" notwendig, die wirklich etwas verändern.

5.1.1 Die lösungsorientierte Zentralfrage

Die zentrale Frage, um zu einer Lösungsvision zu kommen, lautet:

> **LÖSUNGSINTERVENTIONEN**
>
> „Was ist, wenn das Problem **nicht** ist bzw. wenn das Problem **nicht mehr** wäre?"

Diese lösungsorientierte Zentralfrage wird dem Klienten gegenüber jedoch möglichst verhaltensnah formuliert.

> **LÖSUNGSINTERVENTIONEN**
>
> ▶ „Woran werden Sie es denn merken, dass Ihr Problem gelöst ist? Was werden Sie dann tun, was Sie jetzt (noch) nicht tun? Was ist/wäre dann anders?"
> ▶ „Was wird einem Außenstehenden wohl als Erstes auffallen? Welche Veränderung wird ihn am meisten beeindrucken?"
> ▶ „Welche Konsequenzen werden sich daraus ergeben, zum Beispiel was Ihren Umgang mit Ihrem Lebenspartner, Ihren Freunden und Ihren Arbeitskollegen betrifft?"

Lösungsvision als Zieldefinition. Solch lösungsorientiertes Fragen steht zum einen in der Funktion einer präzisierenden Zieldefinition, das heißt, der Klient kann über die entsprechende Antwort seine Erwartungen bezüglich einer für ihn erfolgreichen Beratung explizit formulieren und eine Beschreibung davon geben, in welcher Richtung er sein Leben verändern möchte.

Während es bei der Kontraktbildung noch vorrangig um die Klärung des Beziehungsaspekts zwischen Berater und Klient ging, wird jetzt die inhaltliche Seite der Zusammenarbeit fokussiert, das eigentliche Ziel, der Soll-Status ins Auge gefasst.

> **!** Zur Präzisierung der **inhaltlichen Zieldefinition** gehört wesentlich die Klärung, inwieweit es sich um eindeutig definierte und „realistische" Ziele handelt. Als in diesem Sinne „Erfolg-Versprechend" gelten folgende Kriterien:
> - Die Formulierung eher kleiner als großer Ziele („think small steps"), die aber groß genug sind, damit für den Klienten ein wirklicher Unterschied entsteht;
> - die ganz konkrete Beschreibung des Weges in spezifischen Verhaltensweisen (und zwar als „Beginn von etwas" statt einem „Ende/Fehlen von etwas");
> - die Realisierbarkeit mit Hilfe der verfügbaren Kompetenzen;
> - die „ökologische Integrierbarkeit" innerhalb der aktuellen Lebenswelt und der bisherigen Lebensgeschichte des Klienten;
> - (auch langfristig) förderliche Konsequenzen für den individuellen Lebensentwurf.

Wie auch schon bei der Kontraktbildung gilt es, die Zielvorgaben des Klienten abzustimmen mit dem, was der Berater unter Berücksichtigung fachlicher Standards (auch berufsethischer Vorstellungen) sowie persönlicher Ressourcen für angezeigt und realisierbar hält.

Erst wenn ein klarer Konsens darüber besteht, was erreicht werden soll bzw. erreicht werden kann und an welchen Kriterien sowohl für den Berater als auch für den Klienten erkennbar sein wird, dass dieses Ziel erreicht ist (und die Beratung damit beendet werden kann), ergibt sich eine zweckgerichtete Beziehung, die das konstituierende Merkmal von psychologischer Beratung darstellt. Anders formuliert: Wenn eine Beratung erfolgreich enden soll, dann muss sie richtig beginnen – und das, indem man eine erreichbare Lösung aushandelt. Eine Beratung, deren Ziel vage bleibt, bleibt auch ihrerseits vage.

Der Zauber der Sprache: Lösungsvision als Lösungswegbereiter. Andererseits, und das stellt nun die zweite Funktion der „Lösungsvision" dar, sind mit solchen lösungsorientierten Fragen zugleich erste Intentionen des Lösens verbunden, denn lösungsorientiertes Fragen begünstigt lösungsorientiertes Denken, begünstigt lösungsorientiertes Handeln, begünstigt die Lösung. Sprachlich initiierte Erwartungen führen zu entsprechenden Rückkoppelungsprozessen.

„Wenn Klient und Therapeut immer mehr über die Lösung reden, die sie gemeinsam konstruieren wollen, beginnen sie zu glauben, das, worüber sie sprechen, sei 'wahr' und 'real'. Das ist die natürliche Funktionsweise der Sprache" (Insoo Kim Berg und Steve de Shazer, 1993, S. 151).

5.1.2 Lösen als ein „Mehr des Unterschiedlichen"

Während bei der „Problemanalyse" die vom Klienten beklagten Schwierigkeiten und Beschwerden (kurz!) im Zentrum der Aufmerksamkeit standen (Kap. 4.1), geht es jetzt, in dieser wichtigsten Phase des beraterischen Prozesses überhaupt, um die Fokussierung jener Verhaltensweisen, die **nicht** Problem sind, die sozusagen den problemunbelasteten, den funktionierenden Lebensbereich repräsentieren und für die Ressourcen des Klienten stehen. Weiß man, was funktioniert, kann man damit weitermachen!

> **!** Das Entscheidende bei dieser Konzeption ist,
> - den **Unterschied** zwischen dem „problembelasteten" und dem (relativ) „problemunbelasteten" Verhalten herauszuarbeiten und dem Klienten bezüglich seiner konkreten Verhaltensweisen bewusst zu machen,
> - diesen Unterschied dann mit der beraterischen Intervention, die in der Regel eine spezifische **Verhaltensaufgabe** (als Hausaufgabe) für den Klienten darstellt, in quantitativer Hinsicht zu vergrößern, so dass das „problemunbelastete" Verhaltensspektrum wächst,
> - und dadurch schließlich einen eigendynamischen, systemischen **Veränderungsprozess** in Gang zu bringen, aus dem der Klient mit breiter und besser verfügbaren Kompetenzen hervorgeht.

Genau das ist „Der Dreh" dieses Ansatzes, und genau so hat Steve de Shazer sein wohl wichtigstes und faszinierendstes Buch zur lösungsorientierten Beratung genannt – mit dem Untertitel: „Überraschende Wendungen und Lösungen in der Kurzzeittherapie". Die Kurzformel für diesen „Dreh" lautet: Es ist sinnvoller, sich Veränderungsmöglichkeiten anzusehen als das Problem zu betrachten!
 · Beratung ist dann nichts anderes als „Brückenschlagen in die Zukunft", ein „Futurepacing" (J. O'Connor und J. Seymour, 1995, S. 112) – und zwar in eine für den Klienten bessere, befriedigendere, erfolgreichere Zukunft.

5.1.3 Schlüsselfragen des Lösens

Um solche Unterschiede, solches Nichtproblemverhalten beim Klienten zu identifizieren, ihm bewusst zu machen, und damit den Aufmerksamkeitsfokus vom „Problem" in Richtung „Lösung" zu drehen, bieten sich besondere „Schlüsselfragen" an:

- **Lösungstendenzen:** Was hat sich seit der Anmeldung zur Beratung und dem heutigen ersten Gespräch vielleicht schon verändert? (Kap. 5.2)
- **Ausnahmen:** Gibt es auch Zeiten, in denen das Problem weniger stark oder vielleicht sogar überhaupt nicht auftritt? (Kap. 5.3)
- **Hypothetische Lösungen:** Was wäre im Verhalten des Klienten anders, wenn durch ein Wunder das Problem plötzlich gelöst wäre? (Kap. 5.4)
- **Umwandlung von Bedeutung:** Gibt es auch irgendwelche positiven Aspekte dadurch, dass dieses Problem existiert? (Kap. 5.5)
- **Universallösung:** Gibt es etwas, irgend etwas, das der Klient in seinem Verhalten ändern könnte? (Kap. 5.6)
- **Universallösung 2. Ordnung:** Gibt es etwas, das der Berater in seinem Verhalten dem Klienten gegenüber ändern könnte? (Kap. 5.7)

5.2 Lösungstendenzen: Veränderung schon vor der Beratung

Die Entscheidung des Klienten, beraterische Hilfe in Anspruch zu nehmen, bedeutet den ersten Schritt der Veränderung, den Beginn einer Loslösung, eines Lösens. Die mit diesem Schritt verbundenen Besserungserwartungen induzieren dann über Self-fulfilling-prophecy-Prozesse oft tatsächlich schon erste Besserungen: „Pre-session-change". Insofern ist es logisch, mit der Suche nach Lösungsansätzen hier zu beginnen, das heißt, die Aufmerksamkeit darauf zu lenken, wie es zu dieser Entscheidung gekommen ist und was sich in der Zeit zwischen der Anmeldung zur Beratung und der ersten Sitzung für den Klienten weiter ereignet hat.

Von Milton Erickson wird berichtet (H. Dreesen und W. Eberling, 1996), dass er diese Veränderungs**möglichkeit** schon vor der eigentlichen Beratung geradezu suggeriert hat – und zwar mit dem Appell an den Klienten, den vereinbarten Termin unbedingt wahrzunehmen, auch wenn sich in der Zwischenzeit schon Entwicklungen in Richtung einer Lösung abzeichnen sollten.

Tatsache ist, dass Klienten häufig schon von Veränderungen vor der Beratung berichten, wenn sie danach gefragt und zu entsprechenden Suchprozessen angeregt werden.

> **LÖSUNGSINTERVENTIONEN**
>
> - „Ich bekomme immer wieder zu hören, dass wenn sich jemand hier einen Termin zur Beratung geholt hat, er spontan eine Erleichterung verspürt und bis zum ersten Gespräch dann die Dinge sich schon zu verän-

> dern beginnen. Was haben Sie in dieser Hinsicht bei sich beobachten können?"
> ▶ „Als Sie sich hier angemeldet haben, ging dem der Entschluss voraus, etwas zu unternehmen, etwas anzupacken, etwas zu verändern. Ihre Terminvereinbarung war also ein erster ganz konkreter Schritt in eine neue Richtung. Oft ist es nun so, dass wenn man sich in eine neue Richtung aufgemacht hat, ein Veränderungs**prozess** beginnt. Hat sich auch bei Ihnen schon das eine oder andere seitdem verändert – oder ist gerade dabei, sich zu verändern?"

Üblicherweise bleiben solche Veränderungen – seien sie emotionaler, kognitiver oder behavioraler Art – unerwähnt, weil die Klienten sie im Vergleich zum bedrückenden oder sogar erdrückenden Problem als unbedeutend einschätzen und nicht weiter beachten. Auch sind die Klienten darauf eingestellt, über das Problem und **nur** das Problem zu sprechen. Sie haben also ihre Aufmerksamkeit stark eingeschränkt, so wie es für jemanden in Trance oder Hypnose typisch ist („Problemhypnose"). Sobald man jedoch nach positiven Veränderungstendenzen zu suchen beginnt, ergibt sich manchmal die Situation wie bei einem Sonnenaufgang: Ganz sacht gewinnen immer mehr Dinge an Kontur …

Fokussierung von Copingressourcen

Es kann im Sinne einer solchen Fokusverschiebung sinnvoll sein, danach zu fragen, ob das Problem früher schon mal noch schwieriger gewesen ist, um dann die Fähigkeiten herauszuarbeiten, die geholfen haben, um etwas zum Besseren hin zu verändern (Coping-Fragen).

> **LÖSUNGSINTERVENTIONEN**
>
> ▶ „Hat es schon mal Phasen gegeben, in denen Sie das Problem ganz besonders bedrückend erlebt haben?
> Wie ist es Ihnen gelungen, sich davon wieder zu lösen?
> Angenommen, Sie würden noch einen weiteren Schritt vorwärts machen, was könnte Ihnen dabei helfen?"
> ▶ „Wie in aller Welt haben Sie es überhaupt geschafft, trotz dieses großen Problems so lange durchzuhalten, sich nicht unterkriegen zu lassen? Was hat Ihnen geholfen, diese Energie immer wieder aufs Neue aufzubringen?"

Die systematische Kontinuität eines derart veränderten Fokus eröffnet dem Klienten oft schon so klar die Sicht auf die Lösung, dass für ihn der Eindruck entsteht, bereits in der zweiten oder dritten Beratungssitzung zu sein.

> **BEISPIEL**
>
> Nach der Begrüßung und einer ersten allgemeinen Orientierung:
>
> **Berater:** „Ich möchte mich zuerst dafür entschuldigen, dass Sie eine so lange Wartezeit bis zu diesem Termin heute in Kauf nehmen mussten – ich glaube, es waren über sechs Wochen."
>
> **Klientin:** „Ja, ziemlich lange ist das."
>
> **Berater:** „In sechs Wochen kann viel passieren und sich einiges ändern – manchmal auch schon in eine gewünschte Richtung. Wenn Sie sich einmal Ihre letzten sechs Wochen anschauen ... Sehen Sie da auch bei sich Veränderungen?"
>
> **Klientin:** „Tja ... Was soll ich sagen ..."
>
> **Berater:** Stellen Sie sich einmal eine Skala von 1 bis 10 vor, wobei die Zahl 10 dafür steht, dass es ganz und gar so ist, wie Sie sich das wünschen – und die Zahl 1, wie es zu dem Zeitpunkt war, als Sie hier angerufen und wir den Termin vereinbart haben. An welchem Punkt dieser Skala erleben Sie sich heute?"
>
> **Klientin:** „Also ... das könnte wohl 2, ein bisschen schon 3 sein."
>
> **Berater:** „Tatsächlich hat sich also schon etwas zu bessern begonnen! Ich gratuliere Ihnen! Wie ist es Ihnen gelungen, diese Entwicklung anzustoßen?"
>
> **Klientin:** „Das war so: Nachdem ich meinem Mann erzählt habe, dass es mit dem Termin bei Ihnen doch klappt, sind wir darüber ins Gespräch miteinander gekommen ..."
>
> **Berater:** „Ist das etwas Besonderes, solch ein Gespräch zwischen Ihnen und Ihrem Mann?"
>
> **Klientin:** „Das ist recht selten geworden. Außerdem ist es ein wirklich gutes Gespräch gewesen. Vielleicht hat es auch daran gelegen, weil ich das mit dem Anruf bei Ihnen endlich geschafft hatte. Auch mein Mann war erleichtert, dass ich endlich was unternehme."
>
> **Berater:** „Gibt es noch weitere Dinge, die Sie seitdem in einer anderen Art und Weise getan haben oder die irgendwie anders als sonst verlaufen sind?"
>
> **Klientin:** „Kürzlich war ich bei meinen Eltern zu Besuch und dabei kam wieder das Gespräch auf meine Berufstätigkeit. Sie wollen einfach nicht verstehen, dass ich meinen Beruf aufgeben möchte. Da ich aber wusste, dass ich darüber bald mit einem Fachmann reden kann, ist mir dieses Mal ihre Kri-

> tik nicht so sehr unter die Haut gegangen. Und da hat dann mein Vater das Thema plötzlich von sich aus gewechselt …"
>
> **Berater:** „Wenn ich jetzt sagen würde, 'Aller guten Dinge sind drei', gäbe es da noch etwas, das Ihnen in diesem Sinne aufgefallen ist?"
>
> **Klientin:** Lacht … „Vielleicht dass ich jetzt so lachen kann … Und wenn wir noch eine Weile so reden, komm' ich vielleicht sogar noch ganz zur 3!"
>
> Berater und Klientin lachen.

5.3 Ausnahmen: Die unbewusst funktionierenden Lösungen

Klienten neigen dazu, ihre Probleme und das daraus resultierende Leiden als ständig existent wahrzunehmen und in einer zeitlich generalisierten Dimension zu beschreiben:

- „Es ist immer dasselbe!"
- „Ich mache nie etwas richtig!"
- „Ich fühle mich nur noch deprimiert!"
- „Ich bin halt ein Versager!"
- „Das hat alles gar keinen Sinn mehr!"

Probleme sind jedoch nicht ständig und gleichermaßen existent. Es gibt immer Bedingungen und Umstände im Verlaufe der 24 Stunden eines Tages bzw. der 365 Tage eines Jahres oder unter den 360 möglichen Graden des Betrachtungswinkels, unter denen sie nicht oder zumindest nicht so stark auftreten. „Immer" stimmt nie!

> **BEISPIEL**
>
> **Klient:** „Ich fühle mich in meinem Beruf **nur noch** überfordert – aber das war schon **immer** das Problem, dass ich **nie Nein sagen** konnte, von **allen ständig** ausgenutzt werde!"
>
> **Berater:** „Könnte es manchmal auch so sein, dass man Sie für kompetent hält und deswegen …"
>
> **Klient:** Nein, nein, die suchen einfach einen Dummen, der ihre Arbeit macht!"
>
> **Berater:** „Wenn ich Sie jetzt einladen würde, einfach mal tatsächlich einen 'Dummen' zu spielen, der …"

> **Klient:** „Oh nein, das möchte ich nun wirklich nicht. Die würden sich auch noch lustig über mich machen!"
>
> **Berater:** „Vielleicht wäre es dann doch besser, sich einen Arbeitsplatzwechsel zu überlegen."
>
> **Klient:** „… und die hätten mich endgültig geschafft. Nein, diese Freude will ich ihnen auch nicht machen!"
>
> **Berater:** Ist Ihnen bewusst, wie oft Sie in den letzten Minuten 'Nein!' gesagt haben?"
>
> **Klient:** „Nein!"
>
> Berater und Klient lachen.

5.3.1 Kein Problem ohne Ausnahme!

Entsprechend zu „Keine Regel ohne Ausnahme" gilt im psychologischen Bereich: „Kein Problem ohne Ausnahme"! Wenn man Klienten nach solchen Ausnahmen vom Problem fragt, können etwa zwei Drittel bestätigen, dass es zumindest manchmal so etwas gibt (Steve de Shazer, 1990b). Es ist wichtig, die Aufmerksamkeit auf diese Ausnahmen zu richten – und zwar einerseits auf die dann gegebenen situationsspezifischen Bedingungen (external wie internal), die das subjektive „Warum" der Ausnahme erklären, andererseits und vor allem aber auf das konkrete Verhalten des Klienten (external wie internal) in dieser Ausnahmesituation. „Intensivierende Unterschiedsfragen" (Joachim Hesse, 1999) sind hierbei hilfreich:
- Was tut der Klient dann, was er sonst nicht tut?
- Was sieht er dann, wofür er sonst blind ist?
- Was denkt er dann, worauf er sonst nicht kommt?
- Was fühlt er dann, was ihn sonst unberührt lässt?
- Was plant er dann, wo er sonst ohne Visionen ist? usw.

Solche Ausnahmen, definiert in Verhaltensbegriffen, bedeuten, dass der Klient weiß, wie das Problem zu lösen ist – nur ist er sich noch nicht bewusst, dass er es weiß.

> **!** Ausnahmen sind unbewusst funktionierende Lösungen! Diese gilt es bewusst zu machen und für den Lösungsprozess auf der „willkürlichen Ebene" zu utilisieren.

Der Berater analysiert also das Verhalten des Klienten in der beschwerdefreien bzw. beschwerdereduzierten Zeit intensiver und genauer als das eigentliche

Problem und dessen Bedingungsgefüge – und verstärkt mit diesem Fokus das Selbstverständnis des Klienten als das eines aktiv Handelnden (versus eines Opfers von widrigen Umständen).

> **LÖSUNGSINTERVENTIONEN**
>
> ▶ „Gab es in den letzten Wochen irgendwann Zeiten, in denen Sie das Problem weniger schlimm erlebt haben?"
> ▶ „Was ist der Unterschied zwischen den Situationen, in denen das Problem stärker von Ihnen Besitz ergreift, und solchen, in denen Sie es schwächer erleben?"
> ▶ „Wer, außer Ihnen, hat am meisten Einfluss darauf, ob das Problem nun stärker oder schwächer ist?"
> ▶ „Zu wieviel Prozent schätzen Sie sich gegenwärtig als psychisch belastet ein – und zu wieviel Prozent als o.k.?"
> ▶ „Als Sie sich zuletzt besser gefühlt haben, was wäre mir da in Ihrem Verhalten als erstes aufgefallen?"
> ▶ „Gibt es Zeiten, wo schon ein klein wenig von dem geschieht, was Sie sich als Ziel vorgenommen haben? Woran kann ein Außenstehender dies erkennen?"
> ▶ „Vergegenwärtigen Sie sich einmal, wie Sie sich an den Tagen verhalten, an denen der emotionale Abstand zum Problem größer ist. Was können Sie da von sich selbst lernen?"

Das in der Ausnahme sichtbar werdende Verhalten und die ihm zugrundeliegenden Fähigkeiten stellen die für die Lösung nutzbare Ressource dar. Und mit diesem Fokus ist es wie bei der Kippfigur von Rubin: Wo man eben noch eine Vase und nichts als eine Vase gesehen hat, erkennt man plötzlich zwei Gesichter.

Genau mit diesem Perspektivenwechsel, nämlich von der „Problemhypnose" zur „Lösungstrance", legt man das Potential frei, um zu einer Lösung zu kommen. Die Hinwendung zu den Ausnahmen und ihre Analyse bedeutet beraterisch, einen bislang übersehenen Unterschied bewusst zu machen, so dass der Klient nun seine Problemklage („Ich bin immer depressiv.") korrigieren kann: „**Manchmal** bin ich depressiv, habe ich Ängste, fühle ich mich mutlos, gibt es Streit, möchte ich davonlaufen ..., und **manchmal**, wenn ich xyz tue, bin ich zuversichtlicher, selbstvertrauender, mutiger, kooperativer, zufriedener ..."

Lösungsorientierte Beschwörungsformeln. Wenn man die Wahrnehmung eines Problems mit dem Zauberwort „manchmal" versieht, „manchmal ist es so ...", lädt man den Klienten indirekt dazu ein, den Kopf zu drehen, um nach etwas anderem, nämlich dem „Und manchmal ist es anders!" Ausschau zu halten. Und für dieses „Und manchmal ist es anders!" lässt sich fast alles benutzen, solange es geeignet ist, das Problem irgendwie zu relativieren und das Bewusstsein von Ressourcen und Kompetenzen wenigstens ein bisschen zu verstärken. Man kann dieses „Manchmal … und manchmal …" geradezu als eine „lösungsorientierte Beschwörungsformel" bezeichnen.

Von ähnlicher Wirkung ist solch ein beraterisches Splitting mit Hilfe der Formel „Sowohl … als auch …". Zum Beispiel: „In solchen Situationen spüren Sie dann sowohl Enttäuschung und Trauer als auch ein bisschen Erleichterung, weil damit die Fronten klarer sind." Der Unterschied besteht hier lediglich in einer anderen zeitlichen Interpunktion.

5.3.2 Positive Konnotation von Ausnahmen

Nach der Identifikation von Ausnahmen ist es im zweiten Schritt wichtig, diese Ausnahmen positiv zu konnotieren, das heißt, den Klienten in seinem Verhalten in diesen Situationen zu verstärken, also die dabei sichtbar werdenden Fähigkeiten sowie die korrespondierenden motivationalen Aspekte explizit hervorzuheben und zu würdigen.

> **LÖSUNGSINTERVENTIONEN**
>
> ▸ „Ich bin beeindruckt: **Obwohl** Ihre Situation ja wirklich sehr schwierig ist, verstehen Sie es, sich immer wieder aufzuraffen und ganz ruhig und sachlich xyz zu tun – und das auch noch immer öfter."
> ▸ „Ich finde es toll, wie Sie in diesem Meer von Schwierigkeiten immer wieder Inseln finden, wo Sie wieder neue Kraft und neue Energien gewinnen können. Und ich habe den Eindruck, dass Ihr 'Sinn für Inseln' sogar immer leistungsfähiger geworden ist."
> ▸ „Ich möchte Ihnen gratulieren! Sie haben hier all Ihren Mut eingesetzt – und auch noch durchgehalten, obwohl sich nicht gleich ein positiver Effekt eingestellt hat. Das ist einfach toll! Und Sie sehen, dass das Leben solche Anstrengung auch belohnt, so dass es Sinn macht, sich immer wieder auf solche Anstrengungen einzulassen."

Wenn der Klient sieht, wie der Berater ihn sieht, beeinflusst das wiederum, wie der Klient sich selbst in jenem speziellen Kontext sieht. Es besteht also einige Wahrscheinlichkeit, dass der Berater mit seiner Wahrnehmung von Ausnahmen, mit seiner Wertschätzung dieses Verhaltens und mit seinem Veränderungsoptimismus den Klienten ansteckt. Und dadurch, dass von Anfang an das fokussiert wird, was der Klient ja schon macht, und zwar erfolgreich macht, wird das Vertrauen des Klienten in die eigene Problemlösekompetenz wachsen.

5.3.3 Verschreibung der Ausnahme(n)

Im Weiteren geht es dann darum, dem Klienten zu helfen, selbst zu erkennen, was unter welchen Bedingungen funktioniert bzw. besser funktioniert – und was er tun muss, um diese Verhaltensweisen, die die Ausnahme ausmachen, aufrechtzuerhalten, so dass aus der Ausnahme die Regel wird, aus der kleinen Lösung die ganze Lösung. Im einfachsten Fall lautet die Instruktion, wie sie dann im Rahmen der „Lösungsverschreibung" (Kap. 6) zu geben wäre:

> **LÖSUNGSINTERVENTIONEN**
>
> „Sie wissen ja jetzt, was funktioniert, also machen Sie am besten genau damit weiter!"

Wenn es gar mehrere Verhaltensaspekte geben sollte, die als „Ausnahmen vom Problem" deutlich geworden sind, ist es meist empfehlenswert, sich bei der Lösungsverschreibung zunächst auf einen einzelnen Aspekt zu konzentrieren und den Klienten einzuladen, von dem mehr zu tun, was für ihn am leichtesten, am einfachsten, am angenehmsten ist. Die anderen Ausnahmeaspekte werden, wie die praktische Erfahrung zeigt, in einem synergetischen Prozess von sich aus dazukommen.

5.3.4 Wenn es keine Ausnahmen zu geben scheint

Allerdings stellt dieser eben beschriebene „einfachste Fall", der in der Utilisierung einer **bewussten** Ausnahme besteht und praktisch nichts anderes als eine Lösungsfortschreibung bedeutet, eher die Ausnahme dar. Häufiger ist es so, dass der Klient über keine Ausnahmen zu berichten weiß oder dass in seiner Wahrnehmung die berichteten Ausnahmen zufällig und spontan auftreten, ohne dass er selbst (bewusst) Einfluss darauf nehmen oder sie sogar willkürlich wiederholen kann. Genauso unmöglich ist dann natürlich eine Hausaufgabe im Sinne von „Mach' mehr desselben!" bzw. „Suche häufiger Situationen dieser Art auf!" Es gibt jedoch eine ganze Reihe von Möglichkeiten, die der „Beratungsexperte" im Sinne eines „Wahrnehmungsverstärkers für Ausnahmen" einsetzen kann:

Verschlimmerungsfrage

Im ersteren Fall, das heißt, wenn der Klient keine Ausnahmen erkennt, das Problem also immer da ist und er darauf keinerlei Einfluss hat, lässt sich u.U. mit Hilfe der Verschlimmerungsfrage doch ein Unterschied einführen.

> **LÖSUNGSINTERVENTIONEN**
> - „Entschuldigen Sie, wenn ich Ihnen jetzt eine ganz verrückte Frage stelle: Angenommen, Sie könnten die depressiven Gefühle bewusst beeinflussen, was müssten Sie tun, um die Sache noch zu verschlechtern? Und welche Verhaltensanweisungen würden Sie dabei an Ihre Familie geben?"
> - „Ich würde Sie gerne zu einem – vielleicht etwas verrückten – Gedankenexperiment einladen. Stellen Sie sich vor, Sie wären unglücklicherweise an einen wirklich sehr schlechten Berater geraten. Und auf Ihre Frage, was Sie zukünftig anderes tun könnten, gibt er Ihnen Ratschläge, die nichts besser, sondern alles noch viel schlechter machen. Wie würden Ihrer Meinung nach solche schlechten Ratschläge aussehen?"

Wer eine Sache verschlechtern kann, hat offensichtlich doch Einfluss darauf. Und wer etwas ganz schlecht machen kann, kann es womöglich auch nur halb so schlecht machen, und genau das wäre der erste Schritt der Verbesserung. Die Intention ist dabei dieselbe wie bei der Progressiven Muskelrelaxation nach Jacobson. Er geht davon aus, dass man das Sichentspannen am leichtesten dadurch lernt, indem man zuerst das Sichanspannen übt, um dann immer wieder loszulassen und noch mehr loszulassen …

Splitting

Eine weitere Möglichkeit, um zu einer Dichotomisierung zwischen Problem und Nichtproblem (= Ausnahme) zu kommen, besteht darin, irgendeinen Aspekt der Person, der eben **nicht** Teil des Problems ist und insofern als eine besondere „Stärke" gesehen werden kann, zu akzentuieren – und zwar im Kontrast zum eigentlichen Problem. Es geht hier um ein Aufgreifen von Inkongruenzen, um ein „Splitting".

> **LÖSUNGSINTERVENTIONEN**
> - „Dass die Auseinandersetzungen mit Ihrem Vorgesetzten Sie nicht kalt lassen, hat sicherlich auch damit zu tun, dass Ihnen Ihre berufliche Arbeit wichtig ist und dass Sie wirklich gute Arbeit leisten wollen. Andere gehen in solchen Situationen in die innere Kündigung und arbeiten nur noch nach Vorschrift. Wie schaffen Sie es, an Ihrem bewundernswerten beruflichen Selbstanspruch trotz aller Schwierigkeiten festzuhalten?"
> - „Ich spüre, dass Sie verletzt und ärgerlich sind. Andererseits höre ich aus Ihrer Stimme aber auch Kraft und Mut heraus. Es ist fast so, als ob es zwei Personen gäbe: auf der einen Seite den sensiblen und enttäuschten Peter;

> auf der anderen Seite aber auch einen Peter, der sich nicht so leicht unterkriegen lässt, der um seine Stärken weiß …"
> ▶ „So wie jede Münze zwei Seiten hat, so lassen sich bei Problemen meist auch zwei Aspekte unterscheiden. Über diesen zweiten Aspekt würde ich jetzt gerne mit Ihnen sprechen. Können Sie sich vorstellen, an was ich dabei denke?"

Standardintervention der ersten Stunde

Auch die „Standardintervention der ersten Stunde" ist dichotomisierend wirksam. Es handelt sich um eine Beobachtungsaufgabe, die darauf abzielt, die Aufmerksamkeit des Klienten vom Problem auf die Ressourcen zu lenken.

LÖSUNGSINTERVENTIONEN

▶ „Ich möchte, dass Sie von heute an genau beobachten, was bei Ihrer Arbeit / in Ihrer Ehe / in Ihrem Leben / … so abläuft, dass Sie damit zufrieden sind und von dem Sie sich wünschen, dass es so bleiben soll. Beobachten Sie dabei sowohl Ihr eigenes Verhalten als auch das der anderen. Ich bin gespannt, was Sie nächstes Mal berichten werden."

▶ „Um uns zu helfen, eine Lösung zu finden, achten Sie bis zur nächsten Sitzung auf alles, was in Ihrem Verhalten und auch im Verhalten der anderen andeutet bzw. bestätigt, dass es sich doch noch positiv entwickeln kann."

▶ „Oft erzählen mir Klienten, was sie alles tun, damit die Dinge nicht schlechter werden. Sie erlebe ich schon einen Schritt weiter, so dass ich Ihnen folgende Aufgabe mitgeben möchte: Beobachten Sie in den nächsten zwei Wochen genau, was Sie alles tun, das die Situation verbessert. Je mehr Details Sie dabei entdecken, umso besser!"

Zahlreiche Studien aus dem Bereich der Verhaltenstherapie, die sich mit der systematischen Selbstbeobachtung des Klienten und den damit zusammenhängenden Protokollierungsaktivitäten beschäftigt haben (u.a. Peter Fiedler, 1996), belegen unzweifelhaft, dass allein schon durch eine solche Zentrierung der Aufmerksamkeit auf das eigene Handeln und seiner möglichen Determinanten erste Veränderungen im intendierten Sinne bewirkt werden. Dementsprechend wird die Intervention nochmals effektiver, wenn der Fokus von vornherein auf die gewünschten Verhaltensweisen gelegt wird.

Vorhersageaufgabe

Handelt es sich um scheinbar zufällige und spontane Ausnahmen, die sich nach Auffassung des Klienten ohne sein Zutun und entsprechend ohne irgendwelche

Einflussmöglichkeiten seinerseits einfach „ereignen", dann sind Interventionen angezeigt, durch die etwas Willkürliches in dieses quasi autonome Geschehen eingeführt wird – verbunden mit der Erwartung, dass dieses „Willkürliche" wächst und langsam die Oberhand gewinnt. Dazu eignet sich zum Beispiel eine Vorhersageaufgabe.

> **LÖSUNGSINTERVENTIONEN**
>
> ▶ „Ich möchte Sie bitten, jeden Abend eine Vorhersage für den nächsten Tag zu treffen – und zwar ob die Ausnahme eintreten wird oder nicht, ob es ein Problemtag oder ein Lösungstag sein wird. Und versuchen Sie dabei herauszufinden, wodurch Ihre Prognosen immer zutreffender werden."
> ▶ „Da Sie sehr offen für Neues sind, würde ich Sie gerne zu einer Art Experiment einladen: So wie am Ende der Tagesschau oder der Heute-Nachrichten immer eine Wetterprognose für den nächsten Tag gesendet wird, mit den Erklärungen zu den Hochs und Tiefs sowie den sonstigen Einflussfaktoren, sollen Sie täglich eine 'Partnerschaftsprognose' für den nächsten Tag erstellen, also voraussagen, wie die Stimmung zwischen Ihnen und Ihrem Partner sein wird, wie gut die Kommunikation gelingt usw., und das Ganze auch ein bisschen zu begründen versuchen. Achten Sie dabei darauf, welche Kriterien es sind, die sich für eine sichere Prognose besonders eignen."

Der Wirkmechanismus dieser Intervention besteht zunächst einmal darin, dass die Existenz von Ausnahmen explizit bestätigt wird: Es gibt wirklich Ausnahmen, Ausnahmen sind Wirklichkeit. Als nächstes ist damit die Suggestion verbunden, dass sie wieder auftreten werden: Was einmal geschehen ist, kann immer wieder geschehen. Drittens wird der Klient dadurch in eine andere Beziehung zu „seinem" Problem gebracht, das heißt, er sieht sich eingeladen, es quasi als Supervisor neutral zu beobachten – wie **es** kommt und wie **es** geht bzw. **wie** es kommt und **wie** es geht.

Wenn der Klient dann einen guten Tag für sich voraussagt, gibt er sich praktisch eine entsprechende Selbstsuggestion – mit der Folge, dass er mögliche positive Aspekte sehr sensibel wahrnehmen bzw. sie sogar aktiv suchen wird. Damit lernt er in immer differenzierterer Weise Unterschiede wahrzunehmen, die dann tatsächlich einen Unterschied in seinem Leben machen.

So-tun-als-ob-Aufgabe

Weitere Möglichkeiten, um durch etwas Willkürliches den etablierten Problemablauf („Es ist immer dasselbe ...") zu „stören", sind die So-tun-als-ob-Aufgabe und die Lösungsunterstellung.

> **LÖSUNGSINTERVENTIONEN**
>
> ▸ „Damit ich die Zusammenhänge noch besser verstehen kann, möchte ich Sie zu einem Experiment einladen: Sie sollten jeden Morgen eine Münze werfen, wobei Kopf = ja, Zahl = nein bedeuten, und es davon abhängig machen, ob Sie für diesen Tag nun so tun, als ob die Ausnahme eingetreten wäre (= ja), oder ob Sie genau das tun, was Sie immer tun (= nein). Beobachten Sie einfach, was daraus wird."
> ▸ „Als Sie vorhin von den Momenten erzählt haben, in denen Sie das Problem weniger stark belastet, ist mir etwas Bedeutsames aufgefallen. Aber ich will Ihnen diese Beobachtung jetzt nicht aufdrängen, sondern möchte lieber herausfinden, ob Sie das selbst entdecken können. Sind Sie an einer solchen Aufgabe zum Entdecken einer wichtigen Wahrheit interessiert? Also: Ich möchte Sie bitten, sich an zwei Tagen in der Woche, vielleicht am Dienstag und am Freitag, im Verlaufe des Tages immer wieder vorzustellen, wie es wohl sein wird, wenn am Folgetag wieder einmal ein 'guter Tag' ist – und so zu tun, als ob dies mit 100%iger Sicherheit eintreten würde. Beobachten Sie dann, was an diesen Vorstellungstagen anders ist als sonst."
> ▸ „Ich möchte Sie bitten, genau zu notieren, wie oft Sie das (Problem-)Bedürfnis überfällt, xyz zu tun (zum Beispiel zu rauchen, zu trinken, deprimiert zu sein, aggressiv zu reagieren), und speziell darauf zu achten, was Sie tun, wenn Sie diesem Bedürfnis einmal **nicht** nachgeben."

Skalierungsfragen

Bei der Suche nach Ausnahmen vom Problem besteht die Gefahr, dass man in ein Entweder oder-Denken hineingerät: Entweder ist das Problem da, oder es ist nicht da, entweder hat man Kontrolle darüber, oder ist ihm völlig ausgeliefert, entweder ist es gelöst, oder es ist nicht gelöst usw. Diese Schwarzweißmalerei stellt geradezu ein typisches Kennzeichen für die „Problemhypnose" dar. Hilfreicher ist es in der Regel, graduelle Unterschiede zu fokussieren, die im Sinne einer Annäherung an die Lösung interpretiert werden können und die dem Klienten deutlich machen, dass es ihm immer besser gelingt … Es genügt, mit einem kleinen Unterschied zu beginnen, um sich dann von immer größeren Veränderungen überraschen zu lassen.

Bei einer solchen Sensibilisierung für kleine Unterschiede in der Intensität des Erlebens von Problemen, bei der Visualisierung von mehr oder weniger großen Schritten der Veränderung und auch bei der Motivierung für einen Prozess der **diskreten** Annäherung an die Lösung sind Skalierungsfragen nützlich, indem sie Nuancen der Problemlösung sichtbar machen, die sonst – im „Elendsbrei des Problems" – leicht übersehen werden. Es haben sich dabei Skalen bewährt, die von 1 bis 10 reichen.

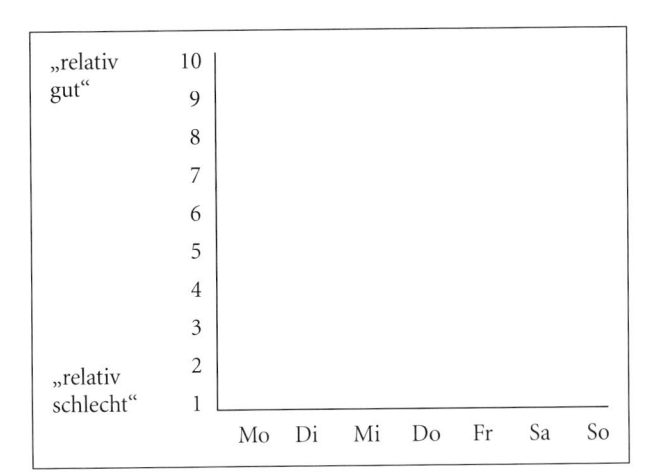

Schema für ein Wochenprotokoll zur Gewinnung einer „Grafik der Lösungsannäherung"

```
„relativ      10
gut"           9
               8
               7
               6
               5
               4
               3
„relativ       2
schlecht"      1
              Mo  Di  Mi  Do  Fr  Sa  So
```

> **LÖSUNGSINTERVENTIONEN**
>
> „Sie sagen, es ist immer dasselbe. Aber Sie werden sicherlich auch schon die Erfahrung gemacht haben, dass es Tage gibt, an denen man die Beschwerden besser wegstecken kann, und andere, an denen sie einen besonders schwer bedrücken. Könnten Sie bis zum nächsten Mal versuchen, eine Woche lang jeweils am Abend zu bewerten, wie der vergangene Tag für Sie insgesamt verlaufen ist? Benutzen Sie zur Einschätzung am besten eine Skala, die von 1 bis 10 reicht, wobei die Ziffer 1 'relativ schlecht' und die Ziffer 10 'relativ gut' bedeuten."

Zahlen und Skalen bringen den Klienten dazu, sich konkrete Unterschiede vorzustellen. Damit verbunden ist die Suggestion, dass die Dinge veränderlich sind und man entsprechend Einfluss nehmen kann. Zahlen und Skalen verdeutlichen dem Klienten seine Fortschritte im intendierten Veränderungsprozess, verstärken also seine Erfolgszuversicht, seine „Self-efficacy". Insofern schreibt Insoo Kim Berg (1995) den Zahlen „magische Kräfte" zu.

Für den Berater selbst erscheinen Skalierungsfragen besonders geeignet, um komplexe, vielleicht sogar ihn verwirrende Sachverhalte zu explorieren:

„Obwohl wir keine Ahnung haben können, wofür '5' oder '8' wirklich steht, im Sinne von Verhalten, Gedanken, Gefühlen, Wahrnehmungen usw., beschreiben diese Zahlen doch die Wahrnehmung des Klienten von Unterschieden, Veränderungen, Fortschritten und Bewegung in Richtung einer Lösung" (Steve de Shazer, 1996, S. 127).

„Solution-line". Nochmals anschaulicher wird eine Skalierung, wenn man den Klienten bittet, auf einer gedachten Linie, der „solution-line", die quer durch das Beratungszimmer verläuft und mit zehn Blättern Papier in gleiche Intervalle unterteilt ist (beschriftet von „1" bis „10"), seine aktuelle Position einzunehmen und dabei zurück wie auch nach vorne zu blicken.

> **BEISPIEL**
>
> Der Klient hatte durch wirklich sehr unglückliche Umstände seinen Arbeitsplatz verloren und gab sich nun immer mehr Gefühlen einer verzweifelten Wut hin: „Ich bin nur noch verzweifelt und erlebe mich von Rachegedanken geradezu besessen – ich weiß nicht, wie lange ich das noch kontrollieren kann!" Mit einer Analyse der verschiedenen Aktivitäten der letzten Woche wurde der Versuch unternommen, die jeweils korrespondierenden Gefühle hinsichtlich ihrer Lösungsorientierung auf einer 10er-Skala einzustufen. Mit der so erstellten Grafik gelang nicht nur der „Nachweis", dass es manchmal mehr und manchmal weniger „Verzweiflung" gab, sondern es konnte auch die Lösungseffizienz der einzelnen Tätigkeiten ermittelt werden, um von da aus dann zu einem „Mehr des Guten" einzuladen – verbunden mit der Gratulation, dass der Klient trotz der schwierigen Situation doch in einer so aktiven Form seinen Tagesablauf zu organisieren verstände (was ihn in dieser systematischen Auflistung selbst überzeugt und positiv überrascht hat).

Aktivitäten	Problemerleben ——————— Lösungsgefühl									
	1	2	3	4	5	6	7	8	9	10
Arbeit an einem Zeitschriftenartikel						x				
Besuch bei den Eltern	x									
Arbeiten im Garten			x							
Brief an den früheren Vorgesetzten	x									
Eintragungen im persönl. Tagebuch		x								
Spielen mit der kleinen Tochter									x	
Studium der Stellenangebote				x						
Vorsprache beim Arbeitsvermittler				x						
Jogging						x				
Jobrecherchen im Internet				x						
Erstellen einer Bewerbung					x					
Lektüre eines Fachbuchs							x			
Kinobesuch mit dem Ehepartner							x			
Planung eines Umzugs								x		
Hausarbeiten				x						
Aussprache mit dem Ehepartner								x		
Wochenendbesuch bei Freunden									x	

5.4 Hypothetische Lösungen: „Was wäre wenn …?"

Wenn sich nach den bisherigen Fokussierungsaspekten keine Ansätze in Richtung einer Lösung abzeichnen – sich also weder vor der Beratungsstunde bedeutsame Veränderungen ergeben haben noch irgendwelche Ausnahmen gefunden werden – bleibt nur die „Flucht nach vorne", und zwar durch die Entwicklung einer hypothetischen Lösung. Eigentlich handelt es sich dabei um den Sonderfall einer Ausnahme – Sonderfall insofern, als diese Ausnahme **noch** nicht passiert ist, aber als **möglich** hypothetisiert wird.

5.4.1 Die Entwicklung einer hypothetischen Lösung

Im Sinne von „Geburtshilfe" bei der Entwicklung von hypothetischen Lösungen bieten sich die folgenden Wahrnehmungspositionen bzw. Leitfragen an, die es dem Klienten jeweils ermöglichen, über die Problemlösung aus einer völlig anderen als der bisherigen, gewohnten Perspektive nachzudenken.

> **LÖSUNGSINTERVENTIONEN**
>
> - Die „Wunderfrage":
>   Was wäre, wenn ein Wunder geschehen und das Problem gelöst wäre?
> - Die zirkuläre Sichtweise:
>   Woran würden andere Personen erkennen, dass das Problem gelöst ist?
> - Die Betrachtung aus der Meta-Perspektive:
>   Was würde sich der Klient als sein eigener Coach/Supervisor empfehlen, um das Problem zu lösen?
>
> **Die „Wunderfrage" (in Variationen)**
> - „Darf ich Ihnen eine etwas ungewöhnliche Frage stellen, die außerdem einiges Nachdenken erfordert?
>   Nehmen Sie einmal an, dass eines Nachts, wenn Sie schlafen, ein Wunder geschieht, und das Problem, weswegen Sie zur Beratung gekommen sind, einfach verschwunden ist. Ganz einfach so… (längere Pause). Aber das passiert, während Sie schlafen, deswegen wissen Sie gar nicht, dass dieses Wunder stattgefunden hat. Wenn Sie nun morgens aufwachen und Ihren Tag beginnen, woran werden Sie merken, dass dieses Wunder geschehen ist? Was wird dann anders sein? Was werden Sie dann anders bzw. anderes tun?"
> - „Für uns Menschen gibt es immer Vergangenheit **und** Zukunft. Nachdem Sie mich mit Ihrer Vergangenheit vertraut gemacht haben, bin ich nun sehr neugierig, wie Ihre Zukunft wohl aussehen wird. Ich möchte Sie deshalb dazu einladen, von dieser Zukunft einmal zu träumen … und zu

> schauen, wie sie aussieht, nachdem die Schwierigkeiten der Vergangenheit tatsächlich Vergangenheit sind."
> - „Angenommen, unser Gespräch würde Ihnen tatsächlich weiterhelfen, was wäre dann die erste kleine Veränderung in Ihrem Leben, an der man das erkennen kann?"
> - „Sie haben vorhin beschrieben, dass Sie sich auf dem Weg von 1 nach 10 bei der Stelle '3' erleben. Stellen Sie sich vor, diese Ecke des Raumes entspräche der Position '1' und die diagonal gegenüberliegende der Position '10'. Ich möchte Sie bitten, jetzt einmal dorthin zu gehen, wo diese Stelle '3' ist. Schauen Sie sich innerlich all die Gedanken, Gefühle und Verhaltensweisen an, die für diese Stelle '3' kennzeichnend sind … Und jetzt möchte ich Sie einladen, einen Schritt in Richtung '4' zu tun … Wenn Sie jetzt die Verhaltensweisen ansehen, die für diese Stelle typisch sind, was ist da nun anders? Was tun Sie dann, was Sie zuvor noch nicht getan haben?"
> - „Stellen Sie sich vor, Sie wären ein Schriftsteller, und der Roman, an dem Sie gerade arbeiten, beschreibt Ihr bisheriges Leben. Im nächsten Kapitel geht es darum, wie sich alles zum Guten wendet. Ich möchte Sie einladen, Ihrer Phantasie für das **übernächste** Kapitel freien Lauf zu lassen, in dem Sie berichten, was nun Neues in Ihrem Leben geschieht."
> - „Angenommen, wir hätten unsere Gespräche erfolgreich beendet. Und nun, einige Monate später, rufen Sie mich an und erzählen, wie sich inzwischen vieles positiv entwickelt hat. Was könnte das zum Beispiel sein?"

Einladungen an den Klienten, die mit Zauberwörtern wie „Angenommen …" oder „Stellen Sie sich einmal vor …" beginnen, geben ihm die Erlaubnis und zugleich den Mut, die im Augenblick problembelastete „Realität" zu verlassen und in eine virtuelle Zukunft hineinzugehen, in der (fast) alles möglich ist, zum Beispiel ein Leben ohne Problem: „Die Zukunft ist ein Land, das niemandem gehört und deshalb allen denkbaren Ideen und Vorstellungen offensteht" (Ben Furman und Tapani Ahola, 1995, S. 132f).

Auf diese Weise erhalten sowohl Berater als auch Klient eine Vorstellung davon, wie die Alternative zum Problem aussehen könnte – und das auch dann, wenn das Problem selbst unbestimmt, verworren und unzureichend beschrieben ist. Diese hypothetische Zukunft, in der das Problem schon gelöst ist bzw. sich zumindest auf eine Lösung hin verändert, gilt es nun ganz konkret zu erfassen (Kap. 5.4.2). Je genauer der Berater dabei die Details exploriert, umso mehr wird beim Klienten die Erwartung geweckt, dass das Problem tatsächlich gelöst werden kann. Und damit beginnt nun der Zauber zu wirken: Sich selbst in einer solchen hypothetischen Zukunft zu sehen („Und stellen Sie sich vor, wie Sie …"), und zwar als aktiv Handelnder („Was würden Sie dann tun?"), sind die ersten Realisierungsschritte hin zur Lösung (Kap. 5.4.3). Wenn man sieht, wie man handeln **könnte**, ist die Versuchung groß, es tatsächlich zu tun, das heißt, die einmal geweckten Vorstellungsbilder werden dem Klienten helfen, sein Denken und Verhalten so zu ändern, dass das Gedachte Realität wird. Phantasien fördern also Wirklichkeitssinn, und Wirklichkeitssinn schafft Wirklichkeit.

Neue Phantasien sind vielleicht das größte Geschenk, das ein Berater einem Klienten machen kann – und vielleicht sollte man deshalb statt von „Lösungsorientierter Beratung" besser von „Phantasieschenkender Beratung" sprechen.

Für das Herbeizaubern solcher lösungsorientierter Zukunftsperspektiven – und zwar aus dem Bezugsrahmen des Klienten heraus – gilt die zitierte klassische „Wunderfrage" („Nehmen Sie einmal an, dass eines Nachts …") als mächtigster Zauberspruch. Meist wird sie auch als Erstes assoziiert, wenn von lösungsorientierter Beratung bzw. Therapie die Rede ist. Oft wird sogar der lösungsorientierte Ansatz kurz und bündig als die **Wunder-Methode** bezeichnet (S.D. Miller und Insoo Kim Berg, 1997). Solche Assoziationen gelten auch für die Klienten, wie Steve de Shazer (Insoo Kim Berg und Steve de Shazer, 1998) berichtet: Am Ende eines Erstgesprächs mit einer Klientin zeigte sie sich sehr enttäuscht und beklagte sich bei ihm darüber, dass er vergessen habe, die Wunderfrage zu stellen.

Übrigens wurde die Wunderfrage von Insoo Kim Berg „erfunden", als eine Klientin nach einer ausführlichen Problemschilderung resignierend feststellte: „Mir kann nur noch ein Wunder helfen."

Die zirkuläre Sichtweise

In den oben dargestellten Beispielen zur Suche nach hypothetischen Lösungen ist es immer so, dass der Klient von seiner aktuellen Problemsituation aus mögliche Visionen einer befriedigenderen Zukunft entwickelt. Manchmal kann es jedoch für ihn einfacher sein, aus der Perspektive einer anderen Person heraus nach hypothetischen Lösungsmöglichkeiten zu suchen. Dazu eignen sich zirkuläre Fragestellungen, die eben den Klienten einladen, die Position einer Bezugsperson einzunehmen, sich selbst und seine Situation „von außen" zu betrachten.

> **LÖSUNGSINTERVENTIONEN**
>
> ▶ „Angenommen, wir würden Ihren Vorgesetzten fragen, woran er als Erstes feststellen könnte, dass dieses Wunder geschehen ist, was würde er dann wohl sagen?"
> ▶ „Was müssten Sie tun bzw. nicht tun, damit Ihr Partner überzeugt ist, dass es Ihnen jetzt wirklich besser geht?"
> ▶ „Nehmen Sie einmal an, Ihr Vater sitzt Ihnen gegenüber auf diesem leeren Stuhl und er sagt: 'Ich weiß, dass Du dieses Problem lösen wirst! Als Erstes wirst Du …' Wie würde er nun fortfahren?"
> ▶ „Angenommen, wir würden eine Videoaufnahme machen, um einen typischen Tagesablauf von Ihnen zu dokumentieren, und zwar einmal zum

> gegenwärtigen Zeitpunkt und zum anderen, wenn wir unsere Gespräche erfolgreich beendet haben. Woran könnte ein Zuschauer unterscheiden, welches die erste und welches die zweite Aufnahme ist?"
> ▸ „Stellen Sie sich vor, dass Sie, nachdem Sie das Problem überwunden haben, ein Fest feiern. Und dazu laden Sie all die Personen ein, die Ihnen die entscheidenden Ideen vermittelt haben, um all das durchzustehen. Und nun bedanken Sie sich bei jedem Einzelnen und erzählen ihm, wie Sie seinen hilfreichen Rat umgesetzt haben …"

Die Betrachtung aus der Meta-Perspektive

Es ist unter Umständen sogar eine dritte hypothetische Wahrnehmungsposition nutzbar, indem der Klient eingeladen wird, von einer Metaperspektive aus Lösungen zu visionieren, zum Beispiel so, als ob er ein vollkommen unabhängiger Beobachter wäre, der selbst in die ganze Sache überhaupt nicht involviert ist.

> **LÖSUNGSINTERVENTIONEN**
>
> ▸ „Manchmal nimmt man zu Beratungsgesprächen eine dritte Person als neutralen Beobachter hinzu, der dann oft wertvolle Hinweise geben kann zu Sachverhalten, die von den beiden miteinander Sprechenden übersehen wurden. Was glauben Sie, was ein solcher Beobachter im Augenblick Ihnen und mir sagen könnte, wenn wir ihn fragen würden, in welche Richtung sich jetzt schon eine Lösung abzeichnet?"
> ▸ „Vergegenwärtigen Sie sich einmal die Person, die Sie eigentlich sein möchten. Wenn Sie nun diese 'Wunschperson der Zukunft' als Ihren ganz persönlichen 'Supervisor für die Gegenwart' gewinnen könnten, was für einen ersten Rat würde er Ihnen in der augenblicklichen Situation wohl geben?"
> ▸ „Stellen Sie sich vor, wir würden zusammen einen Berg besteigen … Und während wir oben am Gipfel den Ausblick genießen, verwandelt sich das, was wir im Tal sehen, plötzlich in Ihr Leben. Wir überblicken Ihr ganzes Leben. Und wir können auch ganz genau den Punkt sehen, an dem Sie gegenwärtig stehen. Und wie Sie das alles aus dieser weiten Perspektive sehen, begreifen Sie etwas, was bislang nicht so klar war …"

5.4.2 Von den Phantasien zu konkreten Verhaltensbeschreibungen

Entscheidend für den Erfolg all solcher Interventionen ist jedoch, dass der Klient in seinen Antworten konkretes Verhalten detailliert beschreibt, insbesondere auch die interaktionellen Details. Nur konkrete Zielvisionen bieten die

Ansatzpunkte für mögliche Lösungen. Um solche „wegweisenden Visionen" zu erhalten, sind oft Kreativität und wohlwollende Hartnäckigkeit in der Formulierung von Fragen notwendig. Unspezifische Aussagen des Klienten, wie zum Beispiel „Dann ginge es mir in Allem besser …" oder „Dann wäre ich glücklich …" usw., sind zu wenig konkret, um auf der Verhaltensebene umgesetzt werden zu können. Hier gilt es nachzuhaken, was es denn für Konsequenzen hätte, wenn er/sie glücklicher wäre, was er/sie dann anders machen würde, woran die anderen es merken könnten und was die Folgen davon wären.

Negationen. In gleicher Weise sollten Beschreibungen von dem, was dann nicht wäre („Dann bräuchte ich nicht mehr so depressiv rumzuhängen …") sozusagen umgedreht werden mit Hilfe folgender Fragen:

LÖSUNGSINTERVENTIONEN

- „Was würden Sie **statt dessen** tun?"
- „Es ist gut zu wissen, was nicht in Betracht kommt. Im zweiten Schritt können wir uns nun mit Phantasie die Fülle an Verhaltensmöglichkeiten ausmalen, die sozusagen übriggeblieben ist. Was fällt Ihnen dazu als Erstes ein?"

Externale Veränderungsansprüche. Eine weitere Variante ineffektiver hypothetischer Lösungen besteht in der Vorstellung des Klienten, dass sich einfach der Ehepartner, die Kinder, der Arbeitskollege, der Vorgesetzte und am besten gleich die ganze Welt ändern sollten: „Dann wäre alles gut!" Bei solchen externalen Veränderungsansprüchen (meist auf der Basis entsprechender Schuldzuweisungen) ist es wichtig, den Fokus des Klienten zu erweitern, so dass Visionen vom eigenen Tun möglich werden.

LÖSUNGSINTERVENTIONEN

- „Angenommen, das Wunder wäre geschehen und Ihr Partner würde tatsächlich … Was hätte das für Konsequenzen für **Ihr** Verhalten, was würden **Sie** dann tun, was Sie bislang noch nicht tun bzw. seit langem nicht mehr getan haben?"
- „Bisher funktioniert ja Ihre Beziehung nach der Regel 'Wie Du mir, so ich Dir' – wie bei den meisten Ehepaaren. Wenn Sie jetzt aus dieser Regel ganz langsam aussteigen und immer mehr ein neues Verhalten zeigen würden, wäre ich gespannt, wie lange es dauert, bis Ihr Partner darauf reagiert. Wie könnte so ein neues Verhalten überhaupt aussehen?"

„Ich weiß nicht." Für den Fall schließlich, dass der Klient auf eine hypothetische Frage mit einer längeren Pause reagiert und dann „Ich weiß nicht" antwortet, raten J.L. Walter und J.E. Peller (1994, S. 104) zu folgender ungewöhnlichen und auf den ersten Blick unlogischen Nachfrage:

> **LÖSUNGSINTERVENTIONEN**
>
> „Angenommen, Sie wüßten es, was würden Sie dann sagen?"

Die meisten Klienten akzeptieren ein solches Nachhaken, das heißt, sie reagieren zunächst verblüfft, lächeln dann verständnisvoll und gehen schließlich zu einer Antwort über.

Eine weitere Möglichkeit, um nach solchen ersten „Vermeidungsreaktionen" doch den Zugang zum **ganzen** Lösungspotential des Klienten zu eröffnen und zu konkreten Verhaltensbeschreibungen zu kommen, besteht darin, zwischen einem bewussten Wissen und einem unbewussten Ahnen zu unterscheiden.

> **LÖSUNGSINTERVENTIONEN**
>
> „Ihr bewusster Verstand mag im Augenblick keine Visionen anbieten. Vielleicht sollten wir deshalb Ihr Unbewusstes einladen, in seinem Reich nach Möglichkeiten zu schauen. Oft ahnt das Unbewusste schon etwas, bevor es dies dem Bewusstsein mitteilt ..."

> **!** Die Antworten des Klienten sind dabei immer auf ihre Lösungseffektivität hin zu überprüfen – und entsprechend ist das hypothetische Fragen so lange klientenzentriert zu modifizieren, bis die Zielformulierungen tatsächlich den schon genannten „Erfolgsindikatoren" gerecht werden:
> ▸ Formulierung kleiner, aber bedeutsamer Änderungsschritte,
> ▸ konkrete Beschreibung der praktischen Realisierung,
> ▸ Realisierbarkeit mit Hilfe der verfügbaren Kompetenzen,
> ▸ ökologische Integrierbarkeit in die Lebenswelt und die persönliche Lebensgeschichte des Klienten,
> ▸ Konsequenzen der Veränderung (auch langfristig) für den Lebensentwurf förderlich.

5.4.3 Von den Verhaltensbeschreibungen zum Verhalten

Erhält man auf eine hypothetische Frage derartige konkrete Beschreibungen, dann besteht der nächste beraterische Schritt darin, damit anzufangen, diese hypothetische Lösung in die Gegenwart zu bringen, den Klienten in „jemanden zu verwandeln, der Wunder vollbringt" (Insoo Kim Berg und Scott D. Miller, 1995, S. 99).

> **LÖSUNGSINTERVENTIONEN**
>
> ▸ „Was von dem, was Sie jetzt an Möglichkeiten angesprochen haben, sagt Ihnen gefühlsmäßig am meisten zu? Und was wäre für Sie am leichtesten zu tun?"
> ▸ „Wann haben Sie zuletzt die Erfahrung gemacht, dass es so oder ähnlich schon einmal gewesen ist? Wie könnten Sie das jetzt wieder tun?"
> ▸ „Wenn Sie jetzt an meiner Stelle wären, zu welcher dieser verschiedenen Ideen von neuem Verhalten würden Sie dem Klienten am meisten gratulieren? Und ist das auch die Verhaltensweise, die er als Erstes umzusetzen versuchen wird, oder doch eher eine andere?"

Bei diesen konkretisierenden Schritten sollte dann der Berater von den Fragen, die im Konjunktiv stehen („Was würden Sie tun?"), langsam übergehen zu Formulierungen der Art: „Was werden Sie tun?" Je mehr er sich auf diese Weise in den Lösungsstatus hineinfragt und immer mehr Details herausarbeitet, um so mehr redet der Klient mit seinen wiederholten Antworten sich diese Lösung selbst ein, wird diese Lösung wirklich zu seiner Idee.

So-tun-als-ob. Im Rahmen der „Lösungsverschreibung" wird man den Klienten dann zu einem konkreten Schritt in Richtung der visionierten Lösung einladen, z.B. mit einer Aufgabe vom Typ „So-tun-als-ob".

> **LÖSUNGSINTERVENTIONEN**
>
> „Ich möchte Ihnen ein Experiment vorschlagen: Wählen Sie in der nächsten Woche durch Münzenwurf zwei Tage aus. An diesen Tagen tun Sie ein klein wenig so, als ob das Wunder, von dem wir gesprochen haben, schon geschehen wäre. Beobachten Sie genau, wie die anderen darauf reagieren."

Damit besteht für den Klienten die Möglichkeit, etwas zu ändern, ohne sich zu ändern, denn er tut ja nur als ob, das Ganze ist ja ein Experiment. Außerdem ist als Hauptaufgabe das Beobachten der Folgen definiert, und das „Tun-als-ob" wird eher als Nebensächlichkeit beschrieben, obwohl es natürlich das eigentliche Ziel der beraterischen Intervention darstellt. Unter dieser Voraussetzung fällt es leichter, sich darauf einzulassen und tatsächlich etwas Neues einzuüben. Bei entsprechender Formulierung wird sich auch leicht eine gewisse „experimentelle Neugierde" beim Klienten induzieren lassen, was zusätzlich zu einem solchen Ausprobieren und Beobachten motiviert.

„Joker-Auftrag". Eine Variante stellt der „Joker-Auftrag" dar: Der Klient wird eingeladen, an bestimmten Tagen so zu tun, als ob es ihm gut gehen würde – und darauf zu achten, durch welches Verhalten ihm die Täuschung der verschiedenen Bezugspersonen am besten gelingt. Dieser wiederum als „Experiment" deklarierte Auftrag bewirkt einerseits eine lösungsorientierte Verhaltensformung („Shaping"), und wird andererseits dazu führen, dass die Reaktionen der anderen dem Klienten helfen, sich tatsächlich besser zu fühlen.

5.4.4   Fallbeispiel

Jutta B. ist Abiturientin und absolviert an einem privaten Studienkolleg ein Orientierungsjahr. Am Ende kann sie sich sowohl ein Medizin- als auch ein Architekturstudium vorstellen. Es gelingt ihr aber nicht, sich für eine Möglichkeit zu entscheiden, das heißt, wenn sie sich einmal festgelegt hat, gerät sie nach einer kurzen Phase der Erleichterung doch wieder ins Zweifeln, und das, was sie eben noch ausgeschlossen hatte, gewinnt immer mehr an Faszination, bis sie endlich nachgibt – und damit kann das Spiel von neuem beginnen. Eine Woche vor dem ZVS-Schlusstermin kommt sie zu mir in die Beratung. Auf die Frage, was sie schon alles unternommen habe, um Entscheidungshilfe zu erhalten, berichtet sie von einer Vielzahl von Beratungsgesprächen mit einer ebensolchen Vielzahl von Beratern: Eltern, Freund, Studienberater, Dozent, Hausarzt, Psychotherapeut.

Ich äußere meine Bewunderung für solch umfassende Aktivitäten und konnotiere positiv ihre gegenwärtige Situation: „Die Tatsache, dass Sie sich mit Ihrer endgültigen Entscheidung bislang zurückgehalten haben, um eben wirklich alle Möglichkeiten der Information zu nutzen, spricht für ein hohes Verantwortungsbewusstsein – und das nicht nur sich selbst gegenüber, sondern auch gegenüber den besonderen Anforderungen in diesen beiden Berufen. Es geht also nicht nur um eine Studienwahl, sondern auch, und vielleicht sogar vor allem, um die Entscheidung für eine bestimmte berufliche Lebenswelt. Nachdem Sie sich nun schon ausführlich über die Studieninhalte informiert haben, wäre es jetzt für Sie wichtig, sich die Lebenswelten dieser beiden Berufe genauer anzusehen, sich die Unterschiede bewusst zu machen und nachzuspüren, wie Sie auf diese Unterschiede reagieren."

Das ist offensichtlich ein neuer Aspekt für sie, so dass sie interessiert zuhört und ich fortfahren kann: „Allerdings ist das nicht hier am Beratungstisch möglich. Dazu müssen wir vielmehr in diese Lebenswelten hineingehen. Mir kommt da eine vielleicht etwas verrückte Idee: Stellen Sie sich einmal vor, Sie wären schon fertige Ärztin und arbeiteten in einer Klinik. Ich besuche Sie dort und frage Sie, wie es Ihnen in dieser neuen Umgebung geht – was für Gedanken Ihnen durch den Kopf gehen, was für Hoffnungen und Befürchtungen Sie erleben, wie Sie die Nähe zu den Patienten spüren, welche Assoziationen die Krankenhausatmosphäre auslöst, welche Verantwortlichkeiten Sie übernommen haben, unter welchen Bedingungen Sie Erfolg und Zufriedenheit erfahren, welche Ereignisse Sie möglicherweise an Ihre Grenzen bringen usw. Und jetzt fahren wir in die Unfallklinik, setzen uns dort in den Aufenthaltsraum der Patienten –

ich kenne den Stationsarzt, so dass das sicherlich in Ordnung geht – und Sie lassen sich im Kontakt mit dieser Umgebung auf diese Fragen ein ..."

Zuerst reagiert Jutta B. etwas irritiert – war sie doch auf ein Beratungsgespräch eingestellt, so wie sie es mit den anderen Beratern geführt hatte ... Letztlich erweist sich aber doch ihre Neugierde als stärker, so dass wir uns tatsächlich auf den Weg in die Klinik machen, und zwar zur Station für Querschnittgelähmte. Der Stationsarzt zeigt sich sehr offen für unser Anliegen, setzt sich später sogar noch kurz zum Gespräch dazu und berichtet von seinem Arbeitstag.

Nach einem etwa einstündigen Aufenthalt in der Klinik, bei dem es vor allem um die Vermittlung von kontextbezogener „awareness" ging, lade ich Jutta B. zum nächsten „Experiencing" ein: „Stellen Sie sich vor, Sie wären schon fertige Architektin ... Und jetzt gehen wir in ein Neubaugebiet und Sie geben mir eine Einführung in architektonische Sichtweisen – ich selbst verstehe davon relativ wenig."

Hier ergibt sich dann ein hilfreicher Zufall. Während der Diskussion über einen modernen Neubau, den wir uns ganz aus der Nähe ansehen, erscheint plötzlich die Hausbesitzerin in der Eingangstür und erkundigt sich nach unserem merkwürdigen Verhalten. Nach einer kurzen Erklärung werden wir beide eingeladen, das Haus auch von innen zu besichtigen. Dabei ist deutlich der Stolz der Hausbesitzerin zu spüren – verständlich, denn der Architekt ist ein Schüler von Richard Meier. Beiläufig erfahren wir noch, dass unsere „Gastgeberin" als Ärztin arbeitet.

Am Ende geht es in einem Prozess des „Focusing" (Eugene T. Gendlin, 1981) um den Vergleich der beiden Erfahrungen, u.a. mit der Frage: „Versuchen Sie jetzt einmal aufgrund dessen, was Sie nun gesehen, gehört, gespürt haben, abzuschätzen, zu wieviel Prozent Sie sich mit der Rolle als Ärztin identifizieren können und zu wieviel Prozent mit der als Architektin."

Inzwischen sind drei Jahre vergangen. Nach einigen Recherchen gelingt es mir, mit Jutta B. telefonischen Kontakt aufzunehmen. Sie berichtet, dass sie sich gerade auf das erste Staatsexamen im Studiengang Medizin vorbereitet. Der Erfolg spricht für sich. Aber auch gefühlsmäßig ist sie überzeugt, nicht nur eine gute Studienwahl, sondern auch eine wirklich gute „**Berufs**wahl" getroffen zu haben.

5.5 Reframing: Dem Problem eine neue Bedeutung geben

Lassen sich keine Lösungsansätze im Sinne von „Lösungstendenzen", „Ausnahmen" oder eines „Wunders" ausmachen bzw. erscheinen diese Lösungszugänge aus irgendwelchen Gründen nicht sinnvoll, kann man versuchen, das Problem selbst bzw. den Umgang mit dem Problem unter einem veränderten

Aspekt zu betrachten und dadurch einen anderen Bezugs- und Bedeutungsrahmen herzustellen („Reframing"), was eine Neuorganisation des Verhaltens ermöglicht.

Aus der buddhistischen Heilslehre stammt folgende Geschichte: „Drei buddhistische Mönche betrachten eine Fahne. Sagt der Erste: 'Die Fahne bewegt sich.' Sagt der Zweite: 'Der Wind bewegt sich.' Sagt der Dritte: 'Der Geist bewegt sich.'"

Häufig ist es einfach der enge und starre Blickwinkel des Klienten, der eine Problemlösung verhindert. Durch Reframing kann der Situation jedoch zu einer völlig neuen Bedeutung verholfen werden, zum Beispiel indem der Klient

- das Problem als „verdammtes Pech" interpretiert, das jeden hätte treffen können (externale Attribution),
- oder im Problemverhalten eine indirekte Art und Weise erkennt, um jemanden dazu zu bringen, dass er etwas Bestimmtes tut bzw. nicht tut, was beispielsweise für den Erhalt der Familie sehr wichtig ist (instrumentale Attribution),
- oder die symptomatischen Reaktionen als Ausdruck latenter Fähigkeiten begreift, die in einem anderen Kontext durchaus positiv erlebt werden (ressourcenorientierte Attribution),
- oder das ganze Problem als eine Herausforderung zu verstehen lernt, um das bisherige Lebenskonzept zu erweitern und persönlich zu wachsen (utilisierende Attribution).

Sobald der Klient seine Situation anders sieht und bewertet, vermag er sich auch anders zu verhalten, und das wiederum wird ihm neue Erfahrungen ermöglichen usw., so dass sich schließlich über positive Rückkopplungsprozesse ein „Circulus **virtuosus**" etabliert. Insofern ist der Berater dann „Moderator für die Generierung von alternativen Wirklichkeiten", oder „Erzähler, der alte Geschichten neu erzählt", oder „Entführer aus den Bedeutungsgefängnissen von Wörtern".

Bei der „Umwandlung von Bedeutung" utilisiert der Berater den Umstand, dass Menschen „sich permanent in einem Prozess selbstorganisierter Bedeutungs- oder Informationserzeugung, man könnte auch sagen, der Wirklichkeitskonstruktion [befinden]" (Günter Schiepek, 1999, S. 39).

Wenn man ein „Problem" als das vergebliche Bemühen eines Klienten versteht, eine subjektive Ist-Soll-Diskrepanz zu überwinden, dann bieten sich für ein solches Reframing im Prinzip folgende drei Ansatzpunkte:

(1) Verhaltensdiversifizierendes Reframing
Man kann erstens auf die bisherigen Bewältigungsversuche fokussieren und mit dem Motto „Viele Wege führen nach Rom" zu einer neuen Bewertung der

Aktivitäten und entsprechend zu einer erweiterten Suche nach alternativen Strategien einladen (Kap. 5.5.1).

(2) Motivationsdiversifizierendes Reframing

Es lassen sich zweitens die Bewertungen hinsichtlich Ist–Soll angehen – entsprechend dem Motto: „Alles ist Ansichtssache!". Man kommt so zu einem motivationsdiversifizierenden Reframing" (Kap. 5.5.2). In der Folge kann sich dadurch die Diskrepanz zwischen Ist und Soll minimieren oder gar aufheben.

(3) Situationsutilisierendes Reframing

Die dritte Vorgehensweise, das „situationsutilisierende Reframing" (Kap. 5.5.3), besteht darin, die vorliegende Ist-Soll-Diskrepanz als eine eigene Ist-Lage zu interpretieren und dazu – entsprechend dem Motto „Alles ist zu etwas nütze!" – eine korrespondierende Soll-Lage zu konstruieren. Damit wird der Klient eingeladen, seine Problemlösungsaktivitäten (zunächst) auf ein anderes und erfolgsversprechenderes Terrain zu konzentrieren – mit dem Effekt, dass über Rückkopplungsprozesse die gesamte Problemdynamik einschließlich der verschiedenen konstituierenden Elemente verändert wird. Und auf dieser veränderten Basis kann dann die Arbeit am „ursprünglichen" Problem wieder aufgenommen werden, sofern das überhaupt noch notwendig sein sollte.

5.5.1 Verhaltensdiversifizierendes Reframing: „Viele Wege führen nach Rom!"

Die wichtigste beraterische Vorgehensweise, um zu einem Perspektivenwechsel zu kommen, besteht darin, hinsichtlich des geschilderten Problemverhaltens eine Unterscheidung einzuführen, und zwar zwischen diesem Verhalten als solchem und der dahinter stehenden Absicht: Trennung von Verhalten und Intention. In der Folge dieses Reframings bietet sich nun die Möglichkeit, den Klienten zu einer Suche nach **alternativem** Verhalten für dieselbe, positiv konnotierte (!) Intention einzuladen. Es geht hier also um eine Verhaltensdiversifikation (bei unveränderter Motivation).

> **BEISPIEL**
>
> ▸ Zu einem Abteilungsleiter, der darunter leidet, dass er in seinem Umgang mit den ihm untergeordneten Mitarbeitern oft als „autoritär" beurteilt wird: „Ich bin sehr beeindruckt über die Fürsorge, die ich in Ihrem Umgang mit Ihren Mitarbeitern spüre. Das macht Sie im Vergleich zu anderen Vorgesetzten wirklich überlegen! Genau in dieser Fürsorge werden dann aber auch Entscheidungen notwendig, die der einzelne Mitarbeiter in der aktuellen Situation oft nicht als Fürsorge erkennt; erst in einem

> längerfristigen Zeitrahmen lässt sich so etwas verstehen. Ich überlege mir gerade, was es an **kurzfristigen**, **unmittelbaren** Aktionen in Ihrem Arbeitsbereich geben könnte, die ebenfalls Ihre Fürsorge ausdrücken und die den Mitarbeitern direkter den Eindruck eines unterstützenden Arbeitsklimas und eines unterstützenden Vorgesetzten vermitteln …"
>
> ▸ „Eigentlich müssten wir zufrieden und glücklich sein …" – so entschuldigt sich der Ehemann gleich zu Beginn des Beratungsgesprächs. Und seine Partnerin, die irgendwo ins Leere schaut, nickt stumm. „Wir haben alles, was man für ein gutes Leben braucht – ein eigenes Haus, eine perfekte Einrichtung, einen großen Garten, eine kleine Ferienwohnung, gute Freunde …" Und dann erzählen beide abwechselnd, wie sie sich diese schöne Welt geschaffen haben und wie sie anfangs die dadurch erfahrene Geborgenheit genießen konnten. Beide stammen aus einfachen Verhältnissen. Seit einigen Jahren jedoch ist daraus eine „ritualisierte Geborgenheit" geworden. Sie haben das daran gemerkt, dass ihnen zuerst irgendwie die Gesprächsthemen ausgegangen sind, dann ihnen die Zärtlichkeit abhanden gekommen ist … Beide möchten zusammenbleiben, das betonen sie immer wieder, aber anders!
> Berater: „Dieses Ziel 'Geborgenheit' hat Ihnen beiden viel Kraft gegeben, um für Ihr Leben einen solchen Rahmen zu schaffen. Dazu möchte ich Ihnen wirklich gratulieren! Viele werden Sie darum beneiden. Mir fällt nun auf, dass diese Geborgenheit vorwiegend mit Dingen verankert ist, die sozusagen außerhalb von Ihnen selbst sind. Und nun überlege ich mir, ob das ergänzt werden könnte, vielleicht sogar ergänzt werden müsste. Das Stichwort dazu wäre, eine 'Geborgenheit in sich und in der Beziehung selbst' finden. Ich habe noch keine Idee, wie das konkret ausschauen könnte. Aber die Frage ist, ob Sie daran arbeiten möchten, solche Ideen zu entwickeln. Dabei könnten Sie bestimmt Ihren großen Schatz an Lebenserfahrungen nutzen …"

5.5.2 Motivationsdiversifizierendes Reframing: „Alles ist Ansichtssache!"

In den beiden letzten Fallbeispielen wurde das Verhalten der Klienten zum einen daraufhin betrachtet, welche persönlichen Intentionen hierfür relevant sind (Fürsorge für die Mitarbeiter, Suche nach Geborgenheit), und zum anderen, mit welchen Strategien sie versucht haben, ihre Motive zu realisieren und ihre Ziele zu erreichen. Die Lösungsintervention bestand darin, über ein Reframing den Blick auf alternative Strategien zu öffnen, die in gleicher Weise den gegebenen Intentionen gerecht werden, aber weniger problemevozierend sind, vielleicht sogar zum intendierten Ziel führen.

Natürlich ist die Generierung neuen Verhaltens auch in der Form möglich, dass der Berater Variationen hinsichtlich der **Intentionen** erkundet, so dass die Motivation „Ich will nach Rom" relativiert wird. Genau darum geht es beim motivationsdiversifizierenden Reframing. In einem kurzen theoretischen Exkurs soll der genaue Ansatzpunkt einer entsprechenden lösungsorientierten Intervention aufgezeigt werden.

In Anlehnung an neuere handlungs- und kognitionstheoretische Ansätze, in denen der Mensch als zielgerichtet Handelnder begriffen wird (z.B. Gisela Bartling u.a., 1998), ist zu unterscheiden zwischen folgenden „handlungssteuernden Potentialen":

- Den Zielen bzw. den normativen Werten, denen sich jemand verbunden erlebt und die er – in verschiedene Teil- und Unterziele ausdifferenziert – in seinem Leben verwirklichen möchte; diese übergeordneten Verhaltensdeterminanten, von Klaus Grawe (1998) als „motivationale Attraktoren" bezeichnet, gelten als relativ stabil;
- den subjektiven Wahrnehmungs-, Interpretations- und Bewertungsprozessen hinsichtlich der jeweiligen (externalen wie internalen) Situation, durch die Ziele/Werte angesprochen und dann in Form von Emotionen einschließlich der immanenten Handlungstendenzen bewusst werden; diese temporären Verhaltensdeterminanten nennt Grawe „emotionale Attraktoren";
- und den individuellen, habitualisierten Strategien, wie diese Handlungstendenzen in der aktuellen Situation zu realisieren sind, um eben die erwünschten Bezüge des Individuums mit seiner Umwelt herzustellen, was man mit „behavioralen Routinen" umschreiben könnte.

Von besonderer Relevanz für ein lösungsorientiertes Reframing sind die klientenspezifischen Wahrnehmungs-, Interpretations- und Bewertungsprozesse hinsichtlich der (externalen wie internalen) Situation. Reframing heißt hier, den Klienten für erweiterte Bedeutungen zu öffnen – mit der Konsequenz, dass erweiterte Entscheidungsregeln für sein „situationsadäquates Reagieren" relevant werden. Und das wiederum erschließt ihm ein erweitertes Verhaltenspotential. Letztlich geht es also auch bei der motivationalen Modifikation um eine Verhaltensdiversifikation.

Therapeutische Einladungen zu einer neuen Sichtweise

Um die inneren Prozesse der Handlungsregulation zu verändern, können umdeutende bzw. bedeutungserweiternde Interventionen in Form von hypothetischen Fragen, strategischen Verwirrungen, Einstreutechniken, konstruktiven Missverständnissen, zirkulären Fragen, Alter-Ego-Techniken, positiven Konnotationen, therapeutischen Metaphern, induzierten Imaginationen, Expertenstatements, sokratischen Dialogen, Witzen, Zukunftsprojektionen usw. realisiert werden. Die lösungsorientierte Beratung bedient sich hier auch der Methoden anderer therapeutischer Konzepte.

> **LÖSUNGSINTERVENTIONEN**
>
> ▸ Zu einem Klienten, der sich als Mobbingopfer erlebt: „Wenn Sie die Vorstellung, dass Ihr Arbeitskollege Sie bewusst schikaniert, einmal gegen die Idee austauschen, dass er einfach oberflächlich ist und wenig über die Folgen seines Tuns nachdenkt, hätte das irgendwelche Folgen für Ihr Verhalten? Und was würde Ihr neues Verhalten bei diesem Kollegen dann möglicherweise bewirken?"
> ▸ Zu einem Klienten, der mit seinem Vorgesetzten häufig in Streit gerät: „Ihre Art, offen die eigene Meinung auszudrücken und, wenn nötig, auch mal ein Streitgespräch zu führen, hat Ihnen sicherlich in vielen Situationen schon geholfen, und viele Leute werden Sie deswegen schätzen, so wie Sie selbst wahrscheinlich ebenfalls die Leute mögen, die offen sind und direkt sagen, was sie meinen. Wenn jemand das nun nicht so gut kann, er also viel Zeit braucht, bis er zum Kern seines Anliegens kommt oder manches sogar nur in Andeutungen ausdrückt, was für Fähigkeiten wird dessen Gesprächspartner haben müssen, damit sich dennoch ein förderliches Gesprächsklima ergibt?"
> ▸ Zu einem streitenden Ehepaar: „Sie streiten zwar viel über ..., ich möchte aber zu bedenken geben, dass man nur mit wenigen Menschen über einen längeren Zeitraum streiten kann. Die wesentliche Voraussetzung dafür ist eine sehr stabile menschliche Beziehung. Damit meine ich, dass man nur mit Menschen lange streiten kann, die einem wahrhaft nahestehen und zu denen man ein Vertrauensverhältnis hat, das über dem Streit steht. Gleichzeitig ist Streit **eine** Möglichkeit, sich emotional intensiv zu begegnen ..." (Thomas Weiss, 1988, S. 124).
> ▸ Zu einem Schauspieler, der sich in einer Art „Identitätskrise" befindet: „Ich bin sehr beeindruckt, wie offen Sie von sich erzählt haben, so dass ich mir schon recht gut ein Bild von Ihnen machen kann – zum Beispiel auch von dem Mut, der sich für mich in dieser Offenheit ausdrückt. Beim Zuhören musste ich plötzlich an etwas denken, was ich vor kurzem gelesen habe. Da schrieb ein Kollege etwa folgendermaßen: 'Menschen sind Geschichtenerzähler. Sie erzählen anderen Geschichten, und sie erzählen auch sich selbst Geschichten. Zum Beispiel wie sie sich sehen und was sie von sich halten. Und Menschen haben die Angewohnheit, zu den Geschichten zu werden, die sie erzählen.' Aber solche Geschichten sind nie der ganze Mensch – oder anders gesagt: Ein Mensch ist immer mehr als seine Geschichten, die er sich und den anderen erzählt! Ich möchte Sie einladen, in den nächsten Tagen einmal neugierig in sich hineinzuhören und dabei den inneren Souffleur, der üblicherweise die Stichworte für die ▸

> Geschichten gibt und so penibel darauf achtet, dass es immer dieselbe Geschichte bleibt, bewusst zu ignorieren – um das wahrzunehmen, was da sonst **noch** ist, was über die Geschichte hinausgeht. Ich bin schon gespannt, was Sie dann bei unserem nächsten Gespräch berichten können."
> - Ben Furman und Tapani Ahola (1995) berichten von einer Frau, die wegen heftiger Streitigkeiten mit ihrem Mann eine Beratung suchte. Fast täglich gebe es um eine Schranktür Streit, die sie meist offenzulassen pflegte, während ihr Mann darauf bestünde, dass sie geschlossen sei. Nach der Diskussion mit dem Team erhält sie den Auftrag, dem Mann mitzuteilen, das Team sei der Ansicht, dass das Offenlassen des Schrankes eine unbewusste, vielleicht sogar vorbewusste Geste sei, mit der die Frau die Bereitschaft signalisiere, mit ihm zu schlafen. Drei Wochen später berichtete sie lachend, es habe überhaupt keinen Streit mehr gegeben, ihr Mann habe gesagt, dies sei das Verrückteste, was er je gehört habe – und die Tür mache er nun immer selbst zu (zit. n. Schlippe/Schweitzer, 1996, S. 38).

Ein lösungsorientierter Thesaurus. Oft genügen für bedeutungserweiternde Interventionen schon einfache sprachliche Umformulierungen, die dem Klienten eine neue Sicht seiner misslichen Lage bzw. seines problematischen Verhaltens ermöglichen – und ihn implizit einladen, anders über sich zu denken, anders zu fühlen, anders zu handeln. Beispiele für einen solchen Thesaurus sind:
- Statt „ängstlich": vorsichtig, sorgsam, phantasievoll;
- statt „aggressiv": expressiv, die eigene Stärke unterschätzen;
- statt „depressiv": still, sich über vieles Gedanken machen;
- statt „empfindlich": sensibel, feine Antennen haben;
- statt „labil": dynamisch, mitleidend, mitschwingungsfähig;
- statt „nachgiebig": verständnisvoll, andere gewinnen lassen;
- statt „pessimistisch": weitsichtig, aus Erfahrung klug;
- statt „ungeduldig": begeisterungsfähig, engagiert;
- statt „streitsüchtig": sich an anderen reiben mögen;
- statt „stur": geradlinig, wissen worauf es ankommt;
- statt „verschlossen": zurückhaltend, anderen Raum lassen.

Wie Klienten von solch veränderten Sichtweisen profitieren, zeigt die Reaktion einer Klientin, die am Ende des Beratungsgesprächs für sich feststellt: „Ich dachte immer, ich hätte eine Angstkrankheit. Jetzt ist mir klar geworden, dass das bloß Warnzeichen sind: Mein innerer Schutzengel sagt mir, dass ich sehr aufpassen soll, weil er sich mit solchen Situationen nicht auskennt."

Worte mit ihren subjektiven Bedeutungen sind die Bausteine, mit denen wir die komplexe Konstruktion errichten, die wir als die Wirklichkeit bezeichnen.

Worte schaffen insofern Realität. Und wenn es im Rahmen von „Reframing" um Veränderung von solchen subjektiven „Realitäten" geht, dann geschieht dies über ein „Spiel mit Worten", in dessen Verlauf Teilwirklichkeiten dekonstruiert und neue Wirklichkeitselemente konstruiert werden.

Zum Beispiel bewirkt die Feststellung, dass der Klient depressiv **ist**, eine völlig andere beraterische Wirklichkeit, als wenn die Aufmerksamkeit darauf gelenkt wird, dass er bestimmte Gefühle, Verhaltensweisen usw. **zeigt**. Zustände lassen sich ungleich schwerer ändern als Verhaltensweisen. „Jemand, der etwas tut, kann im nächsten Augenblick etwas anderes tun. Jemand, der etwas ist, unterliegt einer gewissen Behäbigkeit des nur schwer oder nie Veränderbaren" (Sonja Radatz, 2000, S. 45).

Kreative Missverständnisse. Bei einer solchen Suche nach neuen Beschreibungsformen kann sogar ein bewusstes Missverstehen dessen, was der Klient als Deutung seines Problems und seiner Problemsituation vorträgt, hilfreich sein, wenn dadurch eben für ihn alternative Sicht- und Deutungsmöglichkeiten ins Spiel kommen, die neue Verhaltensoptionen eröffnen. Dazu eignen sich zum Beispiel Fragestellungen, die dem Klienten eine völlig andere Attribution hinsichtlich seines Problemverhaltens unterstellen.

> **LÖSUNGSINTERVENTIONEN**
>
> - Zu einem Klienten, der von „depressiven Zuständen" berichtet: „Wann haben Sie begonnen, auf eigene Aktivitäten und Lebensfreuden zu verzichten?"
> - Zu einem Klienten, der sich im Vergleich zu anderen Personen ausgeprägte „Minderwertigkeitsgefühle" zuschreibt:
>   „Ich frage mich gerade, wie oft sich diese anderen bei Ihnen bedanken, dass Sie in Ihrer kritischen Sichtweise sich ausschließlich auf sich selbst konzentrieren und die anderen unbesehen in der Sonne stehen lassen."
> - Zu einem Schüler, der in einem Leistungstest hervorragende intellektuelle Fähigkeiten belegt hat, andererseits aber in der Schule nur sehr bescheidene Noten erreicht:
>   „Irgendwie verstehe ich das nicht. Vorhin hast Du mir erzählt, dass in Deinem letzten Zeugnis vor allem Vierer stehen, und hier in den Testergebnissen sehe ich lauter Zweier und Einser! Könnte es sein, dass Du katastrophale Lehrer hast?"
> - Zu einem Klienten, der sich mit leidvoller Miene in den Sessel fallen lässt, ebenso leidvoll darauf hinweist, dass alle bisherigen Therapeuten ihm nicht hätten helfen können, um dann kraftvoll zu verkünden: „Ich habe eine Psychose!"
>   Der Therapeut (Gunthard Weber, 1981):
>   „Haben Sie sie dabei?"

Solch ein kreatives Missverstehen hat Frank Farrelly (1974) zur zentralen therapeutischen Technik seiner „Provokativen Therapie" gemacht, das heißt, er konfrontiert den Klienten mit maßlosen Übertreibungen des Symptoms, verrückten Ursachenerklärungen, offenen Konnotationen von sekundärem Krankheitsgewinn, zweideutigen bis zotigen Bemerkungen, humoristischen Anekdoten usw. Natürlich kann all das nur in einem vertrauensvollen Beziehungskontext funktionieren, der es dem Klienten ermöglicht, offen darauf zu reagieren, die eigentliche Botschaft herauszuhören, sich damit auseinanderzusetzen und auch mal über sich selbst zu lachen. Ohne intensiven Rapport besteht dagegen eine hohe Wahrscheinlichkeit, dass es wirklich zu einer Konfrontation bzw. Provokation kommt, was ein defensives Verhalten herausfordert bzw. das abrupte Ende der Beratungskontakte bedeuten kann und den Klienten in einem mehr als zuvor verletzten Status zurücklässt.

Dekonstruktion von irrationalen Überzeugungen. Häufig geht es bei diesem Reframing mit dem Ziel der motivationalen Modifikation auch um die Dekonstruktion von irrationalen Überzeugungen (Albert Ellis, 1993). Es handelt sich um „unlogische" und „unvernünftige" Bewertungsregeln, wie zum Beispiel „Mir gelingt nie etwas". Sie wirken kognitiv wie Filter, das heißt sowohl reduzierend als auch akzentuierend. Das, was in der Regel hilfreich ist, weil wir nur über komplexitätsreduzierende Mechanismen aus der unendlichen Fülle von Sinneseindrücken ein überschaubares, strukturiertes und bedeutungshaltiges Modell von der Welt gewinnen können, hat andererseits zur Folge, dass wir uns wieder daran hindern, **alle** Verhaltensmöglichkeiten in Betracht zu ziehen. Und das Ganze ist wieder dadurch so stabil, dass wir eben zumeist vergessen haben, dass unser Modell von der Welt nicht die Welt ist. Beispiele solcher „irrationalen Restriktionen", „kognitiven Fehler" und „enttäuschungsfördernden inneren Imperative" sind:

- **Verzerrungen** – etwa durch einseitig lineares Denken: Wenn ein Klient argumentiert: „Ich bin so deprimiert und mache deshalb bei meiner Arbeit nur noch das Nötigste", wäre zu fragen, ob es nicht auch ein wenig so sein könnte: „Sie engagieren sich beruflich nur noch minimal, und das macht Sie auf die Dauer depressiv."
- **Unzutreffende Generalisierungen** – beispielsweise wenn jemand nach einem Prüfungsmisserfolg verallgemeinernd attribuiert: „Ich bin ein Versager!" oder wenn ein Geschäftsmann die bei seiner Arbeit vielleicht erfolgreiche Verhaltensregel „Zeig' keine Gefühle" auch auf sein Privatleben anwendet.
- **Lebensutopien durch überzogene Ansprüche** – zum Beispiel wenn der Traum von einem allseits und immerwährenden Lebensglück besteht, so dass angesichts der Alltagsrealität frustrierende Diskrepanzerlebnisse an der Tagesordnung sind, was in dieser Häufung dann resignative Lernprozesse fördert: „gelernte Problemlösungspassivität".

5.5.3 Situationsutilisierendes Reframing: „Alles ist zu etwas nütze!"

Eine dritte Art des Reframing – nach Verhaltensdiversifikation und motivationaler Modifikation – lässt sich als situationsutilisierendes Reframing beschreiben. Hier geht es darum, das Problemverhalten bzw. die Problemsituation nicht mehr länger zu bekämpfen, sondern direkt für ein anderes Ziel zu nutzen – ausgehend von der Überzeugung, dass alles Verhalten irgendwo Sinn macht, und sei es auch „nur" in dem Sinne, dass damit ein noch größeres Problem verhindert wird. Eine solche Deutung des „Problemverhaltens" (das nun unter dem veränderten Aspekt ja kein Problemverhalten mehr ist) und die Bestätigung für den Klienten, dass er durchaus **etwas** richtig macht, stellt oft schon einen angemessenen Impuls dar, um einen Lösungsprozess in Gang zu bringen.

> **LÖSUNGSINTERVENTIONEN**
>
> ▸ „Ich überlege mir gerade, ob der Umstand, dass Sie dieses Problem und die daraus resultierenden Unannehmlichkeiten haben, auf der anderen Seite vielleicht auch das eine oder andere Positive bewirkt. Die meisten Verhaltensweisen haben auch einen positiven Kern. Gesetzt den Fall, es gäbe etwas Gutes daran, was könnte das am ehesten sein?"
> ▸ „Wenn Sie einmal auf Ihr bisheriges Leben zurückblicken und sich frühere Krisenzeiten bewusst machen – haben diese, aus heutiger Sicht, Sie eher stärker oder eher schwächer gemacht? Und wenn Sie unter diesem Aspekt die jetzige Situation betrachten – was könnte dadurch bei Ihnen stärker werden, wachsen, sich positiver entwickeln?"
> ▸ „Angenommen, Sie möchten Ihren Kindern etwas sehr Wichtiges über das Leben beibringen und ihnen deshalb erzählen, was Sie durch dieses Problem lernen mussten. Was glauben Sie, könnte das sein?"
> ▸ „Wenn Veränderung in unserem Leben angesagt ist, aber wir selbst das nicht merken, bekommen wir oft auf indirekte Art einen Hinweis. Wenn Sie sich einmal von der Idee leiten lassen, dass die von Ihnen erlebten Probleme für einen solchen indirekten Hinweis stehen ...?"
> ▸ „Gibt es auch Gründe, die es möglicherweise sinnvoll erscheinen lassen, dass Sie das Problem im Augenblick noch etwas behalten?"
> ▸ „Wahrscheinlich kennen Sie dieses Kippbild, auf dem man in der Regel erst eine alte Frau sieht ... hier die große Nase, dann aber auch das Profil einer jungen Frau erkennen kann ... Wenn wir jetzt dasselbe mit dem von Ihnen geschilderten Problem versuchen, das heißt, es einmal so se-

> hen, wie es auf den ersten Blick ausschaut, dann aber so, wie man es noch sehen könnte – vielleicht sogar in einem Sinne, der für die weitere Entwicklung Ihrer Person eine wichtige Herausforderung, einen wichtigen Impuls enthält. Was könnte das wohl sein? Lassen Sie sich ruhig Zeit dazu …"
> - „Wenn sich dennoch wieder Streitereien mit Ihrem Vorgesetzten ergeben sollten, dann könnten Sie diese Gelegenheit für ein anderes Anliegen nutzen: Sie wollen sich ja eine Entspannungstechnik aneignen, und hier bestünde die Möglichkeit zu üben. Während Sie sich also die üblichen Argumente anhören, sagen Sie sich innerlich: 'Mein rechter Arm ist ganz schwer …' Nur so, wenn man unter erschwerten Bedingungen übt, lernt man das Autogene Training richtig. Und das wird Ihnen in vielen anderen Situationen sicherlich helfen."
> - „Von einem bekannten Psychotherapeuten wird die Auffassung vertreten, dass Probleme in Wirklichkeit **verdrängte Lösungen** sind: Das Problem stehe dafür, dass wir dazu gekommen sind bzw. dazu gebracht wurden, nur noch einen Teil unserer Fähigkeiten, Begabungen und sonstigen kreativen Potentiale zu nutzen. Um so etwas wieder zu reaktivieren, muss man einfach den Gebrauch seiner Potentiale wieder trainieren. Und am besten fängt man mit etwas an, was gar nichts mit dem Problem direkt zu tun hat. Haben Sie eine Idee, womit Sie wieder anfangen könnten, also etwas, das Sie früher gerne und häufig gemacht haben, das in letzter Zeit aber verkümmert ist?"

5.5.4 Fallbeispiel

Von Ben Furman und Tapani Ahola (1995, S. 92f) stammt das folgende Fallbeispiel:

„Maria ließ sich einen Gesprächstermin geben, weil sie sich deprimiert und innerlich leer fühlte. Als sie dann erschien, schilderte sie mir ihre persönlichen Umstände, damit ich ihre gegenwärtige Hoffnungslosigkeit besser verstehen konnte. Sie erzählte, dass sie als Designerin bei einer großen Textilfirma arbeitete. Die gesamte Textilbranche machte zur Zeit eine Krise durch, und viele Firmen mussten aufgeben. Die Angestellten der Branche, und ganz besonders die Designer, arbeiteten unter fast unerträglichem Druck. Außer von Marias Problemen mit ihrer Arbeit erfuhr ich auch von diversen Schwierigkeiten in ihrer Ehe. Schließlich fragte ich sie nach den Hoffnungen, die sie für die Zukunft hegte. Unter anderem erwähnte sie, dass sie seit Jahren versucht hatte, sich mehr Zeit für ihre Malerei zu nehmen. Mir war aufgefallen, dass Maria ganz in Schwarz gekleidet war, und ich sprach sie darauf an:

'Wie lange tragen Sie schon Schwarz?'

'Ich habe bei der Arbeit schwarze Kleider getragen, seit ich mich erinnern kann', sagte sie.

'Mir scheint, die Farbe Ihrer Kleidung drückt aus, wie Sie sich fühlen', sagte ich.

'Ja, das tut sie, aber das ist keine Absicht. Die meisten Designer tragen Schwarz', erklärte sie.

'Wissen Sie, wenn ich Sie so ansehe, dann spiegelt Ihre Erscheinung Ihre Stimmung, aber wenn ich Sie reden höre, höre ich eine ganz andere Einstellung. Ich habe das Gefühl, dass Sie im tiefsten Innern eigentlich ein fröhlicher Mensch sind. Könnte es sein, dass Ihre Freude zur Zeit einfach inaktiv ist, als litten Sie an etwas, was ein Kollege von mir 'latente Freude' nennt?'

'Vielleicht ... ich bin früher eigentlich ein fröhlicher Mensch gewesen.'

'Es gibt ja eine Möglichkeit, das herauszufinden. Sie könnten anfangen, etwas farbigere Kleidung zu tragen, und abwarten, was geschieht. Was meinen Sie?' fragte ich.

Damit war sie ganz und gar nicht einverstanden. 'Nein, ich trage gern Schwarz, es ist einfach mein Stil.'

'Ich verstehe – tragen Sie eigentlich auch schwarze Unterwäsche?' fragte ich.
'Ja, das tue ich tatsächlich', gestand sie.

'In diesem Fall könnten Sie doch zu farbiger Unterwäsche übergehen, und niemand würde etwas merken. Schließlich bemerken die Leute Ihre latente Freude ja auch nicht.'

Ich sah Maria noch viermal während des folgenden halben Jahres. Zwölf Monate nach unserer letzten Sitzung erhielt ich eine Einladung zu einer Vernissage. Mit der Karte kam eine kleine Mitteilung: Sie dürfen sich in meiner Ausstellung ein Bild aussuchen, nicht als Honorar für Ihre Bemühungen, sondern als Erinnerung, weil ich glaube, dass ich meine latente Freude endlich gefunden habe."

5.6 Universallösung: „Mach', was Du willst, aber ander(e)s!"

Um von einem Status der Problemfixierung in den Raum der Lösungsvisionen zu gelangen, braucht man manchmal einen Dietrich, einen Universalschlüssel, der fast immer öffnet. Er soll hier als „Universallösung" bezeichnet werden.

Was auch immer die Ursache eines Problems sein mag, seine Fortdauer hat etwas mit dem Kontext zu tun, in dem es auftritt, und hängt mit der subjektiven Überzeugung des Klienten zusammen, dass er das ihm zur Verfügung stehende Verhaltensrepertoire zur Lösung des Problems ausgeschöpft habe. Insofern muss die Intervention darauf abzielen, dem Klienten zu helfen, irgendeine Veränderung in dieses Problemsystem einzubringen – sei es bezüglich der situativen Bedingungen, der interpersonellen Kommunikationen, des Problemverhaltens selbst und/oder der Interpretation der relevanten Aspekte. Irgendein Unterschied in der Situation, im situativen Verhalten, in den sozialen Interdependenzen bzw. im Denken, Fühlen und Wahrnehmen, die eben alle konstituierende Elemente des Problemmusters sind, wird aufgrund von systemimmanenten Rückkopplungsprozessen notwendigerweise die Dynamik ihres Zusammenwirkens beeinflussen. Jede bewusst herbeigeführte Veränderung wiederum führt zu einer neuen Erfahrung, die ihrerseits Ausgangspunkt für einen Welleneffekt sein kann, der in eine befriedigendere Zukunft führt. In der Formulierung der Lichtenbergschen Maxime: „Ich weiß nicht, ob es besser wird, wenn es anders wird; aber es muß anders werden, damit es besser wird" (Georg Christoph Lichtenberg, 1742–1799). Die beraterische Botschaft lautet also: „**Mach' etwas ander(e)s!**" Lösungsfindung bedeutet in diesem Zusammenhang dann Lösungs**er**findung.

5.6.1 Ansatzpunkte für „etwas ander(e)s"

Die möglichen Ansatzpunkte für dieses „Mach' etwas ander(e)s!" sind vielfältig – korrespondierend zur Vielfalt und Komplexität des Verhaltens in seinen verschiedenen Modalitäten (motorisch, emotional, kognitiv, physiologisch) und seinen verschiedenen Kontexten (zum Beispiel: Situation extern/intern, Konsequenzen extern/intern). Als Orientierungshilfe bietet sich das „Modell zur Bedingungsanalyse konkreten Verhaltens in Situationen" an, wie es von Gisela Bartling et al. (1998, S. 37) entwickelt worden ist.

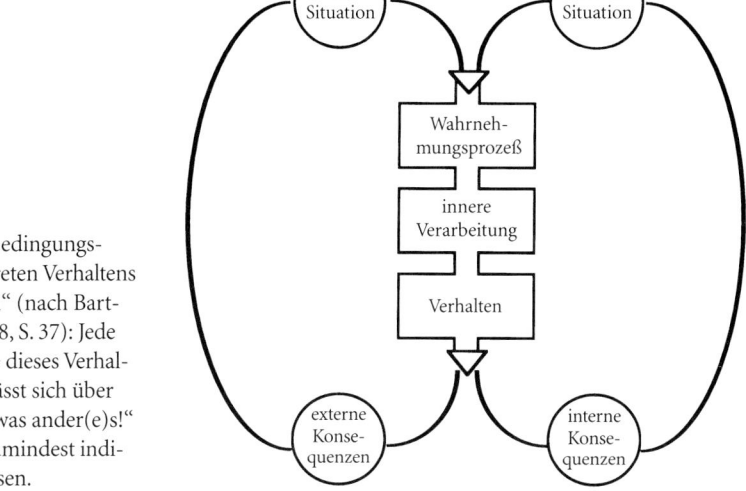

Modell zur „Bedingungsanalyse konkreten Verhaltens in Situationen" (nach Bartling et al., 1998, S. 37): Jede Determinante dieses Verhaltensmodells lässt sich über das „Mach' etwas ander(e)s!" direkt oder zumindest indirekt beeinflussen.

Damit ist auch klar, dass die im vorigen Kapitel dargestellte Intervention des Reframing eigentlich eine Variante der „Universallösung" darstellt – so wie letztlich **jede** Form von Beratung/Psychotherapie sich beim einen oder anderen Teilprozess dieser Handlungssequenz einklinkt, um von da aus Veränderung mit dem Ziel der Problemlösung zu initiieren. Die bereits erwähnte Rational-Emotive Therapie von Ellis (1993) beispielsweise befasst sich intensiv mit den Aspekten der Bewertung von Situationen (als Teilprozess der inneren Verarbeitung) – verbunden mit der Hypothese, dass ein verändertes Denken über die Dinge zugleich zu einem Nachdenken darüber führt, was nun zu **tun** Sinn macht, was wiederum zur Folge hat, dass neues Verhalten möglich wird.

Vorzugsweise ist im lösungsorientierten Vorgehen mit dem Appell „Mach' etwas ander(e)s!" jedoch das **äußere** Verhalten gemeint, wie die folgenden Beispiele zeigen.

> **LÖSUNGSINTERVENTIONEN**
>
> ▸ „Oft klagen Leute darüber, dass sie Opfer ihrer Vergangenheit sind, weil sie strenge Eltern, ungerechte Lehrer, schlechte Freunde usw. hatten. Und dann träumen sie von entgangenen Chancen und wünschen sich, dass sie ihre Lebensgeschichte neu schreiben könnten.
> Wenn Sie, anstatt wie die anderen rückwärts zu schauen und sich als Opfer der Vergangenheit zu fühlen, auf die Zeit blicken, die **vor** Ihnen liegt, was können Sie dann noch heute **anfangen**, um Opfer einer positiven Zukunft zu werden?"
> ▸ Eine Familie mit einer bulimischen Tochter, die ihr Abendessen regelmäßig ins Klo erbrach, erhielt die Aufgabe, alles einzukaufen, was zu einem abendlichen Fressanfall gehörte, dies feierlich auf ein Tablett zu stellen, dieses gemeinsam ins Bad zu bringen und es dort, ohne den Umweg über den Magen der Patientin, ins Klo zu spülen.
> (Arist von Schlippe und Schweitzer, 1996, S. 190)
> ▸ Ein „prominentes" Beispiel für eine Universallösung stellt die „invariante Verschreibung" von Mara Selvini-Palazzoli und Guiliana Prata (1985) dar. Ziel ist es dabei, die problematischen Kommunikationsmuster in Familien zu „verstören":
> Die Eltern erhalten den Auftrag, an bestimmten Tagen abends auszugehen und die Kinder darüber nur mit einem in der Küche hinterlegten Zettel zu informieren: „Heute abend sind wir nicht zu Hause." Was die Eltern dabei tun, bleibt ihnen und ihrer Phantasie überlassen. Wichtig ist aber, dass sie darüber nichts den Kindern erzählen und deren neugierige Fragen einfach mit der Bemerkung abtun, dass dies allein Sache der Eltern sei. Zugleich wird eine Beobachtungsaufgabe gegeben, das heißt, die

> Eltern sollen getrennt Tagebuch führen über die verbalen und nonverbalen Reaktionen der Kinder.
> Die mit dieser systemischen Intervention erzielten Erfolge bei der Veränderung gestörten kommunikativen Verhaltens sind beeindruckend. Offensichtlich wird mit einer solchen bewusst gesetzten „Störung" plötzlich das gesamte Interaktionsmuster in Frage gestellt und in der Folge manch eingespielte „Transaktion" unterbrochen, ohne dass es für den Berater oder die Betroffenen selbst notwendig ist, zuvor zu verstehen, welches Spiel hier abläuft.

5.6.2 Motivation für „etwas ander(e)s"

Es dürfte allerdings weniger das Problem sein, eine geeignete Idee für das „Mach' etwas ander(e)s!" zu finden, als vielmehr den Klienten überhaupt zu einer Veränderung zu bewegen. So logisch und einfach sich für den Berater dieser universale Lösungsimperativ darstellt, so schwierig ist es zumeist für den Klienten, sich auf eine experimentierfreudige Haltung einzulassen. In problematischen Situationen handeln viele eher nach der Regel: Wenn etwas beim ersten Versuch nicht geklappt hat, dann muss man es auf **dieselbe** Weise einfach immer und immer wieder probieren! Häufig wird dann aus einem solchen „Mehr desselben" ein eigenständiges Problem. Watzlawick hat derartige Muster vielfach beschrieben, zum Beispiel in „Wenn die Lösung das Problem ist" (1990).

Um es dem Klienten leichter zu machen, sich für die Erprobung von „etwas anderem" bzw. für ein „anderes Tun" zu entscheiden, ist es wichtig, die Universallösung in einem geeigneten Bedeutungskontext zu präsentieren, zum Beispiel als Experiment, als Ritual, als paradoxe Verschreibung oder als Änderungsoption:

Experimente. Damit der Auftrag hinsichtlich eines „Mach' etwas ander(e)s!" vom Klienten akzeptiert und auch als sinnvoll angesehen werden kann, sollte man ihn als „Experiment" (oder ähnliches) deklarieren, das dem Berater helfen könne, durch die dann eintretenden Folgen das bestehende Problem noch besser zu verstehen.

> **LÖSUNGSINTERVENTIONEN**
>
> ▶ „Wenn Sie sich Ihr Leben anschauen, so wie Sie es jetzt führen – wie groß schätzen Sie den Anteil, den Sie selbst bewusst gestalten, und wie groß ist der Anteil, der durch andere Personen und irgendwelche äußeren Umstände bestimmt wird?
> Ich überlege mir, was wohl passieren würde, wenn der Anteil, den Sie selbst bestimmen, wachsen würde. Und ich überlege mir, ob ich Sie mit

meiner Neugierde anstecken kann, Sie vielleicht sogar für ein Experiment zu gewinnen vermag ..."

- „Haben Sie Lust zu einem Spiel?
Wenn Sie heute noch etwas Angenehmes für sich tun wollten, um ein deutliches Zeichen dafür zu setzen, dass Sie künftig fürsorglicher mit sich umgehen wollen, was könnte das sein? Sie nennen fünf Möglichkeiten – und ich darf eine davon für Sie auswählen und sozusagen Ihnen schenken – einverstanden?"

- „Nachdem Sie schon alles getan haben, was man vernünftigerweise in Ihrer Situation tun kann, aber alles nicht geholfen hat, bleibt jetzt eigentlich nur noch die Möglichkeit, etwas Unvernünftiges oder Unlogisches auszuprobieren. Ich wäre gespannt, was bei einem solchen Experiment herauskäme. Überlegen wir doch einmal gemeinsam, was es an unvernünftigen, vielleicht sogar etwas verrückten Verhaltensweisen in einer solchen schwierigen Situation geben könnte"

- „Wenn man in seinem Leben etwas ändern möchte, sich aber noch nicht entschieden hat, wo man damit am besten beginnen kann, ist es oft hilfreich, das Ändern als solches zuerst zu üben. Haben Sie eine Idee, wo in Ihrem Leben sich so etwas üben ließe, wo man irgendeine Änderung zur Übung einführen könnte?"

- An ein Ehepaar: „All die verschiedenen Informationen, die ich von Ihnen beiden erhalten habe, verwirren mich: Ich höre, dass Sie sich häufig streiten, ich spüre aber auch, dass Sie immer noch Interesse aneinander und eine gewisse Zuneigung füreinander haben. Damit ich all das besser verstehen kann, würde es mir sehr helfen, wenn Sie sich auf folgendes Experiment einlassen könnten: Ich möchte, dass sich jeder von Ihnen etwas ausdenkt, was er im Umgang mit dem Partner anders machen könnte, das er so noch nie gemacht hat. Und dann macht das jeder, ohne mit dem anderen vorher oder nachher darüber zu reden. Berichten Sie mir nächstes Mal, was Sie an Neuem an Ihrem Partner wahrgenommen haben."

- „Ich habe kürzlich von einem interessanten wissenschaftlichen Versuch gelesen und würde Ihnen gerne eine ähnliche Aufgabe geben, um zu sehen, ob die Dinge bei Ihnen ebenso ablaufen: Ich möchte Sie bitten, dass Sie, wenn Sie wieder diese aggressiven Gefühle in sich anwachsen spüren, mindestens fünf, aber nicht mehr als zehn Minuten lang versuchen, 'cool' zu bleiben. Beobachten Sie, was Sie während dieser Zeit tun!"

- „Gestern habe ich folgenden Spruch gelesen: 'Ein Pfund Tatkraft wiegt mehr als tausend Tonnen Wissen.' Wenn Sie diese Botschaft sozusagen experimentell überprüfen würden, wie könnte das dann konkret für Ihre Situation aussehen?"

- „Meistens machen wir uns über das Warum und Wieso unseres Verhaltens gar keine so großen Gedanken, funktionieren in der Regel so, als ob

> wir den Autopiloten eingeschaltet hätten. Das ist sicherlich gut so. Wenn wir unser Tun immer bewusst entscheiden müssten, würden wir uns überfordern. Aber jeder Pilot muss, um sich seine fliegerischen Fähigkeiten zu erhalten, immer wieder auf manuelle Steuerung umschalten. Ich möchte Sie einladen, in der nächsten Woche einen Tag auszuwählen, an dem Sie etwa drei Mal den Autopiloten ausschalten und sich dann jeweils genau überlegen, warum Sie sich gerade so verhalten und was für alternative Verhaltensmöglichkeiten bestünden. Vielleicht können Sie sich sogar entscheiden, ein anderes Verhalten übungshalber auszuprobieren. Ich bin gespannt darauf, was für Erfahrungen Sie damit machen werden."

Rituale. Eine zweite Möglichkeit der Einladung zu einem alternativen Verhalten bietet die Nutzung von Ritualen, also festgelegten Gesten und Handlungen, denen durch gesellschaftliche Übereinkunft eine bestimmte Funktion zugeschrieben ist. Solche Funktionen können u.a. die der Bewältigung, der Versöhnung, der Entlastung, der Akzeptanz, der Ablösung usw. sein und werden in diesem Sinne von Evan Imber-Black et al. (1998) als die älteste Form psychotherapeutischer Interventionen angesehen.

Rituale bedeuten ein anderes Umgehen mit dem Problem: Anstelle des direkten, rational-logischen Argumentierens ein indirektes, symbolhaftes Agieren; statt des Bemühens, unbedingt eine individuelle Problemlösung zu schaffen, das Vertrauen in kollektive Problemlöseschemata. Mitunter bringen Rituale den Klienten überhaupt erst in einen motivationalen Status, in dem er Lösung zulassen kann.

LÖSUNGSINTERVENTIONEN

„Ich spüre, wie tief die Enttäuschung und Trauer in Ihnen ist, seit diesem Verlust … Ich würde Ihnen gerne sagen, dass das morgen oder übermorgen alles wieder gut sein wird – so wie uns das früher immer die Eltern versprochen haben, wenn wir geweint haben. Aber wir beide wissen, dass das unrealistisch wäre, weil Trauer nicht einfach von heute auf morgen verschwindet. Aber wir beide wissen **auch**, dass die Trauer immer einen Begleiter hat – die Hoffnung. Am Anfang ist sie noch sehr klein, kaum wahrnehmbar. Aber die Zeit lässt Hoffnung wachsen, größer werden. Solch eine Hoffnung ist wie das Licht einer Kerze, die man in einem dunklen, fensterlosen Raum anzündet. Und je mehr Kerzen man anzündet, umso heller wird es – bis es eines Tages so hell ist, dass man den Weg aus diesem dunklen Raum wieder hinaus in das Licht der Sonne findet. Ich möchte Sie einladen, dieses Bild von heller werdendem Licht und von der wachsenden Hoffnung sich vor Augen zu führen, ganz konkret – und zwar mit einem Ritus, den man in vielen Religionen findet: Das Anzünden von Kerzen an

> einem besonderen Ort. Wenn Sie mögen, können wir uns zusammen überlegen, wie Sie diesen Ritus für sich gestalten, was es dabei zu beachten und zu beobachten gibt und wie sich Parallelen zu Licht und Wärme dann in Ihrem Alltag entdecken lassen."
> Diese Intervention lehnt sich an ein Gedicht von Hilde Domin (1987) an: „Die schwersten Wege".

Natürlich gilt es im konkreten Beratungsfall immer auch die Grenzen von Ritualen und ihrer Verschreibung zu bedenken. Sie können eine regressive Entwicklung des Klienten unterstützen. Diese Gefahr besteht dann, wenn das Ritual nicht in dem Sinne angeboten wird, dass dem Klienten dadurch wieder der bessere Zugang zu seinen Ressourcen gelingt und er damit dann die Lösung schafft, sondern wenn es – mit esoterischer Bedeutung angereichert – selbst zum Problemlöser erklärt wird.

Verschreibung der Noch-nicht-Veränderung. Man kann die Einladung, irgend etwas ander(e)s zu machen, aber auch in einer paradoxen Form ausdrücken, und zwar mit einer Verschreibung der Noch-nicht-Veränderung.

> **LÖSUNGSINTERVENTIONEN**
>
> ▶ „Aufgrund meiner bisherigen Erfahrungen würde ich Ihnen normalerweise raten, dass Sie ... tun. Andererseits spüre ich, dass Ihr Fall einzigartig ist. Vielleicht sollten Sie deshalb doch besser ... oder ... tun. Bevor wir aber nicht sicher sind, welches wirklich die beste Vorgehensweise ist, halte ich es für am sinnvollsten, jetzt alles unverändert zu lassen – bis Sie sichere Anzeichen dafür haben, dass eine dieser Möglichkeiten oder auch eine ganz andere die richtige ist."
> ▶ „Zur Zeit würde ich Ihnen **noch nicht** empfehlen etwas zu ändern. Ich bin überzeugt, dass die geschilderten Probleme eine besondere Bedeutung in Ihrem Leben haben, und diese Bedeutung möchte ich noch genauer verstehen lernen. Sie sollten deshalb in der nächsten Woche erst einmal genauso weitermachen wie bisher und einfach beobachten, was Sie tun, wenn das Problem auftritt."
> ▶ „Unter den gegenwärtigen Umständen macht Ihr Verhalten durchaus Sinn, so dass ich Ihnen empfehlen möchte, diesen Weg noch weiterzugehen – jedenfalls so lange, bis Sie merken, dass sich in diesen äußeren Umständen etwas ändert. Insofern wäre es gut, wenn Sie diese Umstände auf mögliche Veränderungen hin genauer beobachten würden."

Mit einer solchen „Noch-nicht"-Verschreibung ist einerseits die Aufmerksamkeit auf das Thema „Veränderung" gelenkt, ohne dass jedoch der Klient schon dem

Druck ausgesetzt wäre, jetzt tatsächlich etwas verändern zu müssen. Andererseits beinhaltet dieses „Noch-nicht" ein „Später-doch", das heißt, die Änderungsmöglichkeit in der Zukunft ist impliziert. Und drittens ist ein Anreiz gesetzt, denn gerade vom „Verbotenen" geht oft eine eigentümliche Anziehungskraft aus.

Suggestive Änderungsoptionen. Erscheint weder die direkte Aufforderung zur Veränderung (attribuiert als Experiment oder als Ritual) noch die zur paradoxen Nicht-Veränderung in der jeweiligen Beratungssituation angemessen, bleibt als dritte Möglichkeit, suggestiv eine Änderungsoption einzuführen.

> **LÖSUNGSINTERVENTIONEN**
>
> ▸ „Gesetzt den Fall, Sie würden sich in Zukunft Ihrem Vorgesetzten gegenüber häufiger xyz-gemäß verhalten, wäre das, langfristig gesehen, dann eher positiv oder eher negativ für Ihre Zusammenarbeit?"
> ▸ „Meistens verhalten sich die Leute so, wie sie sich immer verhalten, das heißt, sie tun das, was ihnen vertraut ist. Wenn man sich auf ein **neues** Verhalten einlassen möchte, ist es deshalb am besten, wenn man sich das zuerst einmal in Gedanken ausmalt und sich in dieser Vorstellung damit vertraut macht. Die Sportler nennen so was ‚Mentales Training'. Stellen Sie sich einmal vor, Sie würden jetzt xyz tun …"
> ▸ „In der Psychologie gibt es einen wichtigen Lehrsatz: ‚Wann immer man handelt, verändert man die Welt – und ein bisschen auch sich selbst.' Angenommen, Sie würden jetzt xyz tun, was könnte das für Folgen für Sie selbst haben?"
> ▸ „Sie haben sich in dieser schwierigen Situation sehr viele Gedanken gemacht und viel Verantwortungsbewusstsein gezeigt. Die meisten Leute hätten oberflächlicher reagiert und sich einfach gesagt: ‚Du wirst jetzt xyz tun!' Sie haben sich diese Möglichkeiten für den richtigen Zeitpunkt offengehalten."

5.6.3 Effekte von „etwas ander(e)s"

Das Metaziel der Universallösung ist es, beim Klienten an die Stelle von Selbstrestriktion so etwas wie Selbstanimation zu setzen, um so die Zahl der Freiheitsgrade für sein Verhalten zu erhöhen – wobei sich diese Freiheitsgrade vielleicht am besten mit den „fünf Freiheiten" kennzeichnen lassen, wie sie von Virginia Satir beschrieben worden sind (zit. nach G. Jürgens und H. Salm, 1984, S. 428):
▸ Die Freiheit, das zu sehen und zu hören, was jetzt ist, anstelle von dem, was sein sollte, sein könnte, gewesen ist oder sein wird.
▸ Die Freiheit, das zu sagen, was man fühlt und denkt, anstelle von dem, was man sollte.

- Die Freiheit, das zu fühlen, was man empfindet, anstelle von dem, was man sollte.
- Die Freiheit, danach zu fragen, was man möchte, statt immer auf Erlaubnis zu warten.
- Die Freiheit, statt Sicherheit zu wählen und „keine Wellen zu schlagen", eigenverantwortlich Risiken einzugehen.

Man kann diesen Text von den „fünf Freiheiten" auch dem Klienten schenken und ihn für die Vorstellung zu gewinnen versuchen, wie er als „Freiheitskämpfer" in seinem Leben einen „Anschlag" auf irgendeine erstarrte Routine unternimmt und sich überraschen lässt, was an dieser Stelle an neuem Verhalten entsteht.

5.6.4 Fallbeispiel

Beim folgenden Fallbeispiel (Milton Erickson, 1995, S. 176ff) ergibt sich das „Mach' etwas anderes!" einerseits durch einen Therapeutenwechsel, zu dem sich ein Ehepaar nach mehrjähriger psychoanalytischer Behandlung entschieden hatte, andererseits dadurch, dass der Therapeut ganz neue Selbsterfahrungsmöglichkeiten initiiert, die sich vom üblichen therapeutischen Prozedere gravierend unterscheiden.

Erickson erzählt:

„Ein Psychiater in Pennsylvania, der schon seit dreißig Jahren als Psychiater praktizierte, hatte sich noch immer keine gutgehende Praxis aufgebaut. Er vernachlässigte sogar seine Praxis. Dreimal die Woche ging er zur Analyse, seit dreizehn Jahren. Seit sechs Jahren war er verheiratet. Seine Frau hatte eine Stellung, die sie nicht mochte, aber sie musste arbeiten, um sich und ihren Mann durchbringen zu helfen. Und sie ging seit sechs Jahren dreimal die Woche zur Analyse. Und die beiden hörten von mir und kamen zu mir wegen Ehetherapie.

Das alles erfuhr ich von ihnen, als sie angekommen waren. Dann fragte ich: 'Ist das Ihre erste Reise in den Westen?' Sie sagten ja. Ich sagte: 'In und um Phönix gibt es vieles, das Sie sehen müssen. Und weil Sie das erste Mal hier sind, würd' ich vorschlagen, dass Sie, Doktor, den Squaw Peak besteigen. Und Ihrer Frau würd' ich vorschlagen, in den Botanischen Garten zu gehen und drei Stunden dort zu verbringen. Kommen Sie morgen wieder und berichten Sie mir!'

Am nächsten Tag kamen sie wieder, und der Psychiater war begeistert. Er sagte, auf den Squaw Peak zu steigen, das sei das Herrlichste, was er je gemacht habe … Dann fragte ich die Frau nach dem Botanischen Garten. Sie sagte: 'Ich bin drei Stunden da geblieben, weil Sie's so wollten. Ich hab' mich noch nie so gelangweilt.' … Ich sagte: 'Na schön. Und heute nachmittag, Doktor, gehen Sie in den Botanischen Garten, und Ihre Frau steigt auf den Squaw Peak. Kommen Sie morgen wieder und berichten Sie mir!'

Und am nächsten Vormittag waren sie wieder da. Der Psychiater sagte: 'Mir hat der Botanische Garten wirklich gefallen. Es war herrlich … wundervoll …' Ich wandte mich an die Frau, und sie sagte: 'Ich bin auf Ihren gottverfluchten Berg gestiegen. Ich hab' den Berg verwünscht, ich hab' mich selbst verwünscht, aber am meisten und bei jedem Schritt den ganzen Weg hinauf hab' ich Sie verwünscht …' Ich sagte: 'Na schön. Bisher habe ich Ihnen Aufträge gegeben, und Sie haben sie ausgeführt. Aber heute nachmittag, da wählen Sie sich jeder selbst eine Aufgabe, und die führen Sie jeder für sich aus. Kommen Sie morgen wieder und berichten Sie mir!'

Am nächsten Morgen kamen sie, und der Psychiater sagte: 'Ich bin nochmal in den botanischen Garten gegangen. Ich möchte noch viele, viele Male dorthin gehen. Es ist ein herrlicher Ort …' Ich wandte mich an die Frau, und sie sagte: 'Ob Sie's glauben oder nicht, ich bin noch mal auf den Squaw Peak gestiegen. Nur, diesmal hatte ich für Sie noch mehr Flüche parat. Ich hab' mich selbst verflucht, dass ich so blöd bin. Ich hab' geflucht und geflucht …' Ich sagte: 'Na schön, hat mich sehr gefreut, Ihre Berichte zu hören. Ich kann Ihnen sagen, dass Ihre Ehetherapie hiermit abgeschlossen ist. Guten Heimflug nach Pennsylvania!'

Ein paar Tage später kam ein Fernanruf von dem Psychiater, die Frau am Nebenanschluss: 'Wir waren sehr, sehr verwirrt und benommen und durcheinander. Wir haben uns gefragt, warum wir bloß zu Ihnen gekommen sind. Sie haben uns nichts weiter tun lassen, als den Squaw Peak besteigen und in den Botanischen Garten gehen. Und als wir nach Hause kamen, da habe ich zu meinem Mann gesagt, ich setz' mich in den Wagen und fahr' ein bisschen spazieren, um den Kopf frei zu bekommen. Und er hat gesagt: Gute Idee!' Der Psychiater sagte: 'Und ich machte es genauso. Ich fuhr spazieren, um den Kopf klar zu bekommen.' Die Frau sagte: 'Ich bin schnurstracks zu meinem Psychoanalytiker gefahren und hab' mit ihm Schluss gemacht. Dann bin ich zu meinem Rechtsanwalt gefahren und hab' die Scheidung eingereicht.' Der Mann sagte: 'Ich bin erst eine Weile umhergefahren und dann zu meinem Psychoanalytiker und hab' mit ihm Schluss gemacht. Dann bin ich in meine Praxis gefahren und hab' angefangen aufzuräumen.' Ich sagte: 'Na, jedenfalls vielen Dank für die Auskunft!'

Heute sind sie geschieden. Die Frau hat eine neue Stellung, die ihr gefällt. Sie hatte es satt bekommen, Tag für Tag diesen Berg der ehelichen Misere zu ersteigen …

Und das letzte Resultat war dies: Der Psychoanalytiker der beiden (sie hatten denselben) kam mit seiner Frau zu mir. Sie sprachen eine Weile mit mir, und heute sind sie ebenfalls geschieden und beide glücklich."

5.7 Universallösung 2. Ordnung: Wenn Berater für sich lösungsorientiert denken

„Der Dreh", so lautet der Titel von Steve de Shazers wichtigstem Buch zur lösungsorientierten Beratung. „Der Dreh" ist aber zugleich zum Motto des lösungsorientierten Beratens geworden: Der Dreh weg vom Problem hin zur Lösung.

Nun soll – in der Betrachtung des lösungsorientierten Beratungsprozesses – noch von einem weiteren „Dreh" die Rede sein. Es geht um die Erweiterung der Aufmerksamkeit des Beraters, indem er nicht nur auf der Ebene der unmittelbaren Interaktion mit dem Klienten agiert, sondern immer wieder auch sich in eine Metaposition bringt und von dort aus das Geschehen wie sein eigener Coach lösungsunterstützend begleitet – und zwar für sich selbst (Kap. 5.7.2), aber auch für den Klienten (Kap. 5.7.1). Es ist also der Dreh von einer dyadischen Beziehung zu einer triadischen Konstellation.

5.7.1 Lösungsorientierte Beratung als koevolutiver Prozess

Im beraterischen Prozess ist der Aufmerksamkeitsfokus des Beraters auf das Veränderungsgeschehen beim Klienten gerichtet. Der Berater registriert, analysiert, konnotiert und utilisiert die einzelnen Lösungsschritte. Aber: Nichts wird lediglich beobachtet, und ein Beobachter ist niemals nur Beobachter! Wann immer Menschen miteinander kommunizieren, verbal oder nonverbal, beeinflussen sie sich gegenseitig. Man könnte also – systemisch gesehen – den Fokus genausogut umlenken und fragen: Welche Veränderungen ergeben sich – korrespondierend zu den Veränderungen beim Klienten – denn nun beim Berater? So viel dürfte ja klar sein: In dem Augenblick, wo ein Berater mit einem Klienten zu arbeiten beginnt, konstituiert sich ein therapeutisches System, und es „geschieht" so etwas wie Koevolution.

Beispielsweise wird nicht nur der Klient durch das beraterische Gespräch die „Landkarte von seiner Lebenswelt" verändern und entsprechend anders in dieser Welt (einschließlich der Welt der Beratung!) agieren, genauso wird der Berater seine Landkarte vom Klienten und von der Beratung modifizieren und entsprechend anders kommunizieren, auch anders selbstkommunizieren. Es gilt das Grundgesetz für lebende Systeme: „Alles verändert sich – es sei denn, irgendwer oder -was sorgt dafür, dass es bleibt, wie es ist" (Fritz B. Simon, 1993, S. 29).

Und solche Veränderungen wirken natürlich wieder rekursiv auf den Beratungsprozess. Es stellt sich dann die Frage, wie durch Veränderungsprozesse des Beraters, die von ihm selbst festgestellt und expliziert in das Beratungsgespräch eingebracht werden, sich förderliche Veränderungsprozesse beim Klienten induzieren lassen.

Dass die Person bzw. die Persönlichkeit des Beraters in ihrer Individualität bedeutsam ist für den Verlauf und die Effektivität des Beratungsprozesses – „neben" den expliziten beraterischen Interventionen – das steht außer Frage und wird in der Fachliteratur unter dem Stichwort „Therapeutenvariablen" ausführlichst diskutiert. Die von Rogers definierte „Selbstkongruenz" stellt vielleicht das bekannteste Beispiel für eine solche personspezifische Einflussvariable dar. Viele Therapeuten, wie zum Beispiel Willi Butollo (siehe Geuter, 1995) oder Arist von Schlippe (1992), sind sogar der Überzeugung, dass der primäre psychotherapeutische Wirkfaktor in der Person und den (präsentierten) Eigenschaften des Therapeuten liege, demgegenüber die therapeutischen Techniken eine fast untergeordnete Rolle spielten. Bei all diesen Überlegungen bezieht man sich aber meist auf einen bestimmten Persönlichkeitsstatus und nicht auf prozessuale Veränderungen, die sich als Folgen der Interaktion mit dem Klienten ergeben. Während für den Klienten die Prämisse gilt, dass Veränderung unvermeidlich ist, belässt man den Berater als quasi konstanten Faktor.

Natürlich sind sich Berater selbst über solche koevolutiven Entwicklungen im Verlaufe eines Beratungsprozesses und entsprechend über ihre Veränderungen im beraterischen Verhalten durchaus bewusst, diese „Anpassungsfähigkeit" stellt ja geradezu die Bedingung dafür dar, um einen Klienten in seinem Veränderungsprozess zu unterstützen.

Die Frage ist jedoch, inwieweit solche Veränderungs**prozesse** stärker in das beraterische Geschehen einfließen sollten, indem sie explizit zum Thema gemacht werden. Konkret würde dies bedeuten, dass der Berater sich in seinen Wahrnehmungen, Schlussfolgerungen, Konzeptualisierungen, Selbstbildern usw. weit transparenter präsentiert, quasi sich selbst in seinen reaktiven Veränderungen zum Thema macht. Zum einen könnte er dadurch den Klienten in eine supervisorische Position bringen und zum anderen ihn zu einem Modelllernen einladen, um bei sich selbst Veränderungen zu registrieren und zu akzeptieren.

5.7.2 Lösungsorientierte Selbstberatung des Beraters

Derartige Überlegungen stehen auf jeden Fall dann zur Diskussion, wenn Berater die Grenzen ihrer Kompetenz erfahren, weil beim Klienten nur wenig Veränderung geschieht. Spätestens dann hat der Berater, zumindest wenn er sich als „Agent von Veränderung" oder ähnliches versteht, ein Problem und sieht sich selbst zu Veränderungen in seinen beraterischen Konzepten oder gar in seinem Selbstverständnis als Berater herausgefordert. Aber wie kann eine

„Beratung des Beraters" gelingen – mitten in einem klientenzentrierten Beratungsprozess?

Wichtig erscheint hier, nun tatsächlich von einer Meta-Position aus auf einen beraterzentrierten Fokus umzuschalten bzw. zwischen „Fokus Berater" und „Fokus Klient" hin- und herzupendeln und dabei in einem beraterischen Selbstdialog das offen auszusprechen, was gefühlsmäßig dem Berater wie dem Klienten schon längst als Problem evident ist, nämlich dass irgendwer oder irgendwas dafür sorgt, dass es bleibt, wie es ist.

Im Weiteren geht es dann darum, dieses Problem, das der Berater als **sein** Problem etikettiert, in einer für den Klienten überzeugenden Form lösungsorientiert anzugehen. Es liegt nahe, in einem beraterischen Selbstdialog lösungsorientierte Fragen zu stellen.

LÖSUNGSINTERVENTIONEN

- ▶ „Gab es in der Kommunikation mit diesem Klienten Phasen, in denen es besser lief? Wie war mein Verhalten damals? Was habe ich damals öfter getan, als es gegenwärtig der Fall ist?"
- ▶ „Angenommen, die Beratung würde sich wieder in eine konstruktivere Richtung entwickeln, woran würde der Klient das in meinem Verhalten erkennen?"
- ▶ „Lassen sich Hypothesen formulieren, nach denen es wichtig ist, dass 'Sand im Getriebe' eine direkt-lineare Veränderung unmöglich macht? Was sollte bedacht werden, was bislang außerhalb des Aufmerksamkeitsfokus lag?"
- ▶ „Wenn 'Respektlosigkeit' tatsächlich eine 'Überlebensstrategie für Therapeuten' darstellt, wie dies Gianfranco Cecchin u.a. (1996) behaupten (und die damit den Mut meinen, nicht mehr länger für eine Idee zu kämpfen, die sich im vorliegenden Kontext längst als unangemessen erwiesen hat), wie könnte dann der Berater im jetzigen Augenblick davon Gebrauch machen? In welcher Form könnte er sich gegenüber seinem bisherigen Vorgehen und seinen bisherigen Hypothesen illoyal verhalten?"

Eine solche lösungsorientierte „Selbstberatung des Beraters" ist natürlich immer mit der Einladung an den Klienten verbunden, eine **gemeinsame** metaperspektivische Reflexion der bisherigen beraterischen Interaktionen zu versuchen (deshalb auch das Pendeln im Beratungsfokus). Man kommt so letztlich zu einer „Universallösung 2. Ordnung", wobei hier die Botschaft lautet: „Macht **beide** etwas ander(e)s!".

5.7.3 Fallbeispiel

Die Frage, ob Frau K. ihren Beruf als Erzieherin aufgeben sollte, stand schon seit drei Beratungsterminen im Mittelpunkt des Gesprächs. Einerseits fühlte sie sich emotional dieser Tätigkeit sehr verbunden und konnte sich nicht vorstellen, etwas „Unsoziales" zu tun, andererseits sah und erlebte sie deutliche Signale ihres Organismus: Migräneattacken. Nach ihrer Auffassung waren dies klare Zeichen dafür, dass der Stress mit fast dreißig Kindern und noch mehr Stress mit Eltern, die alle ihr Kind ganz individuell behandelt und gefördert sehen wollten, überhand nahm bzw. sie selbst auch immer dünnhäutiger geworden war. Eine Kur in einer Psychosomatischen Klinik hatte kurzfristig eine Entlastung und damit ein besseres psychophysisches Wohlbefinden gebracht, aber zu Hause schien die Migräne sehnsüchtig auf Frau K. gewartet zu haben ... Andere Versuche einer „Problemlösung" verliefen nach ähnlichem Muster: Zuerst eine spürbare Erleichterung, dann aber wieder der „Rückfall", die Migräne. Darauf war Verlass. Das musste nicht nur ein Heilpraktiker erfahren, der es mit Akupunktur versucht hatte, sondern auch ein Experte aus der Schmerzambulanz.

Für unseren lösungsorientierten Versuch, die Beziehung zum Beruf neu zu definieren, boten sich „Ausnahmen" zuhauf, aber leider, leider – irgendwie endete alles über kurz oder lang mit einer Migräneattacke, und das war für Frau K. ein sicheres Anzeichen dafür, dass wir auf dem „Holzweg" waren. Langsam spürte ich als Berater, wie auch ich immer mehr von der Migräne eingeladen wurde ...

Berater: „Könnte es sein, dass ich ein Spezialist für Holzwege bin? Sie brauchen jetzt nicht Stellung nehmen, das ist eigentlich mehr eine an mich selbst gestellte Frage. Ich bin gerade dabei laut nachzudenken ... nachdem ich das Gefühl habe, dass ... Ich glaube, Sie können in Ihrer sehr feinfühligen Art sich vorstellen, was für eine Bilanz ich für unsere drei Beratungsgespräche ziehe ..."

Klientin: „Wir sind nicht vorangekommen, nichts hat sich verändert!"

Berater: „Genau, und ich sehe das als mein Problem. Ich frage mich zum Beispiel, wie ich mit der Ideenvielfalt, die Sie hier im Gespräch eingebracht haben, umgegangen bin ... Wenn ich so auf unsere Gespräche zurückschaue, überlege ich mir, wie sich unsere Zusammenarbeit wohl entwickelt hätte, wenn wir ganz anders angefangen hätten ..."

Klientin: „Das wünsche ich mir oft auch in meinem Beruf – nochmals ganz von vorne anfangen können, und dann von Anfang an einiges anders machen ..."

Berater: „Ich weiß nicht, ob das eine etwas verrückte Idee ist, aber wie wäre es, wenn wir tatsächlich mit unserem Gespräch überprüfen würden, ob so etwas wie ein 'Neuanfang' tatsächlich möglich ist?"

Klientin: „Und wie würde das aussehen?"

Berater: „Genau da müssten wir eigentlich schon anders anfangen – zum Beispiel indem wir zuerst einmal einen Tag verstreichen lassen und so uns selbst Zeit geben, eine passende Idee zu finden. Und wem zuerst eine Idee gekommen ist, der teilt sie dem anderen mit. Einverstanden?"

Klientin: Zuerst etwas zögerlich, dann aber doch ein zustimmendes Lächeln.

Nach vier Wochen erhielt ich eine Einladung von Frau K. zu einem Gespräch, und zwar bei ihr zu Hause. Das bestätigte zum einen ihre Kreativität, und zum anderen war das wirklich etwas Neues, auch für mich als Berater – und löste gewisse „berufsethische" Bedenken aus. Nachdem aber sichergestellt war, dass noch eine dritte Person in der Wohnung anwesend sein würde, sagte ich zu, verbunden mit der Bitte, das Gespräch für supervisorische Zwecke auf Kassette aufzeichnen zu dürfen.

Beim Gespräch selbst wurden mir dann meine Bedenken in einem neuen Sinn schlagartig klar: Frau K. zeigte sich in der ihr vertrauten Umgebung ganz anders: Sie hielt den Kopf selbstbewusst, ihre Stimme klang kräftiger, trotzdem wirkte sie insgesamt entspannter und in ihrer Stimmung gelöster … Die Bezeichnung „Klientin" oder „Ratsuchende" passte überhaupt nicht mehr. Irgendwie waren die Rollen verkehrt: Ich war es nun, der etwas unsicher agierte und der irritiert war durch die vielen Informationen, die sich einem in dieser persönlichen Lebenswelt geradezu aufdrängten: Ein Lyrik-Band von Ingeborg Bachmann lag auf dem Tisch, daneben eine angebrochene Flasche Metaxa … Gegenüber dieser Fülle an Eindrücken hatte ich das Gefühl, dass ich nur noch ich war, nicht mehr der professionelle Berater. Mir ging das Bild durch den Kopf, dass ich an meiner Beratungsstelle wie ein Chirurg arbeite, der den Patienten mit einem großen grünen Tuch abdeckt und nur das kleine Operationsfeld frei lässt. Jetzt ist das Tuch weg. Und die Wahrnehmung der „ganzen Person" fordert mehr Achtsamkeit, mehr Sensibilität.

Es erübrigt sich zu sagen, dass es wirklich eine ganz andere Beratung geworden ist. Frau K. hat nach dieser erfolgreichen Übung eines Neuanfangs auch einen Neuanfang in einem anderen Kindergarten versucht – um dann aber festzustellen, dass dies nicht Neuanfang genug war. So kam es zur Entscheidung für eine Umschulung. Und heute ist Frau K. als selbständige Unternehmerin in einem kundenorientierten Bereich tätig. Die Migräne hat sich in ihrer Häufigkeit und Intensität erheblich reduziert, so dass Frau K. damit umzugehen vermag bzw. ihren Berufsalltag auch einmal darum „herumbauen" kann.

6 Dritte Beratungsphase: Lösungsverschreibung

Der Schritt von den Lösungsvisionen zur Auswahl einer Lösungsidee und entsprechend zu einer Lösungsverschreibung scheint – logisch gesehen – ein kleiner zu sein. Die „Hauptarbeit", nämlich der Wechsel der Blickrichtung weg vom Problem und hin zur Lösung, ist ja geschafft. Jedoch: Das Aushandeln einer Lösungskonzeption auf einer rein kognitiven Ebene greift oft zu kurz, um später, wenn es um die Realisierung geht, tatsächlich verhaltenswirksam zu werden. Sich darüber im Klaren zu sein, was man im Sinne einer Lösung tun könnte bzw. sollte, heißt noch lange nicht, dass man dies dann tatsächlich tut. Die Idee einer Verhaltensmodifikation wird erst dann zum „Initiator" eines (problemlösenden) Veränderungsprozesses, wenn der Klient sich ganzheitlich davon „inverviert" erlebt.

Es genügt also nicht, dass der Berater die entsprechende Information zur Problemlösung dem Klienten ganz sachlich kommuniziert, sozusagen von Kopf zu Kopf. Vielmehr muss, damit solche Informationen die ganze Person erreichen, der Klient zuvor in einen Status der inneren Aufnahmebereitschaft gehen – im Sinne einer „Lösungstrance" (Gunther Schmidt, 1989). „In Trance sein" heißt dabei, in der Aufmerksamkeit ganz auf sich selbst fokussiert sein – und sich sowohl in einer vertrauensvollen Beziehung zum Berater erleben als auch von der ganzen Fülle der eigenen Kompetenzen und Ressourcen sicher begleitet spüren.

Lösungstrance: Sich stark fühlen

Der Berater wird also den Klienten zuerst zu einer solchen Fokussierung der Aufmerksamkeit auf Lösungspotentiale einladen, und zwar in indirekter Form durch
- eine spezifische Beziehung zwischen Berater und Klient, die in Anlehnung an die neurolinguistische Terminologie als **Rapport** bezeichnet werden kann (Kap. 6.1);
- eine spezifische Interpunktion im beraterischen Prozess, die als (hypnotisches) Signal für die innere Umschaltung des Klienten dient: die **Nachdenkpause** (Kap. 6.2);
- eine spezifische Einleitung der beraterischen Botschaft, die sozusagen den Weg für die eigentliche Information bahnt: Ressourcenfokussierung mit Hilfe von **positiven Konnotationen** (Kap. 6.3).

Erst in einer so stimulierten, stark emotional-motivational bestimmten Befindlichkeit, aus der sich die Bereitschaft zu einem konkreten Tun ableitet, macht es dann Sinn, eine inhaltliche Perspektive zu bieten und die Auswahl einer Lösungsidee logisch zu begründen. Auf Seiten des Beraters entspricht dem die eigentliche Lösungsverschreibung, auf Seiten des Klienten geht es hier um die Identifikation mit dieser Idee, was schon als erster Schritt einer Lösungsrealisation anzusehen ist.

Lösungsrealisation: Gute Gründe für die ersten Schritte

Wie der Berater in der Lösungsverschreibung, „logisch argumentiert" um dem Klienten eine Hausaufgabe mit dezidierten Verhaltensanweisungen zu geben, ist in den vorangegangenen Kapiteln schon vielfach dargestellt worden. Es sind hierbei sowohl Sensitivität als auch Flexibilität gefordert, damit „etwas Logisches" entsteht, das mit der Logik des Klienten (!) übereinstimmt. Das hat nichts zu tun mit irgendwelchen **objektiven** Gesetzen der Logik. Der Berater muss in der Logik des klientenspezifischen Systems denken, was dann für einen Außenstehenden und „auf den ersten Blick" mitunter durchaus auch „unlogisch" anmuten mag. Beeindruckende Beispiele dazu finden sich bei Milton Erickson, dem absoluten Meister in der Erfassung der subjektiven Logik seiner Klienten. So zum Beispiel wenn er mit sehr viel Empathie seinem Patienten zuhört (Trance induzierend), um dann plötzlich als Hausaufgabe zu geben, die nächste Woche von Phönix aus hundert Kilometer in die Wüste hinauszufahren und sich einen Grund dafür zu überlegen, weshalb er gerade dort sei (Jay Hayley, 1996).

> ! Nur wenn in der Logik des Klienten gedacht und formuliert wird, kann dieser gute Gründe finden, um sowohl der Wirksamkeit dieser Lösungsidee als solcher zu vertrauen (externales Wirksamkeitsvertrauen) als auch sich selbst als angemessen kompetent für die Lösungsumsetzung einzuschätzen (Selbstwirksamkeitsüberzeugung). Es handelt sich hier um einen autonomen Selbstorganisationsprozess des Klienten.

Es wäre es sicherlich lohnenswert, diese Vorgänge und den gesamten Prozess der lösungsorientierten Beratung einmal ausschließlich aus der Perspektive des Klienten zu betrachten. Dann müsste der Titel dieses Buches jedoch umgeschrieben werden: statt „Lösungsorientierte Beratung" nun „Lösungsorientierte Bearbeitung – ein Praxishandbuch für Klienten" (in Vorbereitung).

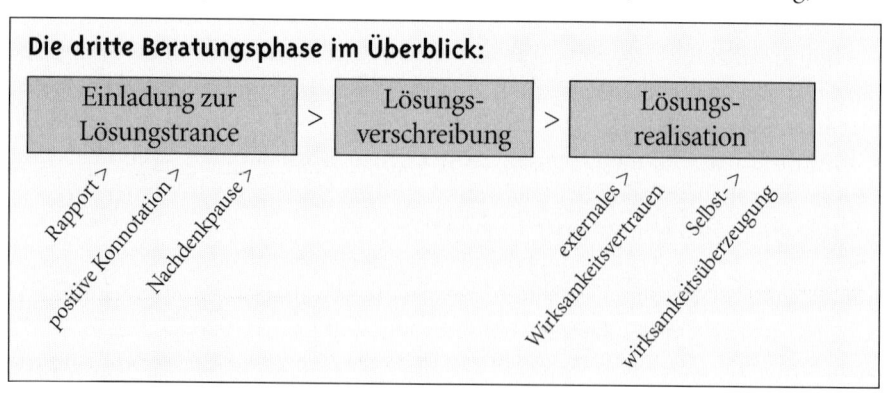

Die dritte Beratungsphase im Überblick:

Einladung zur Lösungstrance > Lösungsverschreibung > Lösungsrealisation

- Rapport
- positive Konnotation
- Nachdenkpause
- externales Wirksamkeitsvertrauen
- Selbstwirksamkeitsüberzeugung

6.1 Rapport: Gerne bei sich selbst Klient sein

Dass eine „gute Arbeitsbeziehung" (Rapport) zwischen Berater und Klient von wirklich grundlegender Bedeutung ist für die Effektivität dieser Beratung, das hat die Therapieforschung vielfach belegt, und darüber sind sich die verschiedenen Therapieschulen völlig einig. Mitunter wird sogar die Überzeugung vertreten, dass es sich hier um den wichtigsten Erfolgsprädiktor überhaupt handelt, um das „A und O" wirksamer Beratungen und Therapien. Entsprechend formuliert Peter Becker (1996, S. 206) an erster Stelle in seiner „Liste der 10 wichtigsten therapeutischen Maxime": „Widme der Pflege der therapeutischen Beziehung höchste Aufmerksamkeit!" Und Gunther Schmidt (1999, S. 92) erinnert daran: „Ein lösungsorientiertes Konzept ist auch nur eine Realitätskonstruktion, ein Mittel zum Zweck, das mit den einzigartigen Wertsystemen und Kontextbedingungen der Adressaten abgestimmt werden muss."

6.1.1 Rapport und nichts als Rapport

Wie der Berater in einen förderlichen „Rapport" zu seinem Klienten kommen kann und wie sich diese Beziehung dann im Verlauf des Beratungsprozesses vertiefen lässt, dazu steht ihm eine ganze Vielzahl von speziellen „Techniken" zur Verfügung.

Empathie. Der Pionier auf diesem Gebiet, Carl Rogers, betont den Aspekt der Empathie, das differenzierte und zugleich bedingungslos akzeptierende Eingehen auf die emotionalen Erlebensinhalte des Klienten und seine damit verbundenen Konstruktionen von Realität. Dabei macht der Klient dann nicht nur die Erfahrung, dass der Berater jemand ist, der ihn wirklich versteht, sondern ist darüber hinaus eingeladen, sich mit den widergespiegelten Gefühlen vertieft auseinanderzusetzen.

Neutralität. Das Mailänder Team (Mara Selvini-Palazzoli et al., 1981) propagiert die therapeutische Neutralität, die dann gewährleistet sei, wenn es dem Berater gelingt, sich gegenüber den kommunikativen „Verstrickungen" der verschiedenen Familienmitglieder untereinander auf eine Metaebene zu bringen und diese aufrechtzuerhalten.

Yes-setting. Milton Erickson sucht Rapport dadurch herzustellen, dass er sich in die aktuelle sinnliche Wahrnehmungswelt des Klienten hineinversetzt und in vagen Begriffen, die projektiven Spielraum bieten, das beschreibt, was dieser Klient gerade sieht, was er hört, was er fühlt. Und mit jedem „Ja, genau so ist es!" wird sich der Klient sowohl besser verstanden fühlen, als auch immer mehr in einen Status des „yes-set" hineingeraten und dann nicht nur „Ja" zum Berater sagen, sondern auch bereitwillig die eigentliche Interventionsbotschaft annehmen.

Achtung und Respekt. Jochen Schweitzer und Gunthard Weber (2000) verweisen für die Systemische Therapie auf eine besondere Achtung der Fähigkeiten zur Selbstorganisation („Autopoiesis") und drücken diese therapeutische Haltung u.a. mit Neugier, einhergehend mit einem „Expertentum des Nichtwissens", aus.

Pacing. Für Bandler und Grinder (1981) lässt sich Rapport über verschiedene beraterische Synchronisationen zum Verhalten des Klienten aufnehmen. Am wichtigsten ist ihnen jedoch die Angleichung an die verbale wie nonverbale Sprache, um so zu einer symmetrischen Kommunikation zu kommen: „When people are like each other, they like each other" (Joseph O'Connor und John Seymour, 1995, S.49). Dazu gehört beispielsweise die Ankoppelung an die klienteneigenen Tempi beim Sprechen, an die das Sprechen begleitende Mimik und Pantomimik, an die Informationsdichte der Gedankenabläufe usw. oder auch die Übernahme des dominanten sprachlichen Repräsentationssystems (visuell, auditiv, kinästhetisch, olfaktorisch-gustatorisch).

Komplementarität. Für Franz Caspar (1996b), dem Protagonisten der „Plananalyse", stellt ein gewisses Maß an „Komplementarität" zwischen Berater und Klient die Voraussetzung für eine positive therapeutische Beziehung dar. Dies bedeutet für den Berater, die Aufmerksamkeit auf die Ebene der Pläne zu lenken, die dem problematischen Verhalten **übergeordnet** und selbst an sich unproblematisch sind, und sich mit diesen übergeordneten Intentionen zu „solidarisieren".

> **BEISPIEL**
>
> Ein Klient leidet unter den Folgen seiner „Unfähigkeit", sich vertrauensvoll auf soziale Beziehungen einzulassen. Auch in der Beratung gibt er sich sehr vorsichtig und tut sich schwer, an einer Entspannungsübung teilzunehmen. Der Berater greift jedoch in einem „solidarischen" Sinne das übergeordnete Bedürfnis nach Kontrolle auf und gibt folgende Entspannungsinduktion: „Entspannung ist etwas, wozu man sich nur selbst einladen kann ... Und man wird auch selbst entscheiden, ob man dabei die Augen gleich schließen mag, oder ob man sich das später erlauben möchte ... Manchmal ist es gut, die Augen offen zu lassen ... und gleichzeitig zu spüren, wie die Augenlider angenehm schwer werden ... Und es ist der eigene Körper, der dieses Gefühl von Schwere in sich ausbreiten lässt ... angenehme Schwere ..."

6.1.2 Rapport unter lösungsorientierter Perspektive

Im Rahmen der lösungsorientierten Beratung erscheinen folgende „Variablen" von grundlegender Bedeutung: die Wertschätzung des Klienten, die gemeinsame Sprache mit ihm und eine lösungsorientierte Grundeinstellung.

Wertschätzung

Um zu einer förderlichen Interaktion zu kommen, legt Steve de Shazer den Schwerpunkt auf die Wertschätzung des Klienten, und zwar Wertschätzung in seinen grundlegenden Bedürfnissen und den korrespondierenden Ressourcen. Diese sind als die zentralen Determinanten des psychischen Geschehens zu verstehen (Klaus Grawe, 1999c), also zum Beispiel das Bedürfnis und die Fähigkeit zur Autonomie, das Bedürfnis und die Fähigkeit zur sozialen Bindung, das Bedürfnis und die Fähigkeit zur Selbstwerterhöhung. „Therapeuten sollten nach Positivem suchen!" – das ist seine Maxime, und er kommuniziert das, was er unter diesem Fokus findet, in Form von „Komplimenten". Der Klient soll sich mit den Augen des Beraters als jemand sehen können, der – trotz der vorliegenden Probleme – den Großteil seines Lebens kompetent zu gestalten vermag und der auch eigene Fähigkeiten und Stärken in die Beratung einbringt. Auf diese Weise bietet der Berater in seinem wertschätzenden und wohlwollenden Umgang mit dem Klienten ein Modell dafür, wie dieser Klient auch mit sich selbst umgehen könnte. Damit wird die Beziehung zwischen Klient und Berater selbst zu einer positiven Ressource.

Die Wichtigkeit dieses beraterischen Aspekts verdeutlicht Lynn Hoffmann (1996, S. 91): „Manchmal denke ich, dass 99 Prozent des Leidens, das ich behandle, damit zu tun hat, wie abgewertet sich die Leute fühlen durch Etiketten, die ihnen auferlegt wurden, oder durch die abfälligen Meinungen, die sie über sich selbst haben."

> **!** Lösungsorientierte Beratung bedeutet also immer eine ressourcenaktivierende Beziehungsgestaltung.

Wenn einem während eines Beratungsgesprächs einmal der inhaltliche Faden verloren gehen sollte, dann kann man sich immer diesem Aspekt zuwenden und einfach ein Kompliment im Sinne einer Lösungsbotschaft machen:
- „Es gefällt mir, dass Sie …!"
- „Das ist wirklich großartig, wie Sie …!"
- „Es gehört viel Power dazu, um …!"
- „Ich möchte Ihnen gratulieren, dass Sie …!"
- „Ich bin sehr beeindruckt, wie Sie …!"
- „Es ist bewundernswert, dass Sie …!"
- „Ich finde es einfach toll, wie Sie …!"

- „Es ist phantastisch …!"
- „Ich bin begeistert, wenn ich sehe, wie Sie …!"

Wertschätzung lässt sich aber auch auf **nonverbale** Weise kommunizieren, zum Beispiel durch Blickkontakt, Kopfnicken, nach vorn geneigter Sitzhaltung, Öffnen der Arme, gestisches Akzentuieren, Berühren des Handrückens oder des Unterarms des Klienten usw. Solche nonverbalen Botschaften gezielt und in einer angemessenen Dosis einzusetzen, erfordert allerdings sehr viel an supervisorischer Selbsterfahrung des Beraters.

Es versteht sich von selbst, dass in der **Kombination** aus verbaler plus nonverbaler Wertschätzung, aus linearer plus analoger Botschaft, aus Inhalts- plus Beziehungsinformation die Wirkungen für einen positiven Rapport am stärksten sind. Nach neurologischen Studien zur Hemisphärenspezialisierung scheint es so zu sein, dass man durch verbale Wertschätzung in erster Linie die linke Hirnhälfte anspricht, während nonverbale Wertschätzung vorrangig die rechte Hirnhälfte erreicht.

Empathie!? Solch eine Wertschätzung beinhaltet natürlich immer auch ein gewisses Ausmaß an Empathie in das Problemerleben. Als Berater muss man dabei aber die Gefahr beachten, dass eine exzessive empathische Anteilnahme als unerwünschte „Nebenwirkung" eine Vertiefung der Problemhypnose bewirkt. Statt sich intensiv auf das Leid des Klienten einzulassen, sollte man besser respektieren und bewundern, dass der Klient **trotz** dieses Leids durchhält und jetzt sogar die Energie aufbringt, an einer Veränderung zu arbeiten.

Gemeinsame Sprache

Sozusagen den zweiten „Stützpfeiler" für Rapport bildet beim lösungsorientierten Vorgehen (wie auch beim NLP) eine mit dem Klienten gemeinsame Sprache. Jeder Sprechende unterliegt der Schwierigkeit, dass das, was er sagen will, nicht direkt, sondern indirekt über bedeutungshaltige Lautsymbole übermittelt wird. Die unreflektierte Annahme, dass seine Worte für den Zuhörenden genau das darstellen, was er ausdrücken möchte, ist die unerschöpfliche Quelle endloser Missverständnisse in der zwischenmenschlichen Kommunikation. Dass wir die gleichen Worte benützen, heißt eben noch lange nicht, dass Sprechender und Zuhörender darunter dasselbe verstehen. Tatsache ist vielmehr, dass Bedeutung sowohl vom Sprechenden als auch vom Zuhörenden vor dem Hintergrund ihrer jeweils subjektiven Erfahrungs- und Sprachwelt **konstruiert** werden – für den Sprechenden im Prozess des Enkodierens, für den Zuhörenden im Prozess des Dekodierens. Wenn also aus einem „Miteinander-sprechen" ein „Einander-verstehen" werden soll, und genau das meint ja der Begriff „Rapport", ist ein gemeinsamer Sprachcode unabdingbar. Beraterische „Kunstfertigkeit" besteht dann darin, sich auf den Sprachcode des Klienten einzulassen, das heißt, seine bevorzugten Ausdrücke, Bilder, Metaphern und Satzkonstruktionen zu benutzen, und zwar unter Berücksichtigung eben jener inneren kognitiven und emotionalen Vorgänge, die sie repräsentieren. Insbesondere ist ein sensibles Hinhören auf „Schlüsselwörter" gefordert. Oft genügt dann ein einfaches Wiederholen mit fragender Intonation, um den Klienten einerseits zu einer vertieften Selbstexploration der relevanten Erfahrungen und Einstellungen anzuregen und um andererseits bei ihm das Gefühl zu verstärken, dass man ihn tatsächlich versteht.

Interaktiv gesehen geht es um eine Kommunikation auf derselben Wellenlänge, um ein „verbales Pacing", um eine Begegnung innerhalb der Weltsicht des Klienten". Entsprechend muss es heute schon fast als ein Kunstfehler der beraterischen Kommunikation angesehen werden, wenn der Berater versucht, aus welchen Gründen auch immer, die Aussagen von Klienten anders zu verbalisieren, als diese es selbst tun. Beispielsweise hat man in den Anfangsjahren der Gesprächspsychotherapie einseitig auf eine Reverbalisierung der **emotionalen** Inhalte geachtet und dadurch die Klienten geradezu emotional konditioniert. Selbst ein gut gemeintes **Para**phrasieren erscheint problematisch, da hier der Berater letztlich doch eine Übersetzung in seine Sprache vornimmt.

Lynn Hoffmann (1996, S. 221) berichtet von folgendem Dialog zwischen Ronald Laing und Harry Goolishian:
R. Laing: „Welche Sprache benutzt du bei den Leuten, mit denen du arbeitest?"
H. Goolishian: „Ich benutze die Umgangssprache."
R. Laing: „Ach Scheiße, warum benutzt du nicht ihre eigene Sprache?"

Lösungsorientierte Grundeinstellung

Die dritte „Therapeutenvariable" im lösungsorientierten Ansatz ist – wie sollte es auch anders sein – durch eine spezifisch lösungsorientierte Einstellung bestimmt. Als Meister auch in dieser „Disziplin" gilt wieder einmal Milton Erickson, der immer mit der Erwartung auf den Klienten zugeht bzw. sich auf den Beratungsprozess einlässt, dass Veränderung nicht nur möglich, sondern geradezu unvermeidlich ist. Dafür steht er sozusagen mit seiner ganzen Person. Er verbreitet vom ersten Augenblick des Beratungskontakts an ein Gefühl der Zuversicht, der Sicherheit, der Gewissheit. Man kann sich auch, wie Fritz B. Simon (1993), von der Idee leiten lassen, dass Leben per se Veränderung bedeutet, also alles und jeder sich in beständiger Veränderung befindet – es sei denn, dass irgendwelche Personen oder besonderen Umstände, zum Beispiel „Probleme", dafür sorgen, dass es so bleibt, wie es ist. Und von Virginia Satir wird berichtet, dass sie mit einem „unerbittlichen Optimismus" an das Veränderungspotential ihrer Klienten glaubte.

Es stellt sich im Prozess der lösungsorientierten Beratung also nicht die Frage, ob eine Veränderung eintreten wird, sondern wann dies geschehen wird. Vielleicht vermag der Klient dann seinem Berater sogar zu bestätigen (wie von

Moshe Talmon, 1996, S. 58, berichtet): „Sie waren so überzeugt davon, dass es funktioniert, dass ich Sie einfach nicht enttäuschen konnte."

6.1.3 Rapport ist immer wieder anders

Angesichts einer solchen Auflistung generell förderlichen Rapportverhaltens des Beraters sei andererseits auf folgende Aspekte verwiesen:
- Auf die Untersuchungen von Dirk Zimmer (1983), die klar zeigen, dass im Verlaufe einer Beratung unterschiedliche Beraterstile von Vorteil für den Klienten sein können,
- auf die Studien von Julius Kuhl und Miguel Kazén (1997), die je nach „Klientypus" (z.B. Denktypus, Fühltypus, Intuitionstypus, Empfindungstypus) spezifische Kooperationsformen für eine Rapportverstärkung nahelegen,
- oder auf die Überlegung, dass man genausogut verschiedene „**Berater**persönlichkeiten" unterscheiden müsste, so dass die Frage, wie Rapport in optimaler Weise gelingt, je nach Berater-Klient-Konstellation zu beantworten wäre.

Insgesamt gesehen erscheint also eine situations-, person- und interventionsadäquate **Variabilität** des Beraters im Umgang mit dem Klienten, ein systemisch-adaptives Rapportverhalten wichtig. Und damit schließt sich der Kreis zum Thema „Universallösung 2. Ordnung" (Kap. 5.7).

6.1.4 Rapport ist nicht alles!

Aber, und das sei auch bedacht: Man kann auf diese Weise die Anforderungen an den Berater natürlich ins Unendliche schrauben. Um wieder auf den Boden des „Möglichen" zurückzukommen, soll – in einem bewusst ambivalenten Sinne – eine gewisse Skepsis gegenüber solchen „idealen" Konzepten geweckt werden:

Hier entsteht nämlich leicht das Bild eines in jeder Hinsicht souverän-kompetenten Beraters, der – gerade im explizit gestalteten „Rapport" – sich doch klar vom „Problemträger", vom „Indexpatienten", vom „Ratsuchenden" abzugrenzen weiß. Es ist deshalb wichtig, neben dem dargestellten „idealen" Rapportverhalten auch für mehr Bescheidenheit und Respekt zu plädieren, um damit einfach eine zwischenmenschliche Beziehung, eine wirkliche Begegnung, herzustellen. Dann, und nur dann, so betont Hilarion Petzold (1998), funktioniert Psychotherapie trotz der schulenspezifischen Techniken.

Nochmals pointierter formuliert es Heinz Hummitzsch (1999, S. 115), der am Ende eines hoch wissenschaftlichen Aufsatzes zu den Erfolgsprädiktoren psychologischer Beratung bzw. psychotherapeutischer Intervention das Fazit zieht: „Wenn irgendetwas sicher von der Psychotherapieforschung bestätigt wurde – zum Schluss sei mir die möglicherweise befremdliche 'Operationalisierung' gestattet – dann ist es die Wahrheit des Pauluswortes: 'Wenn ich mit Menschen- und mit Engelszungen redete und hätte die Liebe nicht, so wäre ich ein tönendes Erz oder eine klingende Schelle.'"

6.2   Nachdenkpause: Eine Zäsur, bevor Neues beginnt

Es ist zu unterscheiden zwischen der Lösungssuche und der Lösungsverschreibung – und zwar unter dem Aspekt, dass hier zwei völlig verschiedene Denkstile relevant sind: Geht es bei der Visualisierung von Lösungsmöglichkeiten um ein divergentes Denken, erfordert die Entscheidung für ein bestimmtes verändertes Verhalten ein konvergentes Operieren. Um dem Klienten diesen Unterschied zu signalisieren und ihm Zeit für eine innere Umschaltung zu geben, ist eine „Zäsur" im Beratungsprozess notwendig.

Am einfachsten lässt sich solch eine Zäsur als „notwendige Nachdenkpause für den Berater" ausgeben bzw. bei der Arbeit mit Co-Beratern als „wichtige Konsultation" dieser Beobachter benennen.

> **LÖSUNGSINTERVENTIONEN**
>
> ▶ „Jetzt brauche ich etwas Zeit, um mir nochmals all das durch den Kopf gehen zu lassen, was wir bis jetzt erörtert haben. Nachher werden wir dann gemeinsam über den für Sie möglichen Lösungsweg sprechen."
> ▶ „Sie haben jetzt eine kleine Pause, während der ich mich mit meinen Kollegen besprechen möchte, um wirklich den besten Vorschlag für Ihr weiteres Vorgehen zu finden."

6.2.1   Wie sich der Klient auf Neues einstellt

Durch diese Zäsur erhält die anschließende beraterische Rückmeldung zugleich eine hervorgehobene Bedeutung: Beim wartenden Klienten kommt es zu einer Induktion von Trance mit entsprechender Aufmerksamkeitsfokussierung, das heißt, er baut eine innere Erwartungsspannung und eine erhöhte Suggestibilität dafür auf, was der Berater ihm gleich sagen wird.

Meist nutzen die Klienten diese Zeit auch dazu, um selbst ein Resümee des bisherigen Gesprächsverlaufs zu ziehen, mitunter sogar, um sich an einem eigenen Lösungsentwurf zu versuchen.

Manchmal kann es angezeigt sein, diese willkommene Mitarbeit des Klienten an einer Lösungsverschreibung explizit anzusprechen.

> **LÖSUNGSINTERVENTIONEN**
>
> „Ich möchte jetzt für uns beide eine Pause von etwa zehn Minuten vorschlagen, in der Sie und ich unabhängig voneinander nochmals überlegen, über was wir gesprochen haben und was uns dabei klarer geworden ist. Mit diesem besseren Verständnis sind dann Phantasien darüber möglich, was zukünftig zu tun anstehen könnte. Ich bin schon gespannt darauf, wie sich unsere Ideen darüber ergänzen werden. Glauben Sie, dass für ein solches Überlegen und Phantasieren zehn Minuten ausreichen?"

6.2.2 Wie der Berater Neuem den Weg bereitet

Für den Berater ist die Nachdenkpause wichtig, um einerseits kurz in eine selbstsupervidierende Position zu gehen und von der Metaebene her den bisherigen Gesprächsverlauf nochmals zu reflektieren und um andererseits die für den Klienten hilfreiche Rückmeldung individuell auszuformulieren, so dass er sich in seiner Sprache verstanden hört.

Diese „Ausformulierung" muss dabei nicht immer in sprachlicher Form erfolgen. Oft sind andere Sinneskanäle geeigneter, um komplexe Zusammenhänge zu kommunizieren. Da die optische Sensorik beim Menschen am differenziertesten entwickelt ist und die meisten Klienten sich auch als „Augenmenschen" bezeichnen, ist für den Berater zu überlegen, inwieweit er eine zeichnerische Darstellung seiner Sicht der Dinge versucht – und dabei natürlich den Klienten einlädt, sich an der Ideenfindung und dem Zeichnen direkt zu beteiligen.

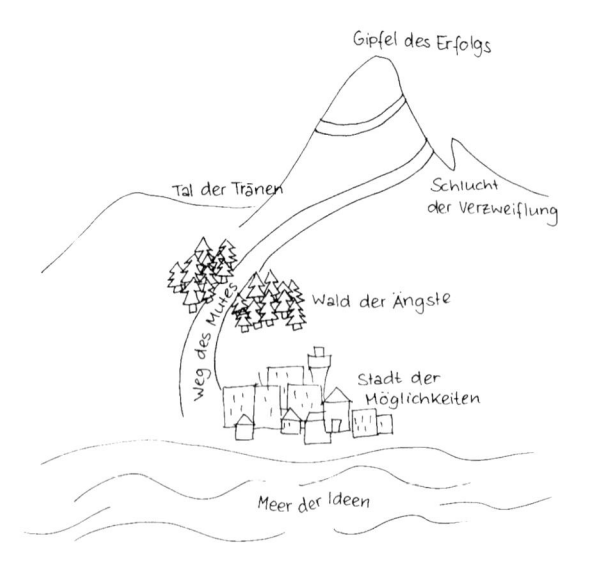

Landschaftliche Lebenswelt. Manche sprachlichen Allegorien laden geradezu zu anschaulichen Formationen ein, zum Beispiel wenn die Rede ist vom „Tal der Tränen", vom „Gipfel des Glücks", von den „Bergen der Arbeit" usw.

Auch andere Formen der Transformation sind denkbar, wie ein Beispiel zeigt.

> **BEISPIEL**
>
> Ein Lehrer einer Privatschule hatte nach einem Schlaganfall keinen Lehrauftrag mehr erhalten, und alle Versuche seitdem, beruflich doch wieder Fuß zu fassen, endeten mit einer Enttäuschung. Nach solchen wiederholten Misserfolgserfahrungen hatte er sich in den letzten Monaten immer mehr in eine verzweifelte Resignation zurückgezogen. Im Rahmen eines Beratungsgesprächs, das im Mai 2000 stattfand, wurde nach Ideen gesucht, um „etwas ander(e)s" zu machen.
>
> Berater: „Wenn ich mir vergegenwärtige, wie das letzte Jahr für Sie verlaufen ist, dann sehe ich ein fortwährendes Auf und Ab, einen ständigen Wechsel der Gefühle zwischen Hoffnung und Enttäuschung. Zuletzt ist es noch schlimmer gekommen, weil Ihnen die Hoffnung immer mehr verloren ging und statt dessen sich Verzweiflung breit machte. Dann aber – ich weiß nicht, ob es etwas mit dem Monat Mai zu tun hat – haben Sie einen neuen Anlauf unternommen, und nun sitzen wir zusammen, und ich spüre, wie Sie wieder Mut fassen … Mich berührt das sehr, was Sie erlebt haben – und ich bewundere Sie in diesem neuen Mut. Mut und Mai, das passt irgendwie gut zusammen. Ich muss gerade an ein Gedicht eines österreichischen Lyrikers denken, Ernst Jandl. Er hat die Monatsnamen eines Jahres durch andere Wörter ersetzt, um so eine bestimmte Botschaft zu formulieren. Ich würde gerne in einer ähnlichen Form einmal auszudrücken versuchen, was ich über Ihre Lebenssituation glaube verstanden zu haben …"
>
> | 1999 | 2000 |
> |---|---|
> | Hoffnung | Enttäuschung |
> | Enttäuschung | Verzweiflung |
> | Hoffnung | Enttäuschung |
> | Enttäuschung | Verzweiflung |
> | Hoffnung | Mai |
> | Enttäuschung | |
> | Hoffnung | |
> | Enttäuschung | |
> | Hoffnung | |
> | Enttäuschung | |
> | Hoffnung | |
> | Enttäuschung | |

6.3 Positive Konnotation: Ressourcen aktivieren durch „Komplimente"

Die Motivierung des Klienten für eine aktive Veränderung einschließlich der Induktion von Erfolgserwartungen – beides zusammen stellt ja das eigentliche Ziel der Lösungsverschreibung dar – gelingt nur dann, wenn der Berater die vom Klienten bislang gezeigten (Lösungs-)Aktivitäten aufgreift und positiv konnotiert – entsprechend der Grundannahme: „Klienten sind selbstverantwortlich und kompetent, sie sind die Experten für ihr Leben, Berater können nur assistieren."

Der Berater wird also zuerst all das nochmals aufzählen, was der Klient schon Richtiges, Nützliches und Gutes tut, und sich damit in schon bestehende erfolgreiche Verhaltensmuster einklinken. Es gilt dabei, wirklich alle positiven Aspekte hervorzuheben, auch wenn sie noch so klein sind und quasi erst unter dem Vergrößerungsglas sichtbar werden. Man kann solche minimalen Positivaspekte zum Beispiel durch Kontrasteffekte akzentuieren und emotional gewichtiger machen, indem man zuerst auf eine schwierige Ausgangs- bzw. Kontextbedingung hinweist („Obwohl ..."), um dann direkt umzuschalten auf das „Dennoch haben Sie ..."; oder: „Andere hätten in dieser Situation ..., aber Sie ...".

Gegenüber den universellen Lösungsdietrichen repräsentieren die „Komplimente" das Individuelle, das **Klientenspezifische** im lösungsorientierten Beratungsprozess: „Wir haben ein Repertoire von Interventionsformeln ... Diese versehen wir dann mit unseren 'Komplimenten', um sie so den Bedürfnissen des jeweiligen Klient/Therapeut-Systems anzupassen" (Brian Cade, 1986, S. 344).

6.3.1 Komplimente für den Klienten

Hier einige Beispiel für solche ressourcenfokussierte Rückmeldungen, die in der lösungsorientierten Beratung kurz und bündig als „Komplimente" bezeichnet werden (vielleicht etwas unglücklich, weil dadurch Assoziationen in Richtung eines oberflächlich-unverbindlichen Small Talks angeregt werden).

LÖSUNGSINTERVENTIONEN

- „Ich möchte Ihnen zuerst zu Ihrer Fähigkeit gratulieren, die verschiedenen Ereignisse in Ihrem Leben so sensibel und so differenziert zu beschreiben. Und ich möchte Ihnen gleichzeitig gratulieren zu Ihrer Klugheit, die Dinge nicht überstürzt ändern zu wollen und eine radikale Veränderung herbeizuzwingen, sondern sich zuerst auf ein klärendes Gespräch einzulassen, um dann einen guten ersten Schritt zu planen und zu tun."
- „Dass Sie sich entschieden haben, diese Schwierigkeiten jetzt zu klären und nach einer Lösung zu suchen, spricht für Ihre Fähigkeit, die richtigen Dinge zum richtigen Zeitpunkt zu tun."

> - „Als Sie eingangs davon berichtet haben, was sich seit der Anmeldung zu diesem Gespräch schon zu verändern begonnen hat, wollte ich Ihnen spontan gratulieren. Jeder weiß ja, 'Aller Anfang ist schwer' – und Sie haben, fast unbemerkt, solch einen Anfang geschafft. Diese Leistung möchte ich ganz bewusst hervorheben – zumal man aus solchen ersten erfolgreichen Schritten meist schon die richtige Richtung für das weitere Vorgehen erkennen kann."
> - „Es beeindruckt mich, wie Sie mit der Situation, die Sie immer mehr unter Druck setzt, umgehen. Die meisten würden sich überfordert fühlen, resignieren und klein beigeben. Sie aber machen sich viele Gedanken, haben jetzt sogar … Woher nehmen Sie diese Energie zum Durchhalten?"
> - „Ihre Ausdauer und Ihr Durchhaltevermögen sind bewundernswert! Es war zeitweise bestimmt sehr schwierig, aber Sie haben all Ihre Kräfte zusammengenommen und die Hoffnung auf eine Lösung nie aufgegeben. Ich sehe, dass Sie sich auch in schwierigen Situationen voll auf sich verlassen können!"

6.3.2 Von den Komplimenten zur Ressourcenaktivierung

Der Effekt dieser Eingangssequenz für die anschließende Lösungsverschreibung ist folgender: Der Klient, der problembelastet in die Beratung gekommen ist und die Konfrontation mit seinen Schwächen und seinem Versagen erwartet, erfährt nun plötzlich Anerkennung und Lob für seine Bemühungen, sieht sich mit den Augen des Beraters als durchaus kompetent. Bedrückte ihn bislang ein Gefühl der lähmenden Schwere bis hoffnungslosen Apathie, erlebt er sich jetzt als Handelnder, der es „in beeindruckender Weise immer wieder versucht und sich nicht unterkriegen lässt". Aus dem Eindruck, sich in der Sackgasse zu befinden, entsteht das Bild von jemandem, der sich auf einer Bergwanderung befindet und dabei, wenn auch mitunter mühsam, doch schon ein gehöriges Stück Weg voran gekommen ist.

Jemand, der eine solche **Anerkennung** erhalten hat für seine bisherigen Aktivitäten, der im wahrsten Sinne „verstärkt" worden ist und nun selbst wieder besser seine Fähigkeiten und Stärken **erkennt,** wird hoch motiviert sein für ein neues Sichanstrengen und entsprechend empfänglich auf gezielte beraterische Handlungsvorschläge reagieren.

Nach Möglichkeit sollten sich diese positiven Konnotationen zur Vermittlung von selbstwerterhöhenden Wahrnehmungen und den korrespondierenden positiven Emotionen auch auf das Verhalten des Klienten während des Beratungsgesprächs beziehen – angefangen bei der scheinbaren Selbstverständlichkeit, dass er pünktlich zum Beratungsgespräch erschienen ist und so von Anfang an deutlich gemacht hat, dass es ihm ernst ist, er die Sache konsequent angeht, man mit ihm rechnen kann, er wirklich kooperiert usw. Ein Klient, der nur wenig spricht, kann für seine Nachdenklichkeit gelobt werden, oder für sein besonderes Taktgefühl, oder für seine Fähigkeit, sich auch zurücknehmen zu können usw. Bei einem anderen Klienten signalisieren die mitunter depressiven Gefühle eine differenzierte Sensibilität und ein besonders hohes Verantwortungsbewusstsein. Ferner lässt sich die Körperhaltung ansprechen und als Zeichen für eine offene Kommunikation sowie eine interessierte Mitarbeit interpretieren usw. Fast alles ist in diesem Sinne irgendwie utilisierbar, solange der Berater sich von der Überzeugung leiten lässt, dass er es wirklich mit einem für sein Leben kompetenten Klienten zu tun hat.

Von Milton Erickson wird erzählt, dass er positive Konnotationen auch gerne auf indirektem Wege übermittelte und dazu beispielsweise eine Situation arrangierte, in der er quasi zufällig seine Gesprächsnotizen offen auf dem Beratungstisch liegen ließ. Der Klient, dadurch in seiner natürlichen Neugierde angesprochen, konnte einen verstohlenen Blick darauf werfen und dann lesen: „Es geht sehr gut!"

Was für einen Außenstehenden dabei gelegentlich übertrieben erscheinen mag, das stellt für den Klienten jedoch meist eine gerade wirksame Dosis dar. So kommentierte ein Klient die positiven Konnotationen des Beraters mit: „Sie glauben gar nicht, wieviel Lob ich vertrage!"

Manchmal wird auch eingewandt, dass solche „Vergrößerungen von Positivem" nur eine unrealistische bis illusionäre Sichtweise des Klienten förderten, wohingegen es das Ziel von Beratung sein müsse, ihm zu einer unverzerrten und vollständigen Wahrnehmung der Tatsachen zu verhelfen. Gleich mehrere Studien, ausführlich bei Klaus Grawe (1998) expliziert, machen jedoch deutlich, dass es geradezu ein Korrelat psychischer Gesundheit ist, sich selbst hinsichtlich Selbstwert und Selbstwirksamkeit positiver einzuschätzen, als dies „objektive" Beobachter tun würden. Seelisch Gesunde neigen zu einer Selbstwerterhöhung. Und das gilt in gleichem Maße für Klienten wie für Berater! Das alte beraterische Paradigma von einer realitätsorientierenden Vorgehensweise – quasi als Selbstzweck – gilt nach heutigem Wissen als Kunstfehler. Tatsächlich läuft so etwas, wenn es extensiv betrieben wird, auf die Verstärkung von depressiven Denkmustern hinaus.

> **!** Um aber möglichen Missverständnissen vorzubeugen: Im Rahmen der positiven Konnotation sollen nicht irgendwelche „Schönwetterlagen" herbeigeredet werden, sondern es geht darum, positive Rückkoppelungsprozesse zu initiieren, indem man einerseits den Klienten auf die guten ▶

> Dinge aufmerksam macht, die er bereits tut und die Grund für eine positive Selbstsicht sind, und indem man andererseits die diesem Verhalten zugrunde liegenden Kompetenzen herausstellt und dem Klienten die Augen dafür öffnet.
>
> Genau das ist Ressourcenaktivierung. Umgangssprachlich kann man auch von „Mut machen" reden – die wahrscheinlich treffendste Kurzformel für lösungsorientierte Beratung.

Ressourcen als Mitspieler im Problemszenarium. Mathias Varga von Kibéd (1998) hat für die beraterisch/therapeutische Problembearbeitung ein Verfahren analog zu Hellingers Familienaufstellung entwickelt: Statt Stellvertreter für Familienangehörige auszuwählen und aufzustellen, wird der Klient aufgefordert, folgende Rollen des „Problemszenariums" zu besetzen:

- einen Stellvertreter für sich selbst (als „Fokus" bezeichnet),
- das Ziel, das erreicht würde, wenn das Problem gelöst wäre,
- die Hindernisse, die einer direkten Zielerreichung im Wege stehen,
- den verborgenen Gewinn, der sich dadurch ergibt, dass das Problem bislang nicht gelöst wurde,
- die künftige Aufgabe, deren Bearbeitung ansteht, wenn das Problem gelöst ist, sowie
- die verdeckte Fähigkeit, d.h. die **Ressource**, die der Klient zur Problemlösung verwenden könnte.

Der Klient gruppiert die verschiedenen Repräsentanten, geht dann aber in eine Position des Zuschauers von außen. Im Verlaufe der Stellungsarbeit, wie sie durch den Berater/Therapeuten angeregt wird, rückt in der Regel die Ressource immer näher an den Klienten heran und macht sich ihm bewusst. Das hat natürlich Auswirkungen auf die anderen Mitspieler des Problemszenariums ... Das Erleben der „greifbaren" Nähe von Ressourcen stellt somit eine konkret-anschauliche Form der Ressourcenaktivierung dar, die das Ergreifen der brachliegenden Stärken erleichtern kann.

6.3.3 Von der Ressourcenaktivierung durch den Berater zur Ressourcenutilisierung durch den Klienten

Wichtig ist, dass aus dem „Mut machen durch den Berater" langfristig ein entsprechender innerer Dialog des Klienten wird. Insofern handelt es sich bei der positiven Konnotation um einen Prozess des Modelllernens, der den Klienten dafür sensibilisiert, hinter seinen overten Verhaltensweisen die grundlegenden Ressourcen zu erkennen und zu identifizieren – um so immer mehr Stärken in sich „hineinzusehen", entsprechend sich immer kompetenter zu fühlen und in der Folge mit einem immer größeren Bewusstsein an Selbstwirksamkeit zu handeln. Damit ist dann an Stelle des „Problemzirkels" (im Sinne des „Circulus vitiosus") ein „Lösungszirkel" (im Sinne eines „Circulus virtuosus") installiert.

Noch einen Schritt weiter geht übrigens Rainer Lutz (1996), der die positive Konnotation zu einer eigenen Therapieform, nämlich der „Euthymen Therapie", ausgebaut hat. Dabei werden nicht nur positive Eigenschaften exploriert, sondern es geht vor allem darum, dem Klienten Einsichten darüber zu vermitteln, was er gerne tut, wo er genießen kann, wie er Erfahrungen von Zufriedenheit, Glück oder gar Lebenssinn macht – um dann zu einem „Mehr davon" einzuladen. Man könnte das auch einen Kurs in „Seines Glückes Schmied" nennen.

6.3.4 Der Berater und seine Ressourcen

Wenn Stewardessen ihre Fluggäste über den Gebrauch der Sicherheitseinrichtungen informieren, wie es vor jedem Start obligatorisch ist, weisen sie u.a. darauf hin, dass bei einem Druckabfall unbedingt Sauerstoffmasken aufzusetzen sind. An Eltern ergeht dabei der ergänzende und wichtige Hinweis, in einem solchen Notfall zuerst sich selbst mit Sauerstoff zu versorgen und dann den Kindern beim Anlegen der Masken zu helfen.

Die spontane Notfallreaktion sähe wohl eher so aus, dass Eltern zuerst ihre Kinder zu beschützen versuchten – dabei dann aber Gefahr laufen, nur schlechte Hilfe leisten zu können.

Lösungsorientierte Berater, die anderen dabei helfen wollen, einen besseren Zugang zu ihren Ressourcen zu finden, sollten selbst Zugang zu ihren **eigenen** Ressourcen haben. Es geht dabei nicht um ein bestimmtes Idealbild von Beraterpersönlichkeit, die sich sozusagen „im Hara" befindet (Karlfried Graf Dürckheim, 1954), oder wie immer auch solch ein Status der menschlichen Perfektion umschrieben sein mag. Es geht vielmehr um eine besondere Aufmerksamkeit im Hier und Jetzt, und zwar in gleicher Weise wie für den Klienten auch sich selbst und seinen eigenen Bedürfnissen gegenüber. Solche Bedürfnisse, wie sie im interaktiven Prozess der beraterischen Beziehung bewusst werden, jedenfalls bei entsprechender sensibler Präsenz des Beraters, geben wichtige Hinweise für Gestaltungsmöglichkeiten. Sie repräsentieren damit eine eigene Ressource.

Gunther Schmidt (1997, S. 91) sieht diese sensible Präsenz, dieses aufmerksame Nahesein sowohl dem Klienten wie sich selbst, dann realisierbar, wenn es sich der Berater bei der Arbeit wirklich gut gehen lässt. Er hält dies geradezu für eine berufsethische Pflicht: „Man macht sich quasi schuldig an seinem Klienten, wenn man es sich nicht gutgehen lässt."

Innere Intuition. Gunther Schmidt hat zu diesem Thema einen Workshop unter dem Titel „Selbsthypnose und Selbstmanagement" (dokumentiert in einer Videoaufzeichnung der Video-Cooperative-Ruhr, Dortmund, 2000) veranstaltet. Mit „Selbsthypnose" ist dabei etwas Ähnliches gemeint wie mit „Lösungstrance", nämlich die Aufmerksamkeitsfokussierung auf die eigenen Ressourcen, hier insbesondere auf die „innere Intuition". Sie ist es, die unser Bewusstsein in vielem entlastet, zum Beispiel Routinen erledigt (so dass man fast wie im Schlaf Schreibmaschine schreiben kann), mit Notfallreaktionen blitzschnell das Richtige tut (etwa veranlasst, dass das Bremspedal gedrückt wird, noch bevor das Bewusstsein den Befehl dazu geben konnte) und ganz unwillkürlich dafür sorgt, dass wir „auf dem Teppich bleiben" (und deshalb Bauchschmerzen zu einer Aktion beisteuert, die besser anders angegangen werden sollte). Dem Berater geht es dann gut, wenn diese intuitive Seite, die Schmidt als das „Es" bezeichnet, mit dem Bewusstsein, dem „Ich", kooperiert, wenn der Berater also sowohl seinen wertvollen intuitiven Wissensschatz nutzt, als auch die wunderbaren kognitiven Fähigkeiten in einer koordinierten Weise einsetzt. Um zu einer solchen ganzheitlichen Selbstwahrnehmung bzw. Selbsterfahrung zu kommen, wird u.a. die Betty-Erickson-Übung angeboten: Imaginative Fragen bringen das „Ich" in eine nach innen gerichtete Aufmerksamkeit, in der es neugierig, anteilnehmend und wertschätzend hinschauen kann auf das, was unwillkürlich an Bildern, Gefühlen, Botschaften usw. aus dem „Es" aufsteigt. Und aus dem Zuschauen wird ganz langsam ein aufeinander Zugehen – und das symbolisiert durch entsprechende Bewegungen der beiden Hände, die sich schließlich berühren, sich streicheln, eins sind ... Das ist nur ein Beispiel einer ganzen Reihe selbsthypnotischer Übungen. Sie eröffnen nicht nur einen ganzheitlichen Zugang zur eigenen Person, sondern „verführen" dazu, es sich angesichts solch wertvoller Ressourcen ganz unwillkürlich gut gehen zu lassen. Ein faszinierender Workshop!

Wie es ausschaut und welche Konsequenzen es hat, wenn es dem Berater nicht gut geht, wird an späterer Stelle unter dem Begriff der „Klemmen-Symptome" beschrieben (Kap. 7.3).

6.3.5 Fallbeispiel

Folgender Gesprächsausschnitt stellt den Dialog mit einem Klienten dar, der in Trennung lebt.

Berater: „Es beeindruckt mich sehr, wie Sie dieser schwierigen Situation doch standhalten konnten und immer noch standhalten! Andere hätten wahrscheinlich längst resigniert. Sie investieren hier all Ihre Fähigkeiten, um eine Lösung zu schaffen, mit der Sie dann beide leben können. Je länger wir miteinander gesprochen haben, umso deutlicher ist das für mich geworden. Und umso deutlicher habe ich diese verschiedenen Fähigkeiten erkennen können, die sehr effektiv zusammenwirken und dabei ein richtiges Fähigkeitenmuster bilden. Ich würde gerne den Versuch machen, das tatsächlich einmal als Muster zeichnerisch darzustellen, wie eine Art von Quilt. Und vielleicht haben Sie Lust, daran mitzuzeichnen. Darf ich Ihnen dazu einen Bleistift geben?"

Klient: „Ich kann aber gar nicht zeichnen."

Berater: „Wenn Sie gleich sehen, wie es um meine zeichnerische Kunstfertigkeit bestellt ist ... Ich fange einfach mal an.
Zum Beispiel berührt mich sehr Ihre emotionale Wärme, mit der Sie von Ihren beiden Kindern erzählt haben. Sind Sie einverstanden, wenn ich das mit einer Sonne symbolisiere?"

Klient: „Tja ..."

Berater: „Und Ihren Kindern gegenüber sind Sie auch bedacht, Kraft und Zuversicht zu zeigen. Ihre Kinder wissen, dass sie mit Ihnen rechnen können. Ich würde dafür gerne einen Baum zeichnen, an den man sich anlehnen kann."

Klient: „Ja, aber ..."

Berater: „Zeichnen Sie einfach mit, wenn Sie mögen! Haben Sie eine Idee, wie man die Fähigkeit darstellen könnte, dass Sie sich all diese Belastungen in Ihrem Beruf nur wenig haben anmerken lassen?"

Klient: „Ich glaube, ich bin sehr pflichtbewusst."

Berater: „... und gehen die Wege, die gegangen werden müssen. Könnte man dafür vielleicht einen Weg zeichnen?"

Klient: „Ich probier's mal."

Berater: „Wenn ich jetzt einen Wegweiser zeichne, haben Sie eine Idee, wofür der stehen könnte?"

Klient: „Irgendein Ziel oder so etwas ..."

Berater: „Genau! Sie haben mit dem, was Sie erzählt haben, deutlich gemacht, dass es verbindliche Ziele in Ihrem Leben gibt – und auch Werte, die Sie von sich fordern und auch von Ihrer Partnerin erwarten."

Klient: „Ehrlichkeit und Offenheit! Vielleicht sollte man das so auf den Pfeil schreiben!"

Berater: „Wenn ich sehe, wie Sie immer mehr bei dieser Zeichnung mit dabei sind, bestätigt sich wieder einmal Ihre Begeisterungsfähigkeit. Dafür zeichne ich jetzt ein Smilie."

Klient: „Das gefällt mir!"

Berater: „Ich erlebe Sie auch als sehr phantasievoll, zum Beispiel wenn es darum geht, mit den Kindern am Wochenende etwas zu unternehmen. Diese Phantasie hat aber auch eine zweite Seite und liefert Ihnen manchmal eher düstere Zukunftsbilder. Ich überlege mir, wie man diese zweiseitige Phantasie zeichnen könnte" (malt Theatermasken).

Klient: „Manchmal verliere ich mich in eine endlose Traurigkeit …"

Berater: „Ich spüre, wie Sie dieses Gefühl gerade wieder einzufangen versucht … Geben Sie mir Ihre Hand! … und wie Sie aber auch wieder zurück finden, doch immer wieder eine Balance herstellen können …" (malt Wippe).

Klient: „Ein Freund hat kürzlich gemeint, dass ich ganz schön mutig sei."

Berater: „Das müssen wir unbedingt zeichnerisch festhalten – ich hab' auch schon eine Idee" (malt Faust).

Klient: „Ich bin überrascht, wieviel jetzt schon zu sehen ist. Das macht wirklich Mut!"

Berater: „Ich denke, wir sollten an diesem „Fähigkeitenteppich" dranbleiben und ihn immer wieder ergänzen, wenn uns beiden wieder etwas deutlich geworden ist."

„Fähigkeitenteppich" zur Visualisierung von Ressourcen

6.3 Positive Konnotation: Ressourcen aktivieren durch „Komplimente"

Klient: „Wenn ich dieses Blatt nächstes Mal wieder mitbringe, kann ich es dann mitnehmen?"

Berater: „Aber klar doch, es sind ja schließlich **Ihre** Fähigkeiten! Und dazu möchte ich Ihnen wirklich gratulieren."

6.4 Eigentlicher Lösungsvorschlag: Das „Briefing" für das Lösungshandeln

Der Lösungsvorschlag als solcher besteht in der Regel aus konkreten Verhaltensanweisungen, und zwar in Form einer „Hausaufgabe" bis zur nächsten Sitzung.

> **!** Hausaufgaben gehören zum essentiellen Repertoire der lösungsorientierten Vorgehensweise!
> Dabei gilt das Minimax-Prinzip: Die Verhaltensvorschläge sollten so einfach und sparsam wie nur irgend möglich sein – dennoch können sie einen Prozess mit wirklich großen Wirkungen in Gang bringen. Entscheidend ist, dass eine Veränderung überhaupt initiiert wird, dass etwas Neues **beginnt**.

Das lösungsorientierte Veränderungsgeschehen, die eigentliche Lösungsrealisation, spielt sich also nicht in den Beratungssitzungen, sondern in der Zeit dazwischen ab – und damit in der tatsächlichen Lebenswelt des Ratsuchenden bzw. des Rathandelnden. Die Beratung selbst stellt praktisch nur das „Briefing" dar.

6.4.1 Zusätzliche motivationale Stimulierung

Im Einzelfall ist eine Akzentuierung des jetzt anstehenden Schrittes und damit eine zusätzliche Motivierung des Klienten für die auf ihn zukommende Veränderungsarbeit noch durch folgende „Vorklärung" möglich.

> **LÖSUNGSINTERVENTIONEN**
> „Angenommen, ich hätte eine Aufgabe für Sie, die mit Sicherheit die Lösung bringen würde – für die Sie aber sehr viel Konsequenz und sehr viel Ausdauer aufbringen müssten, auch Hartnäckigkeit, wenn es zwischendurch mal nicht vorwärts zu gehen scheint – hätten Sie den Mut, sich auf so etwas einzulassen?"

Damit wird der Klient nicht nur auf „harte Arbeit" vorbereitet, also gegen ein vorzeitiges Aufgeben immunisiert. Zugleich wird der Nebeneffekt genutzt, dass schwieriger erreichbare Handlungsziele in der Regel eine größere Attraktivität besitzen und der Klient entsprechend mehr Energien zur Zielerreichung mobilisiert.

6.4.2 Die Präsentation der Hausaufgabe

Die möglichen Inhalte einer Hausaufgabe wurden ja schon in den verschiedenen Kapiteln zur „Lösungsvision" dargestellt (Kap. 5). Es lassen sich folgende fünf Aufgabenkategorien unterscheiden (Wolfgang Eberling et al., 1996):

(1) **Nachdenken** – zum Beispiel über das, was gegenwärtig positiv verläuft und deshalb unverändert bleiben soll;
(2) **Beobachten** – zum Beispiel das, was in den Zeiten der Ausnahme anders ist und insofern als „Baustein" für eine Lösung genutzt werden kann;
(3) **Vorhersagen** – zum Beispiel in welchem Ausprägungsgrad das Problem in den nächsten Tagen variieren wird und sich dabei mehr oder weniger in Richtung „Lösung" verändert;
(4) **So-tun-als-ob** – zum Beispiel als ob das Wunder bereits geschehen und die Lösung schon existent wäre;
(5) **Zielorientiert handeln** – zum Beispiel um mehr von dem zu tun, was funktioniert.

Cheerleading. Die Übermittlung des Lösungsvorschlags sollte dabei durch ein entsprechendes „Cheerleading" unterstützt werden, also zum Beispiel durch eine spezifische Stimmführung (tiefere Stimme, Sprechen mit bedeutungsvollen Pausen), durch Mimik (Anheben der Augenbrauen), durch Gestik (Berühren des Armes des Klienten) usw.

Adaptives Handlungspotential des Beraters. Wenn schon bei der Einleitung der Nachdenkpause der Klient zur (Mit-)Erfindung einer Lösungskonzeption im Sinne der Lösungsverschreibung explizit eingeladen worden war (Kap. 6.2), muss natürlich auch Raum gegeben werden, um die angestellten Überlegungen einschließlich der entwickelten Ideen vorzutragen. Die Aufgabe des Beraters besteht dann darin, mit Hilfe detaillierender Nachfragen und verstärkender Komplimente dafür zu sorgen, dass diese Dinge immer mehr Gestalt annehmen, immer konkreter werden. Entsprechend der situativen Bedingungskonstellation wird zu entscheiden sein, wie der Berater seine eigenen Lösungsideen damit synergetisch verwebt, oder ob er sich auf ein Feedback beschränkt, wie zum Beispiel „Ich bin beeindruckt, wie zielsicher und wie präzise Sie all die Punkte aufgreifen, die auch mir wichtig erscheinen, und was Sie dazu jetzt an konkreten Plänen entwickelt haben. Das sieht alles sehr gut aus …". Gefordert ist ein adaptives Handlungspotential des Beraters und seine generelle Bereitschaft, das, was der Klient von sich aus an Kompetenzen einbringt, für die Schritte hin zu einer Lösung zu utilisieren.

6.4.3 Registrierung von Compliance

Lösungsphysiologie. Ob der Klient die beraterischen Vorschläge akzeptiert, lässt sich nach einer Studie von Steve de Shazer (1989) recht gut an spezifischen nonverbalen Reaktionen zur Aufmerksamkeit abschätzen. Es geht hier um die Beachtung der „Lösungsphysiologie": Entscheidend ist, ob der Klient bei oder nach Erteilung der Aufgabe nicht nur mit dem Kopf nickt (was für sich allein keine Bedeutung hat), sondern auch seine Körperhaltung sichtbar verändert, so dass mehr Vitalität spürbar wird. Wenn darüber hinaus der Augenkontakt gewahrt bleibt sowie die gesamte Mimik „offener" und zugleich „zuwendender" wird, ist die Wahrscheinlichkeit für eine Compliance noch größer. Umgekehrt ist mit Nichterledigung zu rechnen, wenn der Klient etwas anderes als den Berater fokussiert und dabei gar noch die Arme verschränkt. Dann ist davon auszugehen, dass keine responsiv-rezeptive Beziehung begründet wurde, was die Voraussetzung für eine erfolgreiche Veränderungsanstrengung darstellt.

Wenn sich der Berater unsicher in der Interpretation der Reaktionen des Klienten ist, kann eine introspektive Frage sinnvoll sein.

> **LÖSUNGSINTERVENTIONEN**
>
> „Wenn Sie sich diese Aufgabe bewusst vor Augen führen – und nun einmal betrachten, was Ihr Körper dazu sagt, was bemerken Sie dabei am deutlichsten?"

Die Registrierung eines solchen Feedbacks ist wichtig, um den Klienten hinsichtlich seiner Kompetenzen nicht zu überfordern. Ein Abfeuern von Interventionen sowie forcierte Veränderungserwartungen tragen nur zu einer Problemeskalation bei.

6.4.4 Operationalisierung – ganz konkret oder scheinbar unkonkret

Kann man davon ausgehen, dass der Klient den Lösungsvorschlag als solchen akzeptiert hat, gilt es, die weiteren Schritte zu operationalisieren – zum Beispiel in verhaltenstherapeutischer Manier mit Fragen zur „imaginativ-erprobenden Vergegenwärtigung" (Margarita Engberding, 1996).

> **LÖSUNGSINTERVENTIONEN**
>
> ▶ „Wann werden Sie beginnen?"
> ▶ „Was werden Sie vor dem Beginnen sich selbst sagen?"
> ▶ „Wie werden Sie Ihren Partner dafür gewinnen, dass er Sie in dem, was Sie vorhaben, nach seinen Möglichkeiten unterstützt?"

- ▸ „Wie wird der erste Schritt aussehen?"
- ▸ „Was macht Sie sicher, dass Sie es schaffen werden?"
- ▸ „Wie werden Sie sich belohnen, wenn Sie die ersten Fortschritte bemerken?"
- ▸ „In welcher Form wollen Sie die erzielten Ergebnisse für sich und für unsere weiteren Gespräche registrieren?"

Man kann aber auch, in Ericksonscher Manier, alles scheinbar offen lassen und folgendermaßen formulieren:

LÖSUNGSINTERVENTIONEN

„Die Entscheidung für diese Veränderung war jetzt der erste Schritt. Im zweiten Schritt geht es um die Frage, **wann** Sie damit beginnen werden. Und da ist es so, dass manche eine längere Überlegenszeit brauchen und andere sich sofort die Erlaubnis geben damit anzufangen. Es ist nicht nötig, dass Sie sich da jetzt festlegen. Nehmen Sie sich einfach die Zeit, bis Sie wissen, **jetzt ist der richtige Zeitpunkt** – und dann **fangen Sie an** – wieder mit einem ersten, kleinen Schritt."

Dadurch sieht sich der Klient wieder in seiner Eigenverantwortlichkeit und in seinen Kompetenzen respektiert.

6.4.5 Abschluss der Beratungsstunde

Abschlussfrage. Damit ist in der Regel das Ende der ersten Beratungsstunde erreicht. Zur Absicherung kann noch die Frage „nachgeschoben" werden:

LÖSUNGSINTERVENTIONEN

„Gibt es irgendetwas, das wir in unserem Gespräch zu erörtern vergessen haben?"

Zusammenfassung der Vereinbarungen. Sofern der Klient verneint, sollten die getroffenen Vereinbarungen nochmals zusammengefasst werden, möglichst vom Klienten selbst, während dem Berater die Aufgabe zufällt, das Gesagte stichwortartig zu protokollieren, und zwar für den Klienten. Dabei ist eine klientengerechte Formulierung wichtig – inhaltlich wie auch formal. Inhaltlich geht es wieder um die Beachtung der „Erfolgsindikatoren", also dass zum Beispiel die Verhaltensaufgaben in der richtigen Schrittgröße definiert sind („think small steps"). Was das Formale betrifft, kann Vera Birkenbihl als Vorbild gelten, die horizontal spiegelbildlich zu schreiben vermag, zum direkten Mitlesen für den Klienten.

Kompliment. Ein letztes Kompliment unterstreicht nochmals sowohl die kompetente Kooperationsbereitschaft des Klienten als auch die Wichtigkeit der vereinbarten Projekte, zum Beispiel:

> **LÖSUNGSINTERVENTIONEN**
>
> „Sie haben das jetzt so klar und so präzise zusammengefasst, dass ich mir davon gerne eine Fotokopie für meine Unterlagen anfertigen möchte."

Hausaufgabe für den Berater. Vielleicht kann der Berater an dieser Stelle noch eine Hausaufgabe für sich selbst anfügen, zum Beispiel indem er irgendwelche Recherchen zu einem Thema übernimmt, das im Verlaufe des Beratungsgesprächs tangiert worden war. Der Klient wird darin eine komplementäre Kooperationsbereitschaft erkennen können.

> ❗ Zusammenfassend lassen sich folgende **Schritte der „Lösungsunterbreitung"** unterscheiden:
> - Motivationale Stimulierung durch eine „Vorklärungsfrage";
> - Formulierung des Lösungsvorschlags mit angemessenem „Cheerleading";
> - Registrierung von Compliancesignalen;
> - Operationalisierung der ersten Schritte;
> - absichernde Abschlussfrage;
> - Zusammenfassung durch den Klienten mit Protokollierung durch den Berater;
> - Verstärkung durch Komplimente zur Compliance;
> - evtl. Kooperationssignal des Beraters durch eine komplementäre Hausaufgabe für sich.

6.4.6 Fallbeispiel

Ein älteres Ehepaar – er Architekt, sie Pädagogin – berichtet von einer „zunehmenden Leere" in ihrem Zusammenleben und von Gefühlen der „gegenseitigen Vereinsamung", nachdem das letzte Kind das Haus verlassen hat. „Depressives Rückzugsverhalten" lautet die Diagnose des Hausarztes, was beide aber noch hilfloser und noch einsamer macht. Vom Gespräch mit dem Psychologen erhoffen sie sich eine „kreative Kehrtwende", so ihre eigene Formulierung.

Es wurde folgende lösungsorientierte Hausaufgabe gegeben:

„Die Gefühle, die Sie in fast identischer Form miteinander teilen, zeigen etwas **Gemeinsames** an, nämlich dass Sie sich in den vergangenen Jahren mehr für andere und weniger für einander engagiert haben, so dass Sie jetzt, wo Sie wieder mehr Zeit füreinander haben, auch wieder mehr Ideen zu einem intensiveren Miteinander benötigen. Ich möchte Sie also einladen, dass jeder von Ihnen sich gemeinsame Aktivitäten ausdenkt, die dieses Miteinander ausdrücken. Wichtig ist nun aber, dass Sie mit dieser Ideensuche noch nicht heute, sondern erst nach einer 'Vorübung' beginnen.

Darf ich Ihnen diese Vorübung erläutern?

Also, sie besteht darin, dass Sie zusammen einen Plan für einen Museumsneubau zeichnen. Und dieses Museum sollen Sie – auf dem Plan – auch gleich einrichten, natürlich unter Berücksichtigung pädagogischer Gesichtspunkte. Die Ausstellungsobjekte bestehen aus den vielzähligen guten Erinnerungen, die sich aus Ihrem Zusammensein bislang ergeben haben. Die sollen hier – in Ihrem ganz persönlichen Museum – präsentiert werden. Und wie bei jedem Museum wird es dabei ganz großartige Exponate geben, die sehr imposant herausgestellt sind, und es wird auch viele kleine Dinge geben, deren Besonderheit und Schönheit sich einem erst auf den zweiten Blick erschließen. Versuchen Sie zu einer **gemeinsamen** Konzeption zu kommen, wozu sicherlich mancher Abend mit spannenden 'Verhandlungen' ausgefüllt sein wird. Alte Fotoalben, Briefe, Tagebuchaufzeichnungen usw. dürfen dabei zur Sichtung des vorhandenen 'Fundus' herangezogen werden. Und Sie werden Ihre ganze Kreativität einbringen können, wenn es darum geht, die verschiedenen Erinnerungsbilder und -gefühle in eine sprachliche Form zu bringen, vielleicht sogar mit einem Symbol darzustellen. Aber ich denke, dass Sie auf diesem Gebiet wirkliche Experten sind.

Insofern werden Sie auch selbst am besten abschätzen können, wieviel Zeit Sie für die Realisierung dieses Projekts benötigen – bis wir uns dann zu einer richtigen Präsentation wiedersehen. Ich muss Ihnen gestehen, dass ich darauf jetzt schon sehr gespannt bin.

Bei diesem nächsten Gespräch werden wir dann das zweite Projekt beginnen, nämlich gemeinsam zu überlegen, welche Ideen für weitere 'gute Erinnerungen' in diesem Museum noch Platz finden sollten – und wie Sie es anstellen können, zu diesen Erinnerungen, die zuerst natürlich Erfahrungen sind, zu kommen. Aber das können wir ja alles bei unserem nächsten Gespräch noch genauer bereden und planen. Jetzt geht es zuerst einmal um den Museumsneubau. Was schätzen Sie, wird in dieses erste Projekt an Zeit von Ihnen zu investieren sein?"

6.5 Vereinbarung des Folgegesprächs: Lösungsorientiertes Timing der Beratungsfrequenz

Wenn alle Fragen im Zusammenhang mit der „Hausaufgabe" geklärt sind, geht es nun um die Vereinbarung eines Termins für das nächste Beratungsgespräch.

Als Standard gilt: mindestens eine Woche, besser mehr, so dass nicht nur die vereinbarte Hausaufgabe erledigt werden kann, sondern eben auch Zeit bleibt für systemimmanente Neuanpassungsprozesse der kognitiv-emotionalen bzw. der interaktionalen Verhaltensmuster.

Ferner gilt es zu berücksichtigen, dass mit einer großzügigen Zeitvorgabe die Autonomie des Klienten respektiert wird: Beratung soll ihn in der Gestaltung seines Lebens unterstützen – keinesfalls jedoch zur eigenen Lebensaufgabe oder gar zum Lebensmittelpunkt (mit mehreren Kontakten pro Woche) werden.

Und schließlich sollte der Zeitabstand so gewählt werden, dass in der Annäherung an das Folgegespräch eine gewisse Ungeduld beim Klienten entstehen kann und er selbst immer mehr zu diesem Termin drängt.

Neben diesen eher allgemeingültigen Regeln zum Timing von Beratungsfrequenzen hebt Günter Schiepek (1999) noch eine zweite Gruppe von Bedingungsvariablen hervor, die mehr die spezifisch-thematische Konstellation betreffen. Es geht hier um die Berücksichtigung dessen, was zu Beginn des Beratungsgesprächs in einem expliziten oder impliziten Kontrakt zur Art und Weise der psychologischen Unterstützung vereinbart worden ist. Er unterscheidet dabei zwischen folgenden Unterstützungsformen:
▶ „Begleitung" – im Zusammenhang mit gravierenden Lebenskrisen,
▶ „Anleitung" – in Form von Verhaltenstraining,
▶ „Beratung" – zur besseren Nutzung von latenten Ressourcen und
▶ „Therapie" – zur Veränderung von Problemlagen.

Je nach „Thema" empfiehlt er unterschiedliche Zeitplanungen. Zum Beispiel ist „Begleitung" etwas, das kurze Beratungsintervalle und damit eine intensive Beratung nahelegt, dabei jedoch von der Gesamtdauer der Beratung her gesehen eher kurz gehalten werden kann.

Als Drittes gilt es, derartige beraterische Überlegungen und Intentionen zu „synchronisieren" mit den Erwartungen und Vorstellungen des Klienten, und zwar unter Beachtung seiner eigenen „Zeitdynamik", seinem individuellen Veränderungstempo, seinem ganz aktuellen Bedürfnis nach emotionaler und motivationaler Unterstützung durch den Berater.

> **LÖSUNGSINTERVENTIONEN**
>
> „Wann denken Sie, dass es sinnvoll ist, dass wir unser Gespräch fortsetzen?"

> **!** Zusammenfassend lassen sich dann folgende **Kriterien für das Timing von Beratungsfrequenzen** formulieren:
> ▸ Allgemein: mindestens 1 Woche Zeitabstand.
> ▸ Spezifisch: je nach Unterstützungsintensität, wie sie zu Beginn der Beratung (explizit oder implizit) vereinbart worden ist.
> ▸ Individuell: synchronisiert mit dem Zeitempfinden des Klienten.

6.6 Telekommunikative Verstärkung des Lösungsverhaltens

Wenn man davon ausgeht, dass sich die eigentlichen Veränderungsprozesse nicht im Beratungszimmer, sondern in der konkreten Lebenswelt des Klienten vollziehen, ist zu überlegen, inwieweit der Klient auch dort beraterische Unterstützung erfahren sollte, so dass er die konzipierten Lösungsschritte tatsächlich realisiert. Entsprechende Intentionen erscheinen jedenfalls dann naheliegend, wenn das anstehende Lösungshandeln durch spezifische internale und/oder externale Bedingungen erschwert ist, etwa durch eine erhöhte Misserfolgsangst, durch einen ressourcenverarmten Lebenskontext, durch gravierende Lebensereignisse usw.

Man mag in diesem Zusammenhang an eine In-vivo-Begleitung denken, wie sie Verhaltenstherapeuten im Rahmen von Konfrontationsverfahren zur Behandlung von Angststörungen praktizieren. Im beraterischen Arbeitsalltag werden solche invasiven Methoden aber wohl nur selten zur Anwendung kommen. Hier bieten sich eher „telekommunikative Kontakte" an. In erster Linie ist dabei an telefonische Rücksprachen mit dem Klienten zu denken – sei es, dass der Berater auf diese Weise Informationen nachreicht, oder dass mit dem Klienten systematische „Erfolgsmeldungen" vereinbart wurden. Genausogut lassen sich aber auch „literarische Mittel zu therapeutischen Zwecken" nutzen – so der Untertitel eines von Michael White und David Epston 1990 veröffentlichten Therapiemanuals. Es geht hier um „therapeutische Briefe". Auf dieses lösungsunterstützende Medium soll nun näher eingegangen werden.

6.6.1 Briefe, die etwas „vertiefen"

Im einfachsten Fall intendiert ein solcher Brief die Vertiefung des Rapports, wobei ein verstärktes Vertrauen des Klienten in die Beziehung zum Berater generalisiert werden soll auf ein verstärktes Vertrauen des Klienten zu sich selbst: „Wenn ich jemandem so wichtig bin, dass er sich Zeit für einen Brief nimmt, dann muss ich tatsächlich wichtig sein!"

Diese Intention gilt es natürlich immer abzuwägen gegenüber dem Risiko, dass der Klient so etwas auch als ein unangemessenes Eindringen in seinen privaten Lebensbereich interpretieren kann.

> **BEISPIEL**
>
> Liebe Frau D., sozusagen als Nachtrag zu unserem Gespräch möchte ich Ihnen noch sagen, dass mich die Ernsthaftigkeit und Vitalität, mit der Sie die Gestaltung Ihrer beruflichen Zukunft angehen, sehr beeindruckt – zumal ich weiß, dass Sie sich auch von Schwierigkeiten nicht entmutigen lassen. Für Außenstehende mögen diese Ideen wie ein Traum anmuten, aber Sie wissen, dass es wichtig ist, einem solchen Traum ganz bewusst einen Platz in Ihrem Leben einzuräumen. Darin sehe ich ein achtsames Umgehen mit den eigenen Gedanken, Gefühlen, Hoffnungen …
> Jetzt am Übergang zum neuen Jahr wünsche ich Ihnen für 2000 viele Augenblicke der Erfüllung. Seien Sie in diesem Sinne ganz herzlich gegrüßt.

6.6.2 Briefe, die etwas „festhalten"

Ein Brief kann auch dazu genutzt werden, den **Beratungsverlauf** zu dokumentieren. Das, was der Berater normalerweise für sich notiert, wird hier dem Klienten sozusagen schwarz auf weiß in die Hand gegeben – als „Beleg" für die neuen, lösungsorientierten Perspektiven.

Dazu gehört ferner die Beschreibung der verfügbaren **Ressourcen** des Klienten – solche, die er schon nutzt, und solche, die er noch nutzen wird. Unter Umständen können diese Ressourcen auch direkter Adressat eines Briefes sein, indem der Berater ihnen für die Mithilfe bei der Problemlösung besonders dankt.

Die dritte „Zutat" stellen wieder „**Komplimente**" dar.

> **BEISPIEL**
>
> Ein Beispiel für einen solchen Brief ist das folgende Gutachten, das als Ergebnis einer eignungspsychologischen Untersuchung (im Rahmen einer Berufsberatung) erstellt und dem betreffenden Jugendlichen als Kopie zugeschickt wurde:
>
> Johann K. besucht die 10. Klasse der Realschule, wird also nächstes Jahr mit der Mittleren Reife abschließen. Er steht nun vor der Entscheidung, wie er seine berufliche Zukunft gestalten will. Einerseits empfindet er dies als eine

sehr schwierige Situation, andererseits zeigt er sich sehr offen und flexibel, hat schon verschiedene Überlegungen dazu angestellt, auch wenn er in seiner ruhigen, ernsten und nachdenklichen Art nicht sehr viele Worte darüber verliert. Für mich ergibt sich der Eindruck, dass er sehr verantwortungsbewusst mit dieser Situation umgeht und sich die Entscheidung nicht leicht macht. Dies betrifft zum Beispiel auch seine Reaktion auf die (unausgesprochenen) elterlichen Erwartungen, dass er schulisch vielleicht doch mehr leisten könnte, als es im gegenwärtigen Notenstand zum Ausdruck kommt. Selbstkritisch räumt Johann ein: „Ich bin zu faul." Von da aus erscheint es ihm dann naheliegend, nach Schulende in eine berufliche Qualifikation einzusteigen – und eben nicht weiter „faul" in der Schule herumzusitzen.

In einem Interessenfragebogen signalisiert er dazu stärkere Neigungen in Richtung eines kontaktorientierten Arbeitens, allerdings weniger im Sinne eines pädagogischen oder sozialen Engagements, als vielmehr hinsichtlich einer Teamarbeit, wo er Verantwortung übernehmen kann, vielleicht sogar in eine Führungsposition hineinwächst usw. Inhaltlich wäre zu überlegen, inwieweit die ausgeprägten technischen und physikalischen Interessen sich für eine entsprechende Berufsplanung nutzen lassen. Dabei könnte Johann dann sicherlich die hohe Bereitschaft zu einer genauen, präzisen Arbeitsweise einbringen, so dass mehr an etwas „Tüftlerisches", weniger an den reinen Produktionsbereich zu denken wäre. Mir erscheint noch die Idee bedenkenswert, ob vielleicht eine Kombination aus der sozialen Orientierung einerseits und den technischen Intentionen andererseits für Johann attraktiv sein könnte. Ich denke hier an einen Beruf wie zum Beispiel den des Orthoptisten.

Wenn man die Leistungsergebnisse sich anschaut, die Johann im Rahmen der eignungspsychologischen Untersuchung erzielt hat, ergibt sich allerdings nochmals eine ganz andere Möglichkeit der Zukunftsplanung: Danach nämlich ist Johann eine hervorragende intellektuelle Befähigung zu bestätigen, mit der er selbst den Standard von Realschülern deutlich übertrifft! Er beeindruckt durch eine rasche geistige Auffassung, ein flexibles Denken sowie eine sehr gute kognitive Verarbeitungskapazität. Komplexe Aufgabenstellungen, die mehrere aufeinander aufbauende Denkschritte und das systematisch-logische Kombinieren von Informationen erfordern, sind ganz klar die Stärke von Johann. Den von ihm hier erzielten Leistungsstatus treffe ich in dieser Höhe nur gelegentlich bei sehr guten Abiturienten an! Und es gibt sogar noch einen zweiten Begabungsschwerpunkt, mit dem Johann wiederum seine Alters- und Bildungsgruppe weit übertrifft, nämlich die Fähigkeit, zeichnerische Darstellungen in räumliche Vorstellungsinhalte umzusetzen – etwas, was spezifisch in technischen Berufen eine wichtige Rolle spielt.

Die übrigen Leistungsdimensionen, wie zum Beispiel sprachliches Denken, das Operieren mit Zahlen, die Merkfähigkeit oder die praktische Intelligenz entsprechen in gutem Maße dem Niveau von Realschülern.

> Die Frage ist nun natürlich, was man mit diesen beeindruckenden Ergebnissen, zu denen man Johann nur gratulieren kann, anfangen will. Johann selbst reagiert zurückhaltend, obwohl ihm anzusehen ist, dass ihm viele Gedanken durch den Kopf gehen. Vielleicht befürchtet er die Schlussfolgerung: „Du könntest ja tatsächlich in der Schule zu besseren Noten kommen!" – oder gar: „Du könntest ja schulisch weitermachen!"
> Ich halte es jedoch für problematisch, derartige Einladungen auszusprechen. Es bestünde einfach die Gefahr, dass sich Johann zu etwas gedrängt fühlt, das er nicht selbst entschieden hat. Gerade in seiner verantwortungsbewussten Art ist es ihm wichtig, selbst über die Dinge zu bestimmen. Und gerade angesichts der außergewöhnlichen intellektuellen Befähigung ist er dazu auch gut in der Lage!
> Insofern beschränken wir uns in unserem Gespräch auf die Überlegung, wie ein Außenstehender es denn überhaupt merken könnte, wenn er sich, einfach mal angenommen, dafür entschieden hätte, von seinen intellektuellen Fähigkeiten mehr Gebrauch zu machen. Seine spontane Reaktion: Dann würde er nachmittags noch zu einer Zeit in seinem Zimmer sitzen und lernen, zu der er sonst mit irgendwelchen Außenaktivitäten beschäftigt wäre. Ich warne aber gleich wieder vor übereilten Entschlüssen, gebe Johann statt dessen die Empfehlung, über alles nochmals gut nachzudenken und so die Zeit bis zum Folgegespräch mit dem Berufsberater gut zu nutzen. Ich selbst bin natürlich gespannt darauf, wie Johann sich entscheiden wird. Vielleicht findet er einen Weg, mich das wissen zu lassen. Und um ihm meine Neugierde mitzuteilen, schicke ich ihm eine Kopie dieses Ergebnisberichts.

Ein weiteres Beispiel für einen dokumentierenden Brief stellt die „Begutachtung" einer Studentin dar, die einen Studienfachwechsel vorgenommen hat und nun eine Absicherung durch einen Eignungstest sucht.

BEISPIEL

> Frau W. hat sich inzwischen für den Studiengang „Informatik" entschieden – und auch bereits die Erfahrung gemacht, dass die logische Thematik einerseits, der klar strukturierte Studienbetrieb andererseits und die kontinuierlichen Leistungsrückmeldungen als drittes ihr einfach „gut tun", nachdem sie sich zuletzt in ihrem Germanistik-Studium zu verlieren schien.
> Aber auch von der Begabungsstruktur her gesehen, wie sie im Test ermittelt wurde, kann ich ihr nur gratulieren: Sie verfügt sowohl über hervorragende verbale Fähigkeiten als auch über eine hohe logisch-kognitive Verarbeitungskapazität – und das vor dem Hintergrund wirklich überragender intelligenzstützender Dimensionen (wie Konzentration, Arbeitstempo, Gedächtnis).

> Damit wird dieses „Sich-Verlieren" besser verständlich: Frau W. läuft bei einem unstrukturierten Bildungsangebot leicht Gefahr, sich einerseits mit all ihren guten kognitiven Kompetenzen einschließlich ihrer sehr hohen Leistungsmotivation zu verausgaben und andererseits ohne kontinuierliche Leistungsrückmeldung quasi ins Gegenteil einer apathischen Mutlosigkeit zu fallen und dann begonnene Projekte nicht zu Ende zu bringen.
>
> Letztlich kann meines Erachtens die Lösung aber nicht darin bestehen, jetzt nach „nur Germanistik" nun „nur Informatik" zu studieren. Vielmehr wird es wichtig sein, beide Begabungsaspekte gleichzeitig zu würdigen und konzeptionell in einer Integration synergetische Energien freizusetzen. Wir orientieren uns an dem Bild, dass Frau W. von ihren Fähigkeiten her eben **mehrere** „Sprachen" beherrscht, insofern Kosmopolit ist und so besondere Eignung für eine Schnittstellenposition mitbringt – zum Beispiel als Dozentin für Informatikanwender, als Medienautorin, als Professorin an der Universität usw.
>
> Überhaupt scheint mir das Wort „Integration" ein gutes Motto für die weitere persönliche Entwicklung von Frau W. abzugeben. Dabei möchte ich ihr wünschen, dass sie ihrer differenzierten Emotionalität noch breiteren Zugang zu ihrem Bewusstsein erlaubt. Auch hier sehe ich dann Fähigkeiten zu einer Schnittstellenposition, um später zum Beispiel sich förderlich in ein Arbeitsteam einbringen zu können, und zwar gleichermaßen intellektuell als auch empathisch. Da sie diesen Sachverhalt aber längst selbst erkannt hat und daran bereits arbeitet, bleibt mir wiederum nur, ihr zu all diesen guten Dingen zu gratulieren.

6.6.3 Briefe, die etwas „nachtragen"

Briefe lassen sich aber auch dazu nutzen, um mit aller Behutsamkeit der schriftlichen Formulierung dem Klienten erweiterte Überlegungen mitzuteilen und ihm so neue Perspektiven zu eröffnen. Ferner lässt sich bislang Unausgesprochenes aufgreifen mit dem Versuch, es dialogfähig zu machen.

Beim folgenden Fallbeispiel wurden zur Veranschaulichung noch zwei Kunstpostkarten beigelegt – eine von Piet Mondrian, die eine einfache, geometrisch konstruierte Komposition aus mehreren Rechtecken mit den drei Grundfarben Rot, Blau und Gelb darstellt („Komposition"), und eine von Johannes Itten mit dem Titel „Erinnerung", die viele verschiedene Farbflächen mit unterschiedlichsten Farbnuancen und unterschiedlichsten Formen zeigt und dabei Wärme und Lebendigkeit ausstrahlt. Es geht um einen jungen Mann, der aus medizinischen Gründen sich beruflich neu orientieren muss und dabei die auf ihn zukommenden Anforderungen bis in alle Details hinein phantasiert. Reaktiv dazu werden die Misserfolgsängste immer größer.

> **BEISPIEL**
>
> Lieber Michael U., ich möchte mich für das Gespräch mit Ihnen bedanken, bei dem ich wieder dieselbe Sensibilität erleben konnte, die mich schon bei der ersten Begegnung beeindruckt hat. Das ist etwas sehr Wertvolles, und ich wünsche Ihnen, dass Sie sich diese bewahren können – nicht nur für Ihre wichtige Arbeit, die gerade ansteht, sondern auch für Ihren privaten Lebensbereich.
> Nun möchte ich mein Versprechen einlösen und Ihnen die beiden Bilder schicken, die genau das ausdrücken, was ich Ihnen als Botschaft aus meiner Sicht mitgeben wollte:
> Es gibt Menschen, für die ist das ganze Leben klar strukturiert. Und entsprechend leicht ist es für sie, sich darin zu orientieren, Entscheidungen zu treffen und genau zu wissen, was ihnen gut tut. Manchmal hat man geradezu den Eindruck, dass sie ihr Leben wie mit dem Lineal entwerfen und entsprechend geradlinig durchmarschieren.
> Und es gibt Menschen, die in ihrem Erleben sensibler reagieren und dadurch mehr Dinge wahrnehmen, über mehr Dinge sich Gedanken machen, für sich und für andere mehr Verantwortung übernehmen, Entscheidungssituationen mit mehr Komplexität verarbeiten, dabei auch mehr die Vergangenheit und mehr die Zukunft bedenken, mehr an Gefühlen zulassen – Gefühle der Verbundenheit, der Überraschung, der Irritation, der Neugierde, der Angst, der Hoffnung, des Glücks … Menschen, die aus meiner Sicht ein bisschen mehr Lebendigkeit in sich tragen – und deren Wege manchmal etwas verschlungener sind …
> Seien Sie in diesen Gedanken herzlich gegrüßt!

6.6.4 Briefe, die Beratung fortsetzen

Und schließlich können Briefe in suggestiver Absicht geschrieben werden, wobei Aussagen als „Einsagen" fungieren. Das folgende Beispiel soll den Klienten für eine entsprechende „Induktion" vorbereiten, das heißt, er soll selbst entscheiden, ob er mehr Einfluss seitens des Beraters haben möchte.

> **BEISPIEL**
>
> Sehr geehrter Herr M., heute hatte ich ein Beratungsgespräch, bei dem ich oft an Sie denken musste, vor allem in Erinnerung an unseren letzten Kontakt. Ich habe mich gefragt, ob Sie vielleicht sogar von den Erfahrungen, die dieser Klient gemacht und von denen er erzählt hat, irgendwie profitieren könnten. Da ich weiß, dass Sie gegenüber neuen Ideen aufgeschlossen sind und sich mutig auch immer wieder darauf einlassen Neues konkret auszu-

probieren, habe ich diesen Klienten gefragt, ob ich an jemanden anderen seine Geschichte weitergeben dürfte. Er hat spontan ja gesagt, schien sogar erfreut darüber, dass seine Erfahrungen nicht nur für ihn selbst nützlich sein könnten. Andererseits befürchte ich nun aber, dass ich Sie damit zu sehr beeinflussen und irgendwie davon abhalten könnte, Ihren Weg genau in der Weise weiterzugehen, wie Sie das in so bewundernswert konsequenter und erfolgreicher Weise tun. Entschuldigen Sie bitte diesen vielleicht etwas wirren Brief. Aber wenn ich in den nächsten Tagen eine Nachricht von Ihnen in meinem Briefkasten finden würde, dann würde mich das doch sehr freuen – ob so oder so! Ich wünsche Ihnen alles, alles Gute! Bis zu unserem nächsten Gespräch.

Hier ein Beispiel für „Mut machen":

> **BEISPIEL**
>
> Liebe Frau K., eben habe ich in einem Lyrikband von Hilde Domin gelesen und bin dabei auf eine Stelle gestoßen, die mich spontan an unser letztes Gespräch erinnert hat. Darf ich Ihnen dieses kurze Gedicht schenken?
>
> „Nicht im Stich lassen,
> sich nicht und andere nicht,
> das ist die Mindestutopie,
> ohne die es sich nicht lohnt,
> Mensch zu sein."

Manchmal ist es auch so, dass der Klient selbst die besondere Kommunikation über Briefe aufnimmt und sich dann ein richtiger Briefwechsel ergibt. Hier als Beispiel die Erwiderung auf einen ausführlichen Brief einer Studienanfängerin, die von ihrem neuen Studienort und ihren ersten Studienerfahrungen (in einem Doppelstudium!) berichtet hatte; vorausgegangen waren mehrere Beratungsgespräche zur Studienwahl bzw. zur Absicherung der getroffenen Entscheidung.

> **BEISPIEL**
>
> Liebe Christine K., seit einem Monat wartet Ihr Brief nun schon auf eine Antwort. Bitte seien Sie mir nicht allzu böse, dass ich nicht früher dazu gekommen bin. Andererseits haben auch Sie ein bisschen Schuld daran: Das ist ein ebenso langer wie faszinierender Brief von Ihnen, dass ich gar nicht weiß, wie ich dem gerecht werden kann. Außerdem hat mich Ihr flüssiger Schreibstil sehr beeindruckt (was natürlich Ihren sprachlichen Bega-

bungsschwerpunkt wieder einmal bestätigt). Und nicht zuletzt fühle ich mich durch das Vertrauen berührt, das in all Ihren Schilderungen zum Ausdruck kommt – dafür und für all die vielen Informationen ein ganz herzliches Danke!

Ich sehe und spüre, mit wieviel Elan Sie in H. gestartet sind und wie offen Sie all die neuen Eindrücke in sich aufnehmen. Das ist eine besondere Fähigkeit! Auf der anderen Seite ist es natürlich auch so, dass jede Fähigkeit eine besondere Verantwortung mit sich bringt, in diesem Fall die Verantwortung, seine Kräfte gut einzuteilen. Aber das wissen Sie ja längst. Und doch gibt einem das Leben immer wieder die Möglichkeit, längst schon Gewusstes durch wiederholte Erfahrung gegen das Vergessen zu schützen.

Die Intention, sozusagen zwei Studiengänge gleichzeitig zu studieren, ist da natürlich eine ganz schöne Herausforderung und bietet sicherlich oft die Chance, sich im „Sich-Zurücknehmen" zu üben. Ihre Schrift (die ich als sehr schön und sehr schwungvoll empfinde) signalisiert mir jedoch, dass da sehr viel Kraft in Ihnen ist. Ich überlege mir gerade, ob Sie diese Kraft gelegentlich auch nutzen, um sich selbst etwas Gutes zu tun. Ihr Brief gibt da erstaunlicherweise wenig her. Doch, ganz am Anfang, wo Sie berichten, dass Sie sich ein Fahrrad gekauft haben. Da könnte man sich der Phantasie hingeben, dass Sie damit auch mal einen Ausflug machen – und sei es auch nur in ein gemütliches Café oder so. Ich „befürchte" allerdings, dass dieses Fahrrad ausschließlich im Dienst des Studiums gebraucht wird. Wenn Sie jetzt lautstark widersprechen, dann würde ich mich sehr freuen! Und wenn nicht, dann müssen Sie jetzt zur Strafe 1. mir sofort einen Brief schreiben – einige Zeilen genügen, denn die Hauptsache folgt jetzt: 2. diesen mit dem Fahrrad gleich zur Post bringen und 3. auf dem Heimweg eine kurze Pause in einem Café einlegen (wenn Sie mir den Rechnungsbeleg schicken, werde ich für die Kosten natürlich aufkommen)!

Jetzt weiß ich nicht, ob ich mich mehr über Ihren Widerspruch oder mehr über die Vorstellung freuen soll, dass Sie Kaffee und Kuchen genießen und ein bisschen in einer Illustrierten blättern oder sich mit jemandem nett unterhalten.

Für den Fall, dass zufällig weder Gesprächspartner noch Illustrierte „greifbar" sind, lege ich Ihnen etwas zum Lesen bei, einen Artikel aus der Zeitschrift „Psychologie heute": „Glück ist keine Glückssache" (Heiko Ernst, 1997).

Ich bin gespannt darauf, wieder von Ihnen zu hören. Seien Sie bis dahin herzlich gegrüßt.

Übrigens hat sich Frau K. für den erhaltenen Brief bedankt – und ihrerseits ein Gedicht von Hilde Domin beigelegt:

„Nicht müde werden
sondern dem Wunder
leise
wie einem Vogel
die Hand hinhalten."

Und eine andere Klientin, die nach einem Seminar („Neue Kompetenzen entdecken") eine Anstellung gefunden hat, schreibt:

„Ich hab' letzte Woche zu meiner Freude eine Stelle in Konstanz gefunden. Im September geht's los. Ich werde sicherlich das schöne Tübingen vermissen, aber:

'Und jedem Anfang wohnt ein Zauber inne,
der uns beschützt …' (Hermann Hesse)."

Solche Antworten bedeuten eine dialogische Erweiterung und dadurch eine beiderseitige Bereicherung in einer Begegnung, die – in Ergänzung zum eher komplementären Beratungsgespräch – durch mehr Similarität bestimmt ist. Und diese Similarität bietet zugleich andere und neue Möglichkeiten des Umgangs mit dem Problemthema sowie der Konzeption von Lösungsverhalten.

6.6.5 Beratung über die neuen Medien („e-Beratung")

Eine faszinierende Erweiterung und zugleich Spezifizierung des brieflichen Dialogs mit Klienten ergibt sich durch die neuen Medien (Nicola Döring, 1999), und dabei insbesondere durch elektronische Briefe, die E-Mails. Auf den ersten Blick mag man den Unterschied zur traditionellen „Snail-mail" nur in der Art der Übermittlung sehen, tatsächlich jedoch hat die Unmittelbarkeit der Kommunikation auch inhaltliche Veränderungen gebracht. Ich-Aussagen wie auch Du-Botschaften kommen leichter über die Tasten als mit den „in Tinte geronnenen Worten". Man schreibt einfach mal so, aus der Situation heraus, kurz zwischendurch – und formuliert entsprechend spontan, notizenhaft, auf wenige Sätze beschränkt. Oft geht es um nicht mehr als ein Lebenszeichen – „Hallo, ich bin da, bist Du auch da?" – selten um tiefgründige Reflexionen. Das Bewusstsein, dass man beliebig viele Mails am Tag versenden kann und dabei auch noch in einer Sekunde weltweite Distanzen überwindet, vermittelt zugleich eine gewisse emotionale Nähe.

Genau diese Mischung aus „Flüchtigkeit" und emotionaler Nähe lässt sich natürlich auch für den lösungsorientierten Beratungsprozess nutzen – nicht um Großes zu verändern, sondern um „Andeutungen" zu machen: Ideen säen, kognitive Spotlights setzen, Bedeutungen streuen, Emotionales anstoßen, zum Träumen bringen … Solche multimodalen Impulse können sowohl den bisherigen Lösungsprozess vertiefen/verstärken, als auch den Klienten gezielt auf das nächste Beratungsgespräch vorbereiten.

> **BEISPIEL**
>
> - Hallo Soni F., schauen Sie doch mal aus dem Fenster! Dieser wunderschöne Abendhimmel lädt geradezu zum Träumen ein. Ich erinnere mich, wie Sie bei unserem letzten Gespräch von Ihren Träumen erzählt haben – und wie Sie erste Schritte der Umsetzung unternehmen wollten. Ich wünsche Ihnen viel Erfolg dabei!
> - Hallo Herr P., gerade kam mir die Idee, dass ich Ihnen nochmals sagen sollte, wie sehr mich Ihre Begeisterungsfähigkeit, mit der Sie sich auf neue Herausforderungen einlassen, begeistert. Ich glaube, jetzt haben Sie mich mit dieser besonderen Fähigkeit sogar ein wenig angesteckt!
> - Hallo Wichard, könnte es sein, dass ich vergessen habe, Ihnen meine Bewunderung dafür auszudrücken, mit welcher Umsicht und welcher Genauigkeit Sie den Arbeitsplan für die jetzt beginnende Woche ausgearbeitet haben?
> - Liebe Barbara K., darf ich Ihnen heute etwas schenken, etwas ebenso Ungewöhnliches wie ganz Gewöhnliches? Ich möchte Ihnen heute eine Farbe schenken – Ihre Farbe, Sie wissen, welche ich meine. Und nun lassen Sie sich überraschen, wo überall im Verlaufe des Tages Ihnen Ihre Farbe begegnet – und wie Sie diese Begegnung als Geschenk annehmen.
> - Hallo Anke B., ich möchte Ihnen gerne für den Tag heute einen Gedanken mitgeben, der Sie 24 Stunden lang (und wenn Sie mögen, auch länger) begleiten soll. Vielleicht wird er die Dinge ein wenig verändern – und vielleicht auch ein wenig Sie selbst. Es handelt sich um eine Zeile aus einem Gedicht von Erich Fried: „Es ist, wie es ist, sagt die Liebe."
> - Hallo Lutz A., manchmal gibt es Zufälle, die keine sind. Können Sie sich vorstellen, dass Ihnen solch ein unzufälliger Zufall heute begegnet? Lassen Sie sich einmal überraschen! Ich wünsche Ihnen, dass Sie von Ihrer so liebenswerten Offenheit und Neugierde Gebrauch machen können, um so etwas heute wahrzunehmen.
> - Lieber Jürgen J., in unserem letzten Gespräch haben wir ja intensiv über Ihre besondere Fähigkeit gesprochen, wie Sie ... Ich war und bin sehr beeindruckt. Erinnern Sie sich noch? Ich wünsche Ihnen für den heutigen Tag, dass Sie dieses Bewusstsein von Ihrer besonderen Stärke und Kompetenz, über den Tag verstreut, immer wieder in sich wachrufen können – und dabei das Gefühl genießen, das sich **jetzt** gerade in Ihnen ausbreitet.

Man kann aber auch das World-Wide-Web nutzen und den Klienten beispielsweise auf bestimmte Internetseiten einladen, die irgendwelche für ihn relevante

Informationen anbieten, zum Beispiel zur Seite „www.zeitzuleben.de". Ein weiteres riesiges Angebot bilden die Selbsthilfeforen oder die professionellen Onlineberatungen. Um sich in diesem Informationsdschungel durchzufinden, stellt zum Beispiel ein Buch wie das von Thomas Krüger und Joachim Funke (1998), „Psychologie im Internet", eine große Hilfe dar.

7 Vierte Beratungsphase: Lösungsevaluation

An dieser Stelle beginnt eine neue Gesprächsrunde mit dem Klienten, die zweite Sitzung. Auch inhaltlich beginnt Neues. Es geht jetzt um die Identifizierung und wertschätzende Bewertung dessen, was sich in der direkten oder auch indirekten Folge des ersten Beratungsgesprächs an förderlichen Veränderungen im Leben des Klienten ereignet hat: Lösungsevaluation.

> **!** Es gilt dabei das Motto: Etwas hat sich immer verändert – und: Etwas ist immer zu etwas nütze!

7.1 Das Folgegespräch: Fokussierung der Verbesserungen

Der hauptsächliche Unterschied zwischen dem ersten Beratungsgespräch und allen folgenden Sitzungen besteht darin, dass nun im Prinzip keine Notwendigkeit mehr besteht, auf das Problem einzugehen. Jetzt kann sich der Berater voll und ganz darauf konzentrieren, die Veränderungen, wie sie durch die Hausaufgabe (oder auch durch irgendwelche anderen Umstände) bewirkt wurden und die den Anfang einer Erfolgsgeschichte darstellen, genau und detailliert zu untersuchen – aber nicht mit der lehrerhaft prüfenden Frage: „Wie ging es mit den Hausaufgaben?", sondern gleich mit der Fokussierung der Verbesserungen (ganz gleich, wodurch diese bewirkt wurden). Ab der zweiten Stunde wird deshalb aus der „lösungsorientierten Beratung" die „verbesserungsfokussierte Beratung".

LÖSUNGSINTERVENTIONEN

- ▶ „Was ist seit unserem letzten Treffen besser geworden?"
- ▶ „Was ist inzwischen geschehen, von dem Sie möchten, dass es weiterhin in dieser Weise geschieht?"
- ▶ „Was hat sich seither schon an Positivem entwickelt, so dass Sie jetzt das Gefühl haben, einen Schritt weiter zu sein?"
- ▶ „Was von dem, das sich seit unserem letzten Gespräch verändert hat, halten Sie für am wichtigsten?"

Wenn man Klienten beispielsweise danach befragt, ob sie nach der „Standardintervention der ersten Stunde" (Kap. 5.3.4) tatsächlich etwas Positives beobachten konnten, werden viele das bestätigen. Steigt man jedoch direkt mit der Frage ein, was an Positivem zu beobachten war, ergibt sich eine deutlich größere „Compliance": In einer Studie von Steve de Shazer et al. (1986) berichteten über 90% der Klienten, dass sie etwas Neues entdeckt hätten, das ihnen bislang nicht bewusst gewesen sei.

Sollte dem Klienten – wider Erwarten – nichts an positiven Veränderungen spontan einfallen, können folgende Nachfragen hilfreich sein:

LÖSUNGSINTERVENTIONEN

- „Was war denn der beste Tag der letzten Woche?"
- „Angenommen, die Zahl 10 entspricht dem Zustand, den Sie für sich und Ihr Leben wünschen, und die 1 dem Zustand, als wir zu arbeiten angefangen haben, wo würden Sie sich da heute auf der Skala einstufen?"
- „Wenn Sie sich wie ein Detektiv auf die Suche nach Positivem machen würden, was könnten Sie da vielleicht doch finden?"

Es ist wichtig, jede positive Veränderung zu beachten („Und was war noch?"), sie mit Anteilnahme zu registrieren („Wirklich? Sagen Sie das noch einmal!") und dazu ebenso neugierig wie begeistert möglichst viele Details zu recherchieren, um sich so immer mehr in den Veränderungsprozess hineinzufragen und den Klienten mit bestätigenden Rückmeldungen in seinem Kompetenzgefühl zu stärken. Selbst kleinste Veränderungsschritte werden als Beweis dafür hervorgehoben, dass dieser Veränderungsprozess, der einen Lösungsprozess darstellt, in Gang gekommen ist. Und wenn der Klient erst einmal selbst überzeugt ist, dass sich tatsächlich etwas verändert, ist es nur ein kleiner Schritt zu der Erkenntnis, dass er es ist, der verändert.

LÖSUNGSINTERVENTIONEN

- „Erzählen Sie mir mehr darüber, ich finde das äußerst spannend!"
- „Wann war das zum ersten Mal so?"
- „Wie sind Sie darauf gekommen, es gerade so zu machen?"
- „Was geschah vorher und was danach?"
- „Was hat zum Gelingen beigetragen?"
- „Wie hat sich das weiter positiv ausgewirkt?"
- „Über was haben Sie sich dabei am meisten gefreut?"
- „Was sagt Ihnen das über Ihre Problemlösefähigkeiten?"
- „Was wissen Sie jetzt, was Sie vorher nicht gewusst haben?"

7.1.1 Ein Breitbandscreening der Veränderungen

BASIC-ID. Um sich als Berater selbst über die Vielzahl von möglichen Fokussierungsaspekten bewusst zu werden, kann man sich am System der Verhaltensmodalitäten von Arnold Lazarus (2000) orientieren. Es bietet sich geradezu als „Checkliste" an, um in einem Prozess des „Tracking" (Spurensuche, Nachspüren) wirklich allen Veränderungen nachzugehen, sozusagen alle Ecken auszuleuchten, alle Eventualitäten für möglich zu halten und ein Breitbandscreening der Veränderungen durchzuführen. Lazarus beschreibt menschliches Verhalten unter sieben Beobachtungs- bzw. Analysedimensionen:

- **B**ehavior: wie jemand handelt,
- **A**ffect: wie jemand fühlt
- **S**ensation: wie jemand wahrnimmt,
- **I**magery: wie jemand visualisiert,
- **C**ognition: wie jemand denkt,
- **I**nterpersonal: wie jemand interagiert,
- **D**rugs: was jemand (an chemischen Wirksubstanzen) konsumiert, in sich aufnimmt – was hier allerdings zu einem „Verhalten sich selbst gegenüber" im Sinne von Selbstkommunikation oder „Intra-Agieren" verallgemeinert werden soll.

Aus den Anfangsbuchstaben dieser Verhaltensmodalitäten ergibt sich das leicht zu merkende Akronym „BASIC-ID". Mit dieser quasi erweiterten Landkarte kann der Berater nun möglichst viele Verhaltensänderungen in möglichst vielen Verhaltensdimensionen ausfindig machen.

> **LÖSUNGSINTERVENTIONEN**
>
> - „Angenommen, wir hätten Ihren Tagesablauf an einem beliebigen Tag vor etwa vier Wochen per Video dokumentiert – und dasselbe gestern nochmals gemacht. Wenn ich mir diese beiden Videos nun anschauen würde, und das bei abgedrehtem Ton: Was könnte ich da an Verhaltensänderungen zwischen den beiden Aufnahmezeitpunkten bemerken?"
> - „Wenn man sich anders verhält, sich also mit einem neuen 'Output' präsentiert, stellt sich oft auch ein neuer 'Input' ein. Was hat sich in der Art und Weise, wie Sie Ihre Umgebung wahrnehmen, verändert?"
> - „Veränderungen im 'Hier und Jetzt' laden oft auch zu neuen Vorstellungsbildern bezüglich eines 'Morgen und Übermorgen' ein. Haben Sie vielleicht auch den Anfang von neuen Ideen oder Visionen bei sich entdeckt? Oft stellen Leute auch neue Inhalte in ihren Phantasien und ihren Tagträumen fest."
> - „Manchmal beginnen Veränderungen nicht direkt mit einem neuen Verhalten, sondern mit einem anderen Denken – vor allem bei Kopfmen-

> schen. Das heißt, es verändert sich etwas beim inneren Selbstgespräch, wenn es um Ansichten, Einstellungen, Überzeugungen, Werthaltungen, Idealen geht. Oft beginnt so etwas mit ganz kleinen Veränderungen, die dann aber wachsen. Was haben Sie da an Veränderungen bei sich beobachten können?"
> - Manchmal nehmen wir solche Veränderungen erst dann wahr, wenn andere uns so etwas zurückmelden, uns darauf aufmerksam machen – sei es, dass sie das direkt ausdrücken oder dass sie einfach anders auf uns reagieren. Was haben Sie in dieser Hinsicht beobachten können?"
> - „Wenn wir uns anderen gegenüber anders verhalten, gehen wir meist auch anders mit uns **selbst** um. Was fällt Ihnen hierzu ein, wenn Sie sich auf diese Beobachtungsperspektive einmal einlassen?"

7.1.2 Identifizierung der relevanten Ressourcen

Mit all diesen – in **horizontaler** Hinsicht – erweiternden Fragen zu den vielfältigen Möglichkeiten von Veränderung geht es aber gleichzeitig um eine erweiternde Klärung in **vertikaler** Dimension: Es gilt, das berichtete Veränderungsgeschehen in Beziehung zu bringen mit spezifischen Ressourcen des Klienten, die sozusagen „hinter" den Veränderungen stehen. Mit dem „Breitbandscreening der Veränderungen" wird letztlich ein „Tiefenscreening der Ressourcen" intendiert. Diese Ressourcen müssen identifiziert und explizit benannt werden. Für uns Menschen ist nur dann etwas wirklich, wenn es einen Namen hat. Und nur was wirklich ist, kann wirksam werden! Das beraterische Hineinfragen in den Veränderungsprozess wird für den Klienten dann zu einem geleiteten Hineinerzählen in seine Kompetenzen und Ressourcen. Aus den Aussagen gegenüber dem Berater, werden immer mehr „Einsagen" zu einer neuen Selbstwahrnehmung und schließlich zu einem neuen Selbstkonzept. Man kann insofern das extensive Fokussieren von Veränderungen auch als eine intensive Übungseinheit zu einem ressourcenorientierten Selbstdialog ansehen („Self-Empowerment"). Dieser veränderte Selbstdialog wiederum wird es dem Klienten ermöglichen, seine Lebensgeschichte und seinen Lebensentwurf künftig etwas anders zu erzählen („Re-Authoring").

„Wow-Signale". Bei der Nennung von Ressourcen sollte der Berater auch höchste paraverbale Aufmerksamkeit signalisieren: sich nach vorn beugen, Augenkontakt halten, die Augenbrauen anheben, sich positiv überrascht zeigen, eine Gesprächsnotiz machen, Bewunderung ausdrücken, applaudieren, gratulieren usw. („Wow-Signale").

EARS. W.J. Gingerich, Steve de Shazer und M. Weiner-Davis (zit. nach Arild Aambø, 1998, S.26) haben dieser Fokussierungssequenz zu den erzielten Fort-

schritten und den daraus erschließbaren Ressourcen einen eigenen Namen gegeben: „EARS", was als Akronym für folgendes steht:
- **E**licit, d.h., positive Veränderungsprozesse und die relevanten Ressourcen durch Aufmerksamkeitszuwendung auswählen;
- **A**mplify, d.h., sie durch Kontextfragen im Bewusstsein des Klienten verankern, sie als „Figur" vom Hintergrund abheben;
- **R**einforce, d.h., das so Fokussierte mit geeigneten verbalen und paraverbalen Reaktionen verstärken;
- **S**tart over, d.h., wenn der betreffende Veränderungsaspekt und die zugehörigen Ressourcen ganz „ausgefragt" sind, wieder von vorne beginnen: „Und was hat sich sonst noch verbessert?"

7.1.3 Ein Kompetenzen-Würfelspiel

Dass die Analyse der Verbesserungen und die Identifikation der korrespondierenden Kompetenzen auch auf eine geradezu spielerische Art betrieben werden kann, das zeigt ein Beispiel von Insoo Kim Berg und Norman H. Reuss (1999, S. 196) aus ihrer Gruppenarbeit mit Klienten, die Drogenmissbrauchserfahrungen haben. Es handelt sich um ein einfaches Würfelspiel mit 2 Würfeln: Es wird reihum gewürfelt, und je nach gewürfelter Augenzahl „muss" der betreffende „Spieler" eine Frage aus einer Liste mit Kompetenzfragen beantworten. Diese Liste sieht folgendermaßen aus (und kann natürlich je nach Klientenkreis und Beratungskontext modifiziert werden):

Pasch	Was ist heute besser, und wie haben Sie dies erreicht?
Zwei	Wer außer Ihnen hat die Besserungen bemerkt, die Sie gemacht haben, und was haben sie bemerkt?
Drei	Wie erklären Sie sich die Änderungen, die Sie zu machen in der Lage waren?
Vier	Was muss passieren (auch heute), dass Sie sagen können: „Besserung ist eine gute Idee"?
Fünf	Wann sind Sie am ehesten in der Lage, einen Drink oder eine Droge zurückzuweisen, und wie machen Sie das?
Sechs	Was ist die einfachste und leichteste Sache, die Sie machen können, um Ihre Besserung in Gang zu halten?
Sieben	Wie hat Ihr Nichttrinken (Verzicht auf Drogen) Ihnen geholfen?
Acht	Woran erkennen Sie, dass dies eine gute Zeit ist, mit Ihrer Besserung zu beginnen?
Neun	Was, würden Sie sagen, haben Sie getan, das den Fortschritt erklärt, den Sie gemacht haben?
Zehn	Was werden Sie machen, wenn Ihre Probleme mit Alkohol und Drogen nicht mehr länger einen Schwerpunkt in Ihrem Leben darstellen?

Elf Angenommen, Sie entschließen sich, noch mehr von dem zu tun, von dem Sie wissen, dass es funktioniert, was werden Sie dann in drei Monaten machen, was Sie zur Zeit nicht machen?

Zwölf Was werden Sie noch heute machen, was Ihre Besserung in Gang hält?

7.1.4 Eine neue „Lösungsverschreibung"

Der Fokussierung der Verbesserungen **und** Ressourcen schließen sich dann wieder die drei Standardschritte der Lösungsverschreibung an:
- Nachdenkpause
- positive Konnotation
- (modifizierter) Lösungsvorschlag

Im einfachsten Fall lautet die neue beraterische Botschaft – analog zu der in der Computerwelt geltenden Grundregel: „Never touch a running system!"

> **LÖSUNGSINTERVENTIONEN**
>
> - „Da Sie herausgefunden haben, was für Sie gut ist, setzen Sie genau das fort, was Sie letzte Woche gemacht haben!"
> - „Sie haben eine neue Richtung eingeschlagen. Das hat Sie jetzt schon weitergebracht – und wird Sie noch weiterbringen!"
> - „Meine Gratulation! Ich sehe, dass Sie auf einem guten Weg sind, auf dem Sie genau so weitergehen sollten!"
> - „Toll! Es funktioniert! Sie haben begonnen, die Dinge in Ihrem Sinne zu verändern. Sie brauchen nur das fortzusetzen, was Sie jetzt tun."

Ist die Situation komplexer, das heißt, der Klient berichtet zwar von Verbesserungen aufgrund eines veränderten Verhaltens, aber die Fortsetzung dieses neuen Verhaltens allein erscheint nicht ausreichend, um den Lösungsprozess weiter voranzubringen, bietet sich eine **Skalierungsfrage** an, um zu einem neuen, weiterführenden Lösungsvorschlag zu kommen.

> **LÖSUNGSINTERVENTIONEN**
>
> „Sie sagen, dass Sie sich Ihrem Ziel schon bis zur Stufe 6 angenähert haben, wozu ich Ihnen wirklich gratulieren möchte. Was müsste jetzt als nächstes geschehen, um von 6 nach 7 zu kommen? Was werden Sie bei 7 anders machen als bei 6?"

Misserfolgsprophylaxe. Unter Umständen kann noch eine „Immunisierung gegen Misserfolge" appliziert werden.

> **LÖSUNGSINTERVENTIONEN**
> - „Ich bin voller Bewunderung für das, was Sie in dieser kurzen Zeit alles erreicht haben. Ich muss Ihnen aber auch gestehen, dass ich mir gleichzeitig ein wenig Sorgen darüber mache, dass sich die Dinge so rasch und so positiv entwickeln. Bei einer so erfolgreichen Veränderung mag man gar nicht mehr bedenken, dass es zwischendurch auch mal zu einem Rückschlag kommen kann. Und wenn das dann passiert, dann könnte man auf den Gedanken verfallen 'Jetzt ist es wieder so wie vorher' – obwohl solche gelegentlichen Rückschläge was ganz Normales sind. Seien Sie also vorsichtig, sorgen Sie irgendwie dafür, dass es nicht so schnell geht!"
> - „Denken Sie daran, eine **wirkliche** Veränderung vollzieht sich immer nach dem Prinzip: zwei Schritte vorwärts und einer zurück. Wenn Sie also zwischendurch das Gefühl haben, dass die Sache stagniert, können Sie das als ein gutes Zeichen deuten!"

Im Rahmen dieser Misserfolgsprophylaxe gilt es zugleich zu bedenken, dass als Folge einer Verhaltensänderung wahrscheinlich auch die sozialen Beziehungen, in denen der Klient lebt, sich ändern werden. Der Berater sollte den Klienten darauf positiv einstimmen und die darin liegenden Chancen hervorheben.

> **LÖSUNGSINTERVENTIONEN**
> „Nachdem Sie nun erfolgreich das in die Tat umsetzen konnten, was Sie sich vorgenommen hatten, wäre zu überlegen, wie sich dieser Erfolg auch in anderen Lebensbereichen positiv auswirken wird. Ich überlege mir beispielsweise, wer von Ihren Freunden und Bekannten sich am meisten über diese Veränderung freuen wird."

Vereinbarung des nächsten Termins. Abschließend wird festzulegen sein, wie es nun mit der Beratung weitergeht. Sofern das nicht schon das Ende der Beratung ist, sollte in der Regel das zeitliche Intervall zur nächsten Sitzung vergrößert werden: Lag zwischen der ersten und der zweiten Sitzung noch eine Woche, wird man jetzt auf zwei Wochen, später auf drei Wochen usw. erweitern. Damit verbunden ist die implizite Botschaft: „Da es immer besser läuft, ist immer weniger Beratung nötig."

7.2 Wenn es nicht besser geworden ist: Ein Test für die Utilisationskompetenz des Beraters

Manchmal scheinen keine Verbesserungen erkennbar – sei es,
- weil die vereinbarte Hausaufgabe gar nicht oder nur teilweise in Angriff genommen wurde (Kap. 7.2.1);

▶ weil die Hausaufgabe zwar gemacht, letztlich aber doch nichts oder fast nichts gebracht hat (Kap. 7.2.2);
▶ weil es sogar zu einem regelrechten Misserfolg gekommen ist (Kap. 7.2.3);
▶ weil sich die Situation einfach verschlechtert hat und der Klient sich entsprechend schlechter fühlt (Kap. 7.2.4).

Irgendwie war alles vergebliche Liebesmüh – denkt der Klient und lädt den Berater zur selben negativ generalisierenden Sicht- und Erlebensweise ein.

Ressourcenorientierte Innenperspektive. An dieser Stelle den Klienten direkt zu einem neuen Hausaufgabenversuch „überreden" zu wollen, wäre nun tatsächlich vergebliche Liebesmüh. Wenn die Investition der vorhandenen Ressourcen in „Außenaktivitäten" nicht die erhofften bzw. erwarteten Veränderungen gebracht hat, dann ist es wichtig, zunächst nochmals sich dieser Ressourcen zu vergewissern und dazu von der „Außenperspektive" auf eine „Innenperspektive" umzuschalten.

Für diese ressourcenorientierte Innenperspektive bietet sich – im Sinne eines ersten Blickes – die erneute Vergegenwärtigung der besonderen Beziehung zwischen Berater und Klient an, die ja von folgender gemeinsamen Überzeugung getragen wird: Der Klient ist **immer** kooperativ, er arbeitet entsprechend seiner **Möglichkeiten** an einer Lösung mit, will **wirklich** eine Veränderung.

> **!** Wenn also etwas nicht wie erwartet funktioniert, dann liegt das nicht an einem unfähigen oder irgendwie widerspenstigen Klienten, der aus geheimnisvollen psychodynamischen Gründen heraus Widerstand zeigt bzw. in Wirklichkeit in sein Problem verliebt ist und unbewusst Gewinn daraus zieht, sondern hat schlicht damit zu tun, dass die bisherigen Konzeptionen und Handlungsanweisungen (noch) nicht 100%ig passten. Und wenn etwas noch nicht richtig passt, ist Anpassung gefordert – aber nicht Anpassung des Klienten („Wir setzen unser Gespräch erst fort, wenn Sie die vereinbarten Punkte erledigt haben!"), sondern Anpassung der Aufgabe. Dabei gilt es zum einen zu respektieren, dass das, was der Klient gegenwärtig tut, das Beste ist, was er unter den gegenwärtigen Bedingungen tun kann. Zum anderen ist zu wertschätzen, dass die individuellen Spielräume zur Veränderung dieser Bedingungen (Sichtweisen, subjektiven Überzeugungen, etablierten Verhaltensroutinen usw.) die besonderen Ressourcen des Klienten ausmachen.

7.2.1 Wenn die Hausaufgabe nicht gemacht wurde

Ist die vereinbarte Hausaufgabe unerledigt geblieben bzw. nur zaghaft angegangen worden, dann hat dies sicherlich einen guten Grund – beispielsweise den, dass die tatsächliche Lebenswelt des Klienten eben doch komplexer ist, als es in der Beratungssituation bedacht werden konnte. Statt sich also in einer „Widerstandsanalyse" oder in „Reaktanzhypothesen" zu verzetteln, gilt es herauszufinden, was der Klient – als Experte für sein Leben – statt dessen getan hat und was für ihn dabei hilfreich war. Genausowenig, wie etwas „nur so" getan wird, wird etwas „nur so" nicht oder anders getan. Mit dieser Überzeugung kann der Berater „Brücken bauen", die ihn und den Klienten zu neuen Ufern führen.

LÖSUNGSINTERVENTIONEN

- „Ihre Entscheidung, die bei unserem letzten Gespräch entworfene Hausaufgabe noch nicht in Angriff zu nehmen, sondern zuerst zu schauen, wie sich alles weiterentwickelt, ist für unser Gespräch heute insofern hilfreich, als wir nun eine **breitere** Informationsbasis haben und **jetzt** präziser überlegen können, was als Plan für den nächsten Schritt wirklich gut passt."
- „Man muss Ihrem Organismus, auf den Sie sich bislang doch immer recht gut verlassen konnten, Zeit geben, um sich auf Ihre veränderte Sichtweise und Ihre neuen Verhaltenspläne einzustellen. Ihr vorsichtiges Vorgehen ist genau richtig!"
- „Ich sehe zwei Kräfte in Ihrer Person wirken: Die eine, die auf eine Veränderung, eine Problemlösung fast ungeduldig drängt, und die andere, die vor zu rascher Änderung warnt. Es war deshalb richtig, dass Sie es bei diesem ersten Schritt der Veränderung belassen haben. Ein zu rasches Vorangehen hätte wahrscheinlich negative Folgen gehabt!"
- „Die Art und Weise, wie Sie mit der Hausaufgabe gearbeitet haben, ermöglicht uns ein besseres Verständnis dafür, in welcher Hinsicht ein bedächtigeres Vorgehen sinnvoll ist."

Kreative Missverständnisse. Unter Umständen lässt sich eine unerledigte Hausaufgabe auch durch ein Missverständnis zwischen Berater und Klient erklären, das dann in Richtung eines „kreativen Missverstehens" utilisiert werden kann.

LÖSUNGSINTERVENTIONEN

„Mir wird plötzlich klar, dass wir die Vereinbarung bei unserem letzten Gespräch unterschiedlich verstanden haben. Aber so ein Unterschied beinhaltet oft etwas Kreatives. Vielleicht dass wir zuerst darüber sprechen, zu welchen Erfahrungen Ihr Verständnis geführt hat; dann darüber, welche Erfahrungsmöglichkeiten mein Verständnis wohl bieten würde; und dann können wir auswählen, welche Art von Erfahrungen im Rahmen der nächsten Hausaufgabe noch vertieft werden sollten. Einverstanden?"

Vielleicht stellt sich sogar heraus, dass der Klient mit dem, was er „statt dessen" getan hat, tatsächlich auf einen guten Lösungsweg gekommen ist und er sichtlich gute Fortschritte macht.

> **LÖSUNGSINTERVENTIONEN**
>
> „Ich bewundere Ihren Mut und Ihre Konsequenz, mit denen Sie über das, was wir letztes Mal an Hausaufgaben vereinbart haben, hinausgegangen sind und sich dabei mit einer sogar noch schwierigeren Situation auseinandergesetzt haben. Fast bin ich ein wenig neidisch, dass ich bei unserem letzten Gespräch nicht selbst auf diese Idee gekommen bin. Und dass Sie dabei auch noch so erfolgreich waren, das spricht für besondere Fähigkeiten. Ich möchte Ihnen zu all dem gratulieren!"

7.2.2 Wenn sich nichts bzw. zu wenig verändert hat

Häufig ist es auch so, dass Klienten, die in ihrem Denken noch stark auf das Problem und das damit einhergehende Leiden fixiert sind, die unternommenen Lösungsschritte und die damit erzielten Veränderungserfolge – gerade im Vergleich zu diesem ewigen Leid – unterbewerten oder gar übersehen. Wieder kann das Suchen mit der Lupe hilfreich sein, um einen Unterschied ins Bewusstsein zu heben, der eben eine Verbesserung darstellt. Unter Umständen genügt auch schon die Rückmeldung einer äußerlich feststellbaren Veränderung, zum Beispiel eines frischeren Aussehens, einer selbstvertrauenderen Körperhaltung, einer festeren Stimme, einer dynamischeren Gestik, einer zugewandteren Sitzweise usw.

Veränderungsskala. Natürlich gibt es auch den Fall, dass dem Berater die Fortschritte des Klienten verborgen bleiben – auf den ersten Blick jedenfalls. Eine einfache Skalierungsfrage öffnet jedoch die Sicht auf positive Veränderungen.

> **LÖSUNGSINTERVENTIONEN**
>
> „Wenn Sie an die Zeit vor unseren Gesprächen zurückdenken, zu wieviel Prozent schätzen Sie, war damals Ihr Leben durch das Problem bestimmt? Und wenn Sie das nun mit der Situation heute vergleichen, kann man da sagen, dass Sie schon ein wenig Terrain zurückerobert haben, dass Ihr Einfluss wächst? Was hat Ihnen dabei geholfen?"

Kleine Schritte. Ebenso kann es Sinn machen, den Klienten an die „Strategie der kleinen Schritte" zu erinnern:

> **LÖSUNGSINTERVENTIONEN**
>
> „Wenn Sie sich daran erinnern, wie die ersten Stunden bei der Fahrschule verlaufen sind, oder wie lange es gedauert hat, bis Sie mit zehn Fingern auf der Schreibmaschine tippen konnten, oder wie es mit dem Schwimmenlernen war, werden Sie mir sicherlich zustimmen, dass alle Lernvorgänge einfach ihre Zeit brauchen und die ersten Fortschritte einem selbst oft gar nicht bewusst werden. Das kann nächstes Mal schon anders sein."

Neudefinition. Und letztlich ist noch folgende Intervention zur Neudefinition der Situation denkbar:

> **LÖSUNGSINTERVENTIONEN**
>
> „Irgend etwas müssen Sie richtig machen, denn normalerweise wachsen ungelöste Probleme und verschlechtern die Situation. Wir müssen also herausfinden, wie Sie es geschafft haben, dass sich Ihre Lage nicht verschlimmert."

7.2.3 Wenn es zu einem Misserfolg gekommen ist

Manchmal wird etwas als „Misserfolg" abgewertet, weil man nur das Endergebnis im Auge hat – mit einem geringfügigen Perspektivenwechsel sieht es jedoch sofort anders aus.

> **LÖSUNGSINTERVENTIONEN**
>
> ▸ „Ich kann gut verstehen, dass Sie jetzt enttäuscht sind, gerade weil Sie sich sehr viel Mühe mit der vereinbarten Hausaufgabe gegeben haben. Andererseits – und dazu möchte ich Ihnen etwas erzählen, was ich kürzlich im Internet gelesen habe:
> In der Schweiz verleiht wohl die Stadt Zürich jährlich einen renommierten Preis für den erfolgreichsten Unternehmensgründer – und gleichzeitig einen zweiten Preis für eine erfolglose Gründung, um den Mut zu honorieren, einen solchen Schritt überhaupt unternommen zu haben, und um den Mut zu verstärken, jetzt erst recht weiterzumachen.
> Auch bei Ihnen sehe ich den Mut, mit dem Sie begonnen haben, etwas zu unternehmen!"
> ▸ „Bestimmt kennen Sie den Spruch 'Manche Fehler sind ein Segen!' Wenn das tatsächlich stimmen sollte, was würde das dann für Sie jetzt bedeuten?"

7.2.4 Wenn es sogar schlechter geworden ist

Spricht der Klient sogar von einer Verschlechterung, wäre folgende bedeutungserweiternde Botschaft denkbar.

> **LÖSUNGSINTERVENTIONEN**
>
> ▸ „Häufig ist es so, dass etwas erst schlechter wird, bevor es sich zum Besseren wendet. Wenn man sich von einem solchen 'Schritt zurück' nicht entmutigen lässt, sondern herauszufinden versucht, was es daraus zu lernen gibt, kann man im nächsten Anlauf wieder zwei Schritte vorwärts tun."
> ▸ „Wie könnten wir diese Schwierigkeit als einen Test für eine effektive Zusammenarbeit nutzen? Was sollten wir unter diesem Aspekt Ihrer Meinung nach tun bzw. was sollten wir auf jeden Fall vermeiden?"

7.2.5 Fallbeispiel

Peter F. ist Schüler und besucht die 13. Gymnasialklasse. Mit der anstehenden Studienwahl tut er sich sehr schwer, und das schon seit einem Jahr. Er hat berufskundliche Informationsveranstaltungen besucht, im Berufsinformationszentrum des Arbeitsamts recherchiert, die Berufsberatung in Anspruch genommen, einen Studienwahltest absolviert. Nichts konnte ihn einer Entscheidung näherbringen. Als Fazit solcher Erkundungsaktivitäten steht unisono der Satz: „Irgendwie weiß ich immer noch nicht so recht…" In seiner zunehmend verzweifelten Stimmungslage sucht er ein psychologisches Beratungsgespräch.

Unter der Annahme, dass das, was er gemacht hat, durchaus die richtige Strategie darstellt, es nun allerdings wichtig wäre, die Intensität zu steigern, einigen wir uns darauf, nach der Phase der Erkundungen jetzt in die Phase der Hospitationen zu wechseln:

„Stellen Sie sich vor, ich hätte die Fähigkeit, Sie in die Zukunft zu beamen. Das Abitur ist erfolgreich geschafft, Sie haben Ihre Studienwahl getroffen und sich für den Studiengang XY entschieden. Sie befinden sich jetzt mitten im ersten Semester, besuchen als fleißiger Student die Vorlesungen usw."

Nach einer längeren Nachdenkpause ersetzt Peter F. das „XY" durch „Landschaftsarchitektur".

Die telefonische Rücksprache mit dem Studienfachberater an der betreffenden Fachhochschule lässt eine bestimmte Vorlesung geeignet erscheinen, im Internet gibt es sogar einen Einführungstext dazu. Wir erarbeiten einen detaillierten Studienplan für die bevorstehenden Herbstferien …

Irgendwie bin ich mit mir als Berater zufrieden.

Beim Folgegespräch sechs Wochen später dann allerdings das ernüchternde Fazit: Irgendwie habe er es nicht geschafft die Vorlesung zu besuchen.

Er ist dabei, mich mit seiner Verzweiflung anzustecken.

Dann aber beantwortet er die Frage, was er statt dessen getan habe, noch bevor ich sie überhaupt stellen konnte: Er hatte seine Sportaktivitäten intensiviert, war überhaupt viel draußen in der freien Natur gewesen. Es drängte sich mir der Eindruck auf, dass Peter F. **alles** getan hatte, um nur nicht Raum für die Erledigung der vereinbarten Hausaufgabe entstehen zu lassen.

„Ich verstehe nicht so ganz die Situation – aber ich habe das Gefühl, dass ich sie besser verstehen könnte, wenn wir jetzt **zusammen** genau das tun, was Sie gerade beschrieben haben. Was würden Sie davon halten, wenn wir jetzt das Beratungsgespräch einfach Beratungsgespräch sein lassen und uns die Freiheit nehmen, einfach etwas anderes zu tun, nämlich gemeinsam spazieren zu gehen?"

Nach einem verblüfften Zögern verzaubert ein Strahlen sein Gesicht.

Aus dem Spaziergang wird dann aber ein richtiges Walking – Peter F. gibt, ohne Absicht, **sein** Tempo vor. Er registriert in seiner sensiblen Art dann aber doch meine erhöhte Atemfrequenz. Wir reden also über Fitness. Er lädt mich ein, intensiver und tiefer zu atmen, und ich fühle mich zunehmend wohler – was ihn in seinen pädagogischen Aktivitäten verstärkt. Er macht das wirklich gut …

Als wir uns nach einer Stunde wieder voneinander verabschieden, stelle ich – eher für mich selbst – fest: „Irgendwie habe ich heute etwas begriffen", ohne dies näher auszuführen. Genau wie Peter F.: „Ich, glaube ich, auch!"

Heute befindet sich Peter F., nach der Absolvierung eines Ökologischen Jahres, in einem Lehramtsstudium mit der Fächerkombination Sport und Biologie.

7.3 Wenn der Beratungsprozess ins Stocken geraten ist: „Klemmen-Symptome"

Wie erfolgreich eine Beratung verläuft, hängt von vielen Faktoren ab. Der wichtigste dabei ist jedoch der Berater selbst. Und der schlimmste Fehler, der ihm unterlaufen kann, besteht darin, dass er zu hart arbeitet. Das ist dann der Fall, wenn er – in seinem aufrichtigen Wunsch zu helfen – immer intensiver zu überlegen beginnt, wie **er** die Situation verändern würde, und dabei aus dem Auge verliert, was die Lösungsperspektiven des Klienten sind. Am Ende will der Berater die Veränderung mehr als der Klient selbst.

Eine solche „Problemverlagerung" ist jedoch leicht an ihren Begleitsymptomen zu erkennen, zum Beispiel daran, dass der Berater angespannt wie ein Prüfling auf der vorderen Stuhlkante sitzt, hyperaktiv wie ein Hamster agiert, dogmatisch wie ein Missionar predigt, rechthaberisch wie ein Oberlehrer argumentiert, aufdringlich wie ein Hausierer manipuliert, stur wie eine Dampfwalze vorgeht usw. All das sind „Klemmen-Symptome" (Gunthard Weber, 1994): Anzeichen dafür, dass der Berater in die Klemme gekommen ist: Er will etwas bewirken und sieht gleichzeitig, dass **es** nicht wirkt.

Natürlich gibt es auch Klemmen-Symptome beim Klienten, zum Beispiel wenn er sich auf dem Stuhl bequem zurücklehnt bzw. den Stuhl als solchen zurücksetzt, mehr Interesse an der Zimmereinrichtung (vor allem der Tischplatte und dem Fußboden) als an der Person des Beraters zeigt, seine Sätze häufig mit „Ja, aber …" einleitet bzw. sich immer weniger am Gespräch beteiligt usw. Das kann eine komplementäre Reaktion zum Klemmenstatus des Beraters sein, das heißt, Berater wie Klient versuchen jeweils auf ihre Weise mit einem „Mehr desselben" den stockenden Beratungsprozess ihren Intentionen gemäß zu beeinflussen – der Berater, indem er noch mehr „ackert", der Klient, indem er sich noch mehr zurücknimmt, und damit sind beide in einem komplementären Circulus vitiosus gefangen.

Der Berater kann sich jedoch leicht die aktuelle Gesprächsbeziehung spiegeln lassen, zum Beispiel mit folgenden Fragen:

> **LÖSUNGSINTERVENTIONEN**
>
> ▸ „Wenn wir einen neutralen Beobachter bei unserem Gespräch dabei hätten und ich ihn nun fragen würde, was jeder von uns mehr tun müsste, um bei der Lösungssuche wirklich gut voranzukommen, was würde er jetzt wohl mir und was wohl Ihnen empfehlen?"
> ▸ „Ich würde Sie gerne zu einem gedanklichen Spiel einladen, das mir helfen könnte, etwas besser zu verstehen: Stellen Sie sich vor, wir würden jetzt die Sitzplätze tauschen – Sie wären der Berater, und ich hätte Sie aufgesucht. Was müsste ich dann anders machen, um für einen Außenstehenden wirklich als 'der Klient' erkannt zu werden? Und was würden Sie selbst tun, damit man Sie als 'den Berater' ansieht?"

Es besteht bei Klemmen-Symptomen des Klienten aber auch einige Wahrscheinlichkeit dafür, dass die „Angebote" des Beraters den Klienten einfach nicht interessieren bzw. sie ihn nicht tangieren, und zwar weil er sich nicht verstanden fühlt, nicht genügend respektiert erlebt, keine Empathie wahrnimmt, keine Verstärkung in seinen Intentionen erfährt, ohne Antworten auf seine Fragen bleibt, ihm die Transparenz für das methodische Vorgehen des Beraters fehlt, der rote Faden verloren gegangen ist usw. Die möglichen Ursachen sind endlos. Statt jedoch eine problemvertiefende Ursachenklärung zu betreiben, dürfte es wieder effektiver sein, auf eine Metaebene zu gehen und zu versuchen, eine lösungsorientierte Perspektive zu gewinnen – vielleicht sogar mit einer paradoxen Fragestellung wie zum Beispiel:

> **LÖSUNGSINTERVENTIONEN**
>
> „Wenn es mir gleichgültig wäre, dass wir uns wirklich gut verstehen, was müsste ich dann **weniger** und was **mehr** tun, damit Sie es am schnellsten bemerken?"

Derartige Fragen sollen helfen, sowohl die Beziehung zwischen Klient und Berater förderlicher zu gestalten, als auch das Vertrauen in die gemeinsame Lösungsarbeit zu verstärken.

> **BEISPIEL**
>
> Die Beratungsgespräche mit einem Klienten waren nach anfänglich guten Fortschritten in eine Art „Sackgasse" geraten. Ich registrierte das nicht nur beim Klienten, der zunehmend sprachloser wurde, sondern spürte selbst, dass ich mich im Verlaufe eines solchen Beratungsgesprächs immer mehr engagierte, dabei immer angespannter wurde und schließlich wirklich erschöpft war – und das von Gespräch zu Gespräch auf einer immer kräftezehrenderen Ebene. Die zunächst unmerkliche Tendenz, die Gesprächsdauer im Sinne eines „Viel-hilft-viel" auszudehnen, um die „Wende" irgendwie doch noch zu schaffen, trug noch zu einer Eskalation der Belastung bei, weil nachfolgende Termine unter Verzug gerieten. Von da aus war es dann nicht mehr weit bis zum beiderseitigen Eingeständnis, dass wir uns festgefahren hatten, nicht mehr weiterkamen.
>
> Bei der Suche, wie wir wieder „Bewegung" in die Sache bringen könnten, kamen wir auch nicht recht voran, blieben jedoch bei dem Wunschbild „Bewegung" hängen – bis es uns gelang, dieses Bild in seiner eigentlichen Bedeutung aufzugreifen und umzusetzen: Wir mussten damit beginnen, **uns zu bewegen**! Zur nächsten Beratungsstunde trafen wir uns, jeder in Joggingmontur, auf einem nahen Waldweg. Wir trabten locker etwa 15 Minuten nebeneinander her – schweigsam, so, wie wir es vereinbart hatten. Jeder sollte sich auf sich konzentrieren, den Wirkungen der verstärkten Sauerstoffaufnahme im Organismus nachspüren. Dann wendeten wir und gingen – mit einem gewissen Stolz über die vollbrachte Leistung – zurück. Damit war auch das „Sprechverbot" aufgehoben. Wir begannen zu plaudern, genossen es, miteinander im selben Schrittrhythmus zu sein, fühlten uns wohl in der gleichen Blickrichtung, spürten die Wärme einer verstärkten Durchblutung, das vertiefte Atmen machte frei. In diesem physisch wie psychisch **gelösten** Befinden fiel es uns leicht, wieder miteinander in ein förderliches Gespräch zu kommen.
>
> Was die weiteren Beratungs-„Sitzungen" betrifft, haben wir zwischen den Kontexten „Beratungsstelle" und „Wald" immer wieder gewechselt, wobei für den Klienten das Jogging zu einer eigenständigen Aktivität mit quasi eigenständigem Gewinn für seine Lebensqualität wurde.

7.4 Sich erfolgreich entbehrlich machen: Das Ende der Beratung

Alles hat seine Zeit, und alles ist auf Zeit – lösungsorientierte Beratung ist eine Arbeitsbeziehung auf Zeit. Der Zeitpunkt für die Beendigung dieser Beziehung ergibt sich aus einem Prozess der Annäherung an die Lösung. Diesen Prozess ins Bewusstsein zu heben ist wichtig, und Skalierungsfragen sind dabei oft hilfreich.

> **LÖSUNGSINTERVENTIONEN**
>
> „Angenommen, die Ziffer 1 steht dafür, wie Ihr Leben ausgesehen hat, als wir uns das erste Mal gesehen haben, und die Ziffer 10 dafür, wie es aussehen sollte am Ende unserer Gespräche. Wo stehen Sie dann Ihrer Meinung nach heute?"

Signalisiert ein Klient auf eine solche oder ähnliche Frage, dass er sich bei 8 oder 9 angekommen sieht, ist es Zeit, über die Beendigung der Beratung zu sprechen.

7.4.1 Annäherung statt Vollendung: Das Ende vor dem Ziel

Es gilt das Prinzip des minimal Notwendigen: Der Berater, der wirklich ressourcenorientiert arbeitet, sollte sich so bald als möglich entbehrlich machen! Es kann dabei schon genügen, dass der Klient in der **Annäherung** an seine Lösung das Gefühl hat, wieder kompetent und effektiv handeln zu können („internal locus of control"), während er zuvor feststeckte und sich ohnmächtig der problematischen Situation ausgesetzt erlebte. Mit dem Begriff „Lösung" versteht man im systemischen Sprachgebrauch nicht, dass quasi alle Probleme gelöst sind und nur noch ein endloses Glück vorherrscht, sondern einen Status, in dem der Klient wieder in seinem Leben Fuß gefasst hat und Schritt für Schritt vorankommt. Es spricht sogar vieles dafür, dem Klienten mit seinen gewachsenen Kompetenzen noch einen „Rest an Problemen" explizit anzuvertrauen – und dabei die Zuversicht zu signalisieren, dass er den jetzt noch anstehenden Schritt tatsächlich ganz auf sich alleine gestellt schaffen wird.

Vielleicht ergibt sich an dieser Stelle sogar ein Dialog darüber, dass nicht die Lösung das Ziel sein kann, sondern dass es um eine bessere **Balance** in einem Leben voller Probleme und ebenso voller Lösungen geht. Ein Klient, der begeisterter Skifahrer ist, hat dieses Fazit folgendermaßen umschrieben: „Leben ist wie ein Slalom, für eine Schussfahrt eignet sich diese Landschaft nicht!"

Anleitung zur Selbstregulation. Entsprechend lässt sich die lösungsorientierte Beratung als eine strukturierte Anleitung zu einer autonomen Selbstregulation verstehen, bei der mit „herausfordernden Fragen" gearbeitet wird, die der Klient vor allem sich selbst beantworten muss. Mit einem solchen Verständnis kann dann Jay Haley sagen, dass die Therapie bzw. die Beratung selbst ein Problem darstellt – und die Lösung darin besteht, die Klienten „so schnell wie möglich aus der Therapie herauszubringen und sie zu befähigen, ihr eigenes unabhängiges Leben zu leben" (zit. nach Jeffrey K. Zeig, 1995, S. 23).

Tatsächlich tendieren Berater und Therapeuten oft dazu, mit dem Idealziel der „fully-functioning-person" (Carl Rogers, 1974) beraterisch vom Hundertsten zum Tausendsten zu kommen und mit viel Hilfe viel zu helfen, so dass der Skalenwert 10 quasi noch übertroffen wird. Aus lösungsorientierter Sicht ist das schlichtweg als ein Kunstfehler anzusehen. Die Beratung über die „Lösungs-Annäherung" hinaus auszudehnen, schafft meist nicht ein Mehr an Kompetenzen für den Klienten, sondern führt eher zu Abhängigkeiten, so dass aus einem ursprünglichen Fortschritt wieder ein Rückschritt wird. Manche Therapeuten sprechen in diesem Zusammenhang dann von „Übertragung" (man beachte die dreifache Bedeutung dieses Begriffs: psychoanalytisch/zeitlich/handlungsmäßig) und haben damit ein neues, selbstgeschaffenes Problem, das natürlich der weiteren Bearbeitung bedarf.

Die Basisregel von Steve de Shazer, die Jürgen Hargens (2000) auch die „goldene Regel" nennt, lautet: Wenn etwas nicht kaputt ist, dann repariere es auch nicht! Man könnte ergänzen, als „silberne Regel" sozusagen: Und wenn etwas erfolgreich repariert worden ist, dann lass es gut sein!

Thomas Weiss (1988, S. 84) benutzt dazu eine sehr schöne Metapher: „Tatsächlich kann es in der Psychotherapie nicht darum gehen, mit dem Patienten das Haus vom Keller bis zum Dachboden aufzuräumen und neu zu möblieren. Günstiger scheint es, dem Patienten zu zeigen, wo sich Besen und Schaufel befinden und wie er damit umgehen sollte."

Damit stellt sich nach jeder Sitzung, also auch schon nach der ersten, die Frage, ob der Klient eine hinreichende Perspektive gewonnen hat, um **seinen** Weg zu gehen – und ob damit die Zusammenarbeit beendet, die beraterische Beziehung wieder gelöst werden kann.

> **LÖSUNGSINTERVENTIONEN**
>
> ▸ „Stellen Sie sich vor, wir hätten bei all unseren Gesprächen einen Beobachter mit dabei gehabt, und der würde nun behaupten, dass Sie sich dem ursprünglichen Ziel schon in Sichtweite angenähert haben. Wie würde er das wohl begründen?"
> ▸ „Was glauben Sie, wieviele Male wir uns noch treffen werden, bis Sie das sichere Gefühl haben, dass Sie Ihre erfolgreichen Lösungsschritte alleine fortsetzen sollten?"

> ▸ „Angenommen, aus irgendeinem Grund müssten wir unsere Gespräche heute beenden, was würden Sie tun, um weiter so erfolgreich voranzukommen?"

7.4.2 Abschlussformen und Abschiedsrituale

Die explizite Beendigung der beraterischen Arbeitsbeziehung ist logischerweise selbst wieder ein Prozess, ein Prozess des „Ausschleichens". Zum Beispiel kann der Berater noch ein „sicherndes" Nachgespräch in zwei oder drei Monaten anbieten; noch eine weitere Sitzung wie gewohnt planen, es jedoch dem Klienten überlassen, ob dieses Gespräch dann tatsächlich notwendig ist; oder einfach die Option zur Verfügung stellen, dass der Klient bei Bedarf einen raschen Termin erhält.

Den Abschluss, und damit auch schon den Übergang zur Verabschiedung, bilden dann Fragen bzw. Feststellungen wie z.B.:

LÖSUNGSINTERVENTIONEN

- ▸ „Nachdem Sie jetzt so erfolgreich waren und diese vielen Veränderungen geschafft haben, ist meine Frage, wie Sie es anstellen werden, dass das auch so bleibt, fast überflüssig …"
- ▸ „Angenommen, Sie wollten Ihr Problem später doch noch einmal einladen, Sie zu besuchen, wie könnten Sie das tun?
  Und wie würden Sie sich dann verhalten, dass es sich wieder verabschiedet?"
- ▸ „Ich möchte Ihnen zu all den vielen Fortschritten gratulieren! Am meisten beeindruckt hat mich dabei, wie Sie immer mehr Ihren eigenen Weg gegangen sind und ein sicheres Gespür für ein effektives Handeln entwickelt haben. Dieses Wissen wird Sie auch in Zukunft stark machen."
- ▸ Zu einem Ehepaar: „Unsere Gespräche hier gehen zu Ende. Aber ich bin sicher, dass Sie für sich eine neue Form finden werden, wie Sie diesen intensiven Austausch an Gedanken und Gefühlen fortsetzen können. Und ich bin sicher, dass Sie dafür auch Zeitinseln schaffen werden.
  Für die Fortsetzung Ihrer Gespräche möchte ich Ihnen eine erste Anregung mitgeben: In dieser 'BeziehungsKiste' (Werner Troxler und Frédéric Hirschi, 1997) befinden sich 30 verschiedene Themenkärtchen mit den wichtigsten Fragen in der Partnerschaft, die alle Einladungen zu einem 'Gesprächsabend zu zweit' sind. Mögen Sie ein Kärtchen für einen solchen ersten Abend ziehen und sich vom Zufall überraschen lassen?".
- ▸ „Ganz zum Schluss gibt es noch etwas sehr Wichtiges zu sagen: Alles, wirklich alles, was Sie an Veränderungen erreicht haben, ist ganz allein

> aus Ihren Ideen und aus Ihren Kräften erwachsen. Ich habe nur geholfen, dass Sie diese Ideen ausformuliert und dass Sie Ihre Fähigkeiten dann tatsächlich genutzt haben. Machen Sie genau so weiter! Denken Sie daran: Die Lösungen stecken immer schon in Ihnen!
> Meine guten Wünsche werden Sie fortan begleiten."

Ein interessantes Abschiedsritual wird von David Epston (in: Michael White und David Epston, 1994) praktiziert. Er bietet dem Klienten am Ende an, für ihn eine Vorhersage über seine weitere Entwicklung in den nächsten sechs Monaten zu machen. Wenn der Klient zustimmt, und das ist die Regel, verfasst er einen entsprechenden Brief, verschließt ihn und versieht ihn mit der Aufschrift: „Persönlich und vertraulich, erst in einem halben Jahr öffnen!" Im Vertrauen auf die natürliche Neugierde des Menschen geht er davon aus, dass die meisten Klienten ihre Prognose schon vor dem festgesetzten Datum nachlesen und dabei dann nicht nur sich im Spiegel von Komplimenten betrachten können, sondern zu Gedanken und Bildern mit selbsterfüllender Wirkung eingeladen werden.

BEISPIEL

Die Lebensgeschichte von Maria F. ist eine Leidensgeschichte seit sie denken kann. Auch die Zukunft scheint ihr nichts anderes zu bieten. Sie ist völlig verzweifelt, spielt mit Suizidgedanken. Ein „Freund", der ihr „im Spaß" anbietet einen Strick zu besorgen, bringt sie aber dazu, sich aufzubäumen und in verschiedener Richtung Hilfe zu suchen, unter anderem auch im Psychologischen Dienst des Arbeitsamtes. Hier entsteht nach langen Suchprozessen schließlich die Idee, mit dem Nachholen eines mittleren Bildungsabschlusses sich eine neue berufliche Zukunftsperspektive zu eröffnen. Am Ende der Beratung, nach drei Beratungsgesprächen, erhält sie folgenden „Prognosebrief" zugeschickt, zusammen mit einer Gebrauchsanleitung, die eben darauf hinweist, ihn erst in sechs Monaten zu öffnen und dann zu überprüfen, wie zutreffend die Aussagen waren.

„Prognosebrief"
„Maria hat ihren Entschluss, die Abendrealschule zu besuchen, nie bereut. Es war am Anfang zwar nicht einfach, wieder in die Rolle der Schülerin zu wechseln und sich an den Wochenenden auf die Hausaufgaben zu konzentrieren, während andere sich vergnügt haben. Aber dann hat sie sich immer wieder daran erinnert, dass sie es ihrem Selbstbewusstsein einfach schuldig ist, endlich das umzusetzen, was an Fähigkeiten in ihr steckt.
Von diesem Selbstbewusstsein hatte sie in den vergangenen Jahren kaum mehr etwas gespürt, es war richtiggehend zugeschüttet mit unzähligen Steinen, auf denen Dinge standen wie: „Mädchen brauchen keine große Berufs-

ausbildung!", "Du bist zu anspruchsvoll!", "Du kannst nicht logisch denken!", "Du bist ungeduldig!", "Du hast keine Ausdauer!", "Dir fehlt es an Courage!", "Aus Dir wird nie etwas!" usw. usw. Und viele Jahre hat sie all das manchmal sogar selbst geglaubt. Aber manchmal, wenn sie mit ihrem Selbstbewusstsein ganz alleine war und sie hören konnte, wovon dieses Selbstbewusstsein träumte – von einem Beruf, in dem es für andere Menschen etwas tun konnte, oder von einer Partnerschaft, in der es anerkannt und geliebt wurde, und ... – da wusste sie, dass nur sie selbst ihr Selbstbewusstsein richtig kannte. Aber wie konnte sie ihrem Selbstbewusstsein helfen? Diese Mauer aus Steinen musste weg, einfach weg! Es verging eine lange Zeit, in der sie mit ihrem eingesperrten Selbstbewusstsein mittrauerte. Viele der Personen, die Maria zu kennen meinten, aber doch nichts von ihrem Geheimnis wussten, sagten sogar, jetzt sei sie „depressiv". Und dann kam es zu jenem Ereignis, das sie vor die Wahl stellte, ob sie überhaupt weiterleben wollte. Ihr Selbstbewusstsein hat das entscheidende Stichwort gegeben: „Jetzt gibt es nichts mehr zu verlieren, also können wir nur noch gewinnen!" Das war der Anfang von etwas Neuem. Und da entstand auch die Idee, dass man nicht Stein für Stein abtragen musste, sondern dass es genügte, einen zentralen Stein aus der Mauer herauszulösen, um die Sache zum Einsturz zu bringen. „Du hast keine Ausdauer!" – das war solch ein zentraler Stein.

Das erste halbe Jahr auf der Abendrealschule ist nun vorbei, und Maria hat bewiesen, dass sie Ausdauer hat!!!

Und sie begreift, dass sie all das, was auf den Steinen stand, ebenfalls „umdrehen" kann. Zum Beispiel entdeckt sie gerade, dass sie Courage hat! Ihr Selbstbewusstsein ist mit Courage ausgestattet. Das bringt sie auf die Idee, dass sie in ihrer privaten Lebenssituation etwas ändern könnte, zum Beispiel sich auf ein eigenständiges Wohnen einlassen. Und sie sieht sich von ihrer Phantasie eingeladen, sich die dazu notwendigen Schritte auszumalen. Ihre Geduld mahnt dabei ein bedächtiges Vorgehen an: „Eines nach dem anderen!" rät sie. Und Maria weiß, dass sie der Geduld vertrauen kann – sie, die Geduld, wird es ihr sagen, wenn der richtige Zeitpunkt gekommen ist. Auch der richtige Zeitpunkt für das andere ... Maria mag ihre Geduld, und ihre Ausdauer, und ihre Phantasie, und ..., und ihr Selbstbewusstsein. Und sie ist ein bisschen stolz darauf, dass sie ganz allein ihr Selbstbewusstsein befreien konnte!"

7.4.3 Lösungsorientiert = zeiteffizient + veränderungseffektiv

Der lösungsorientierte Ansatz zählt also zur Gruppe der Kurzzeittherapien, wobei die Kürze der Beratung eben ein Effekt der beraterischen Vorgehensweise ist, indem man sich von Anfang an auf das Ende, nämlich die Lösung konzentriert. Vielleicht sollte man deshalb besser von „zeiteffizienter Beratung" sprechen.

„**Kurzzeit**". Die durchschnittliche Anzahl der Sitzungen, bis ein Beratungsfall seinen Abschluss findet, liegt zwischen vier und sieben. In neueren Publikationen (z.B. Ralf Mehlmann und Oliver Röse, 2000) wird sogar von einer durchschnittlichen Dauer von nur noch dreieinhalb Stunden berichtet. Mit Blick auf die Psychoanalyse hält es Steve de Shazer geradezu für eine Beleidigung, dem Klienten hundert und mehr Kontakte zuzumuten und damit zu unterstellen, dass er eben nur begrenzt lernfähig ist.

Das zeitliche Intervall zwischen den Sitzungen wird jeweils ausgehandelt und kann wenige Tage oder mehrere Monate bedeuten. Insofern kann eine Kurzzeitberatung durchaus auch lang sein. Am häufigsten vergehen vier Wochen bis zum nächsten Gespräch. Das ist eine Zeitspanne, die vom Mailänder Team als besonders effektiv erfahren wurde. Mara Selvini-Palazzoli und Luigi Boscolo praktizierten ursprünglich das in der Psychotherapieszene übliche Wochen-Intervall – ausgenommen bei jenen Familien, die aus Süditalien anreisen mussten und denen man nur eine monatliche Konsultation zumuten wollte. Erstaunlicherweise machten genau diese Familien bessere Fortschritte als jene, die wöchentlich zur Therapie kamen. Therapie bzw. Beratung braucht also, damit sie wirkt, ihre Zeit.

Die einzelne Sitzung bleibt nach Möglichkeit auf 50 Minuten begrenzt, kann aber auch kürzer ausfallen – maßgebend ist die Erledigung des anstehenden Pensums, nicht die Position des Uhrzeigers.

Effektivität des Kurzzeitkonzepts. Wissenschaftliche Studien bestätigen die Effektivität des Kurzzeitkonzepts. Arnold Retzer (1996, S. 139ff) hat hierzu eine Vielzahl relevanter Forschungsergebnisse zusammengetragen, die er folgendermaßen resümiert: „Wann immer Unterschiede bei den Ergebnissen von Kurz- und Langzeittherapien zutage traten, so waren diese günstiger für die kürzeren Behandlungen." Und in den Studien von Budman und Gurman (1988), Smith et al. (1980) und Lambert et al. (1986) sieht er die Bestätigung dafür erbracht, „dass positive Effekte in Psychotherapien in den ersten sechs bis acht Sitzungen erzielt werden und die Besserungsraten danach in einer logarithmischen Funktion zwischen Therapiedauer und Besserung gegen Null gehen."

Schließlich sei auf Klaus Grawe et al. (1994, S. 696) verwiesen, der aufgrund seiner Studien folgendes Fazit zieht: „Der Zeitraum, in dem wirksame Therapien ihre Effekte erzielen, bemisst sich nach Monaten und nicht nach Jahren. Gerade bei den Therapieformen, die sich als besonders wirksam erwiesen haben, treten die positiven Wirkungen der Therapie in erstaunlich kurzen Zeiträumen ein bzw. werden mit einer erstaunlich geringen Sitzungszahl erreicht."

8 Fallbeispiel: Herr E. und seine Promotion zum „Dr. vitae"

Vorbemerkungen. Ein Fallbeispiel aus der Erinnerung zu rekonstruieren, hat natürlich seine Eigenheiten – zum Beispiel die, dass es das eigene Gedächtnis in der Regel doch recht gut mit einem meint und manche Dinge reproduziert, die so nicht ganz zutreffend sind, an anderer Stelle stehen müssten oder auch mehr einem Wunschdenken als der Realität entsprechen. Ich bitte also um Ihre Nachsicht, wenn in dieser verkürzten, komprimierten und dadurch linear-zielgerichteten Darstellung manches Ihren Widerspruch hervorruft. Sie sind jedoch eingeladen, das eine oder andere einfach entsprechend Ihrer Erfahrungen und Ihrer Intentionen zu streichen, umzuformulieren oder zu ergänzen. Vielleicht lassen Sie sich sogar an der einen oder anderen Stelle von Ihrer Phantasie leiten und geben dem Gesprächsverlauf eine ganz andere Richtung, um dabei dann festzustellen, dass es so bestimmt „besser gelaufen" wäre – auch dazu sind Sie eingeladen.

8.1 Anmeldung

In einem Telefonanruf bittet Herr E. um einen Termin für ein Beratungsgespräch. Bei der Telefonseelsorge habe man ihm das empfohlen. Er wisse beruflich nicht mehr weiter … Seine Stimme klingt dabei müde, unsicher, deprimiert.

8.2 Erste Sitzung

Bei unserem ersten Termin sitzt mir ein 40jähriger, etwas korpulenter Mann gegenüber, der die Schultern hängen lässt und mehr vor sich auf den leeren Tisch starrt, als dass er Augenkontakt aufnehmen würde. Vielleicht schämt er sich wegen der Tränen.

Mein Gesprächseinstieg besteht darin, dass ich das ausspreche, was ich sehe und empfinde:

> **Berater:** „Es geht Ihnen nicht gut heute …"

Während er den Kopf in beide Hände stützt, erzählt er stockend, so als ob er um jedes Wort ringen müsste, und vorsichtig, so als ob er mich keinesfalls belästigen möchte, seine kurze berufliche Lebensgeschichte: Studium der Betriebswirtschaftslehre, Auslandssemester, Einserexamen, Assistent, Promotion; Anstellung in der Personalabteilung eines größeren Industriebetriebs; Wechsel zu einem Institut für Organisations- und Personalentwicklung; zuletzt Auseinandersetzungen mit seinem Chef, der von ihm mehr Durchsetzungsfähigkeit und mehr Engagement zum Nutzen des Instituts erwartet hatte; Beendigung des Arbeitsverhältnisses im gegenseitigen Einvernehmen; manisch-depressive Erkrankung, mehrere Monate Nervenklinik, jetzt noch ambulante medikamentöse Behandlung (Taxilan); alle seit der Klinikentlassung unternommenen Bewerbungsversuche ohne Erfolg; der Vermittlungsdienst könne nichts für ihn tun, weil der Arbeitsamtsarzt ihn als noch nicht arbeitsfähig beurteilt habe; seit über einem Vierteljahr sei er jetzt zu Hause, die meiste Zeit verbringe er im Bett; vielleicht wäre es am besten …

> **Berater:** „Manchmal ist alles so schwer und so schwierig, dass Sie Ihre ganze Kraft zusammennehmen müssen, um überhaupt weiterleben zu können …"

Da ist es ausgesprochen – und macht uns beide betroffen, lässt uns beide für einige Zeit stumm sein.

Dann schildert Herr E. einige der erlebten „Ungerechtigkeiten" an seinem letzten Arbeitsplatz. Zum Beispiel habe er immer versucht, im Gespräch mit potentiellen Kunden offen und ehrlich die Möglichkeiten von Personal- und Organisationsentwicklung darzustellen, aber sein Chef sei auf Expansion aus gewesen … Dann das Freundlichtun vor den Unternehmern, die Einladungen zu feudalen Arbeitsessen, auch wenn man genau gewusst habe, dass das ein Schlitzohr sei. Oder die Konkurrenz unter den Kollegen im Institut selbst …

Seiner Frau von diesen Belastungen, Enttäuschungen, Verletzungen, Demütigungen zu erzählen, um wenigstens von einer Seite Verständnis und Unterstützung zu erfahren, war für ihn schwierig bis unmöglich. Sie hatte selbst BWL studiert, aber wegen der Geburt des ersten Kindes dieses Studium abbrechen müssen. Herr E. glaubte nun – unter dem Druck seiner Schuldgefühle – nicht nur für sich alleine, sondern sozusagen für beide zusammen beruflich erfolgreich sein zu müssen. Er setzte sich also selbst unter die Erwartung, der souveräne, karriereorientierte und erfolgreiche „Manager" zu werden – während ihm seine Gefühle sagten, dass er das nie schaffen würde, dass der Beruf des motivierenden Personalentwicklers nie **sein** Beruf werden würde, dass …

Die manisch-depressive Erkrankung spiegelt für mich genau diese innere Zerrissenheit wieder.

> **Berater:** „Ich frage mich, was Ihnen geholfen hat, immer wieder diese Kraft aufzubringen und so lange durchzuhalten, obwohl das eine wirklich extrem schwierige Situation war und ist."

Wieder entsteht eine lange Pause – aber es scheint eine andere Art von Schweigen zu sein, nicht mehr Schweigen aus Betroffenheit, sondern Schweigen durch Überraschung. Das habe er sich noch nie überlegt … Und wieder eine lange Pause, in der er innerlich sucht … Dann kommt ihm eine Idee: Zur Zeit treffe er sich mit einem pensionierten Priester, und da würden sie über Gott und die Welt reden … Es ist sichtbar und spürbar, wie er gedanklich in diese Gespräche hineingeht – ohne mich allerdings an den Inhalten teilhaben zu lassen. Das scheint etwas Kostbares zu sein, das er schützen möchte.

> **Berater:** „Sich jemandem anvertrauen zu können, sich offen auszutauschen, über Dinge nachzudenken und für sich zu klären, vielleicht sogar auf neue Ideen sich einzulassen, all das scheint Ihnen Kraft zu geben.
> Als Sie heute auf dem Weg hierher waren, was war da die Hoffnung, die Sie mit diesem Gespräch hier verbinden?"

Sofort ändern sich wieder sein Gesichtsausdruck und auch seine Körperhaltung. Es ist wie ein blitzartiges inneres Umschalten – jetzt hat er wieder die bedrückende, deprimierende „Landschaft" vor Augen. Er sei einfach so verzweifelt, müsse mit irgend jemandem sprechen … Und dann erzählt er wieder von seiner Frau, die jedesmal wütend werde, wenn er morgens noch im Bett liege, während sie zur Arbeit gehe. Aber gerade morgens fühle er sich am elendsten. Ihre ständige unausgesprochene Botschaft, dass er sich halt etwas zusammenreißen solle, mache seine depressiven Gefühle jedoch noch schwerer. Letztlich sei er dann froh, wenn er alleine in der Wohnung sei – die Kinder in der Schule und seine Frau im Reisebüro, wo sie vor einem Jahr eine halbtägige Anstellung gefunden habe.

> **Berater:** „Was wäre denn ein **Anzeichen** für Sie, dass unser Gespräch hilfreich ist? Wo würden Sie am ehesten erwarten, dass sich durch dieses Miteinandersprechen etwas positiv verändert?"

Eigentlich habe er ja schon gar keine Hoffnung mehr, dass es noch einmal besser werde, das sei ja schon sein zweiter Klinikaufenthalt gewesen … Und damit lädt er ein, die Umstände und Ursachen dieser erstmaligen psychotischen Phase zu recherchieren, sich mit ihm in diese endlose Landschaft der Depression zu begeben – und sich in ihr zu verlieren …

> **Berater:** „Ich sehe, dass Sie es geschafft haben, diesen Termin heute zu organisieren, und ich sehe, dass Sie es geschafft haben, hierherzukommen, und ich sehe, dass Sie es geschafft haben, mir Ihr Vertrauen zu schenken, und ich sehe, wie Sie es geschafft haben, dass ich Ihnen wirklich interessiert zuhöre … Es wäre mir wichtig, dass ich Ihnen dafür etwas geben könnte, das einen

> Unterschied macht zwischen der Situation, wie Sie gekommen sind, und der, wie Sie dann wieder gehen werden – so dass Sie sich sagen können, dass es sinnvoll war, hierherzukommen und miteinander zu reden."

Herr E. antwortet: Wenn er halt nicht immer so deprimiert wäre und wenn ich ihm versichern könnte, dass es beruflich eines Tages schon wieder klappen würde, dass er wieder so wie früher arbeiten könnte …

> **Berater:** „Wenn auf einer Skala von 1 bis 10 die Ziffer 1 bedeuten würde, dass Sie überhaupt keine Hoffnung mehr haben, dass Sie aus dieser schweren Situation und diesen schweren Gedanken jemals wieder herauskommen, und die Ziffer 10 bedeuten würde, dass Sie sich ganz sicher sind, dass das alles wieder gut wird und Sie sich auch so fühlen, wo würden Sie sich heute, hier und jetzt einschätzen?"

Ein zunächst erstaunter Blick, dann ein langes Nachdenken und schließlich eine Antwort, die nichts anderes als völlige Mutlosigkeit und Verzweiflung ausdrückt: „2!"

> **Berater:** „Entschuldigen Sie, wenn ich jetzt eine ganz verrückte Frage stelle: Angenommen, Sie könnten die depressiven Gefühle selbst bewusst beeinflussen, was müssten Sie tun, um die Situation in Richtung 1 zu verschlechtern?"

Zuerst ein Erschrecken über diese Frage, dann ein noch verloreneres Vor-sich-Hinstarren – und schließlich leise, zaghafte Worte, mit denen er das Bild zeichnet, wie er morgens ewig im Bett liegt und sich mit dem Gedanken quält, wie übel man ihm beruflich mitgespielt hat. Und je länger er diese Szene betrachtet, desto mehr scheint er emotional abzugleiten. Ich spüre, dass es wichtig ist, ihn hier rasch wieder herauszuholen und eine andere Richtung einzuschlagen, ihm einen anderen Fixpunkt zu geben:

> **Berater:** „Und bei welchem Skalenpunkt müssten Sie angelangt sein, dass Sie, wenn Sie wieder auf dem Weg nach Hause sind, sich sagen könnten, unser Gespräch hat sich gelohnt?"

Dieses Mal kommt die Reaktion schneller: „2,5!" Hat er in der Klinik gelernt, dass man an psychologische Gespräche keine allzu hohen Ansprüche stellen darf, oder sieht er einfach nur noch wenig Chancen der Veränderung, der Verbesserung?

> **Berater:** „Hat es in den letzten 14 Tagen einmal eine Situation gegeben, in der Sie sich ein klein wenig besser als 2 gefühlt haben?"

Wieder eine lange Pause, wieder dieses innere Suchen ...

Ich glaube, eine Veränderung in seiner Körperhaltung wahrzunehmen, als er davon erzählt, wie er mit seinen beiden Kindern beim Schwimmen gewesen ist. Und dann erzählt er mehr von seinen Kindern ...

> **Berater:** „Wenn Sie jetzt von dieser Unternehmung mit Ihren Kindern erzählen, dabei Ihre Kinder in Gedanken vor sich sehen, wie Sie Hand in Hand mit ihnen das Schwimmbad betreten, die angenehm warme Luft spüren, das freudige Lachen Ihrer Kinder hören ... Fühlen Sie da jetzt ein bisschen wie 2,5?"

Ein stilles Nicken mit dem Kopf, ein in sich versunkenes, fast wehmütig anmutendes Betrachten dieser Bilder ... und ich berühre sacht seinen Unterarm.

> **Berater:** „Schauen Sie sich ruhig diese Erinnerung noch etwas an ..."

Und dabei ist sein Kopf jetzt frei, nicht mehr in die Hände gestützt. Als er nach einiger Zeit wieder Augenkontakt aufnimmt, versuche ich zur Gegenwart zurückzuführen:

> **Berater:** „Ich würde jetzt gerne eine Zäsur in unserem Gespräch machen. Sie haben mir sehr viel Vertrauen entgegengebracht, für das ich mich nochmals bedanken möchte. Sie haben mir sehr viel aus Ihrem beruflichen und auch privaten Lebensbereich erzählt. Auch haben Sie mich an den damit verbundenen Gefühlen teilhaben lassen. All das hat mich sehr berührt.
> Ich würde jetzt gerne eine kurze Pause machen, um das alles nochmals gedanklich durchzugehen – und auch, um mir genau zu überlegen, was ich Ihnen als Rat für heute geben kann. Wären Sie einverstanden, wenn ich Sie jetzt für die nächsten fünf bis zehn Minuten alleine lasse?"

Als ich nach der vereinbarten Zeitspanne den Raum wieder betrete, schaut mich Herr E. ebenso erwartungsvoll wie ängstlich an. Ich muss spontan an ein verletztes Tier denken, dem man sich nähert, das aber, wegen seiner Verletzung, nicht flüchten kann.

> **Berater:** „Zunächst einmal möchte ich Ihnen sagen, dass ich sehr beeindruckt bin, wie offen und zugleich wie differenziert Sie Ihre Situation und Ihre Gefühle dargestellt haben. Gleich von Anfang an habe ich gespürt, wie Sie bei jedem Wort darauf achten, dass es den Sachverhalt genau trifft. Aber Sie gehen nicht nur mit Worten sorgsam um, Sie fühlen auch gegenüber Ihrer Familie, Ihrer Frau und Ihren beiden Kindern sehr viel Verantwortung. Und weil Sie diese schwierige Situation, in der Sie sich gegenwärtig befinden, und die damit verbundenen schweren Gedanken und schweren Gefühle von Ihrer Familie so gut es geht fernhalten möchten, nehmen

> Sie all Ihre Kraft zusammen. Und zugleich bemühen Sie sich um eine Veränderung der Situation, weswegen Sie ja dieses Gespräch hier organisiert haben. Und bei diesem Gespräch ist mir aufgefallen, wie gut Sie auf mich und meine Fragen eingegangen sind, zum Beispiel bei der Einschätzungsfrage mit der Gewichtung von 1 bis 10.
> Ihre genaue Ausdrucksweise, Ihr Verantwortungsbewusstsein und Ihre gedankliche Flexibilität – all das sind in Ihrem Beruf ja ganz zentrale Fähigkeiten, über die Sie **wieder** verfügen. Das wird während der Zeit in der Klinik noch anders gewesen sein. Vielleicht haben Sie selbst auch schon das eine oder andere entdeckt, das seitdem wieder besser geworden ist. Insofern hat sich da wirklich etwas positiv verändert – und ist noch dabei, weiter zu wachsen. Das macht mich dann, was Ihre Frage über Ihre weitere berufliche Zukunft betrifft, die ja eine ganz wichtige Frage ist, doch sehr zuversichtlich. Allerdings, und das ist nun mein Rat für Sie, ich halte es ebenfalls für wichtig, dass Sie diese Fortschritte auch respektieren. Und genau hierzu habe ich eine erste Aufgabe für Sie: Ich möchte Sie bitten, dass Sie bis zum nächsten Mal auf die Dinge achten, von denen Sie möchten, dass sie sich weiter so positiv entwickeln. Aber: Diese Aufgabe bedeutet, dass Sie sich diese Dinge einfach anschauen – und nicht, dass Sie jetzt mit diesen Verbesserungen weitermachen, sozusagen ohne Verschnaufpause einfach weiter und weiter die Leiter emporsteigen. Sie müssen Ihrem Organismus Zeit lassen.
> Sie sollten sich sogar Gedanken darüber machen, wie Sie sich für das Erreichte belohnen können, wie Sie Ihrem Organismus, dem Sie immer besser vertrauen können, etwas Gutes tun. Und wenn sich das noch damit verbinden ließe, dass Sie etwas Gutes für die Familie tun, die Ihnen ja ebenso wichtig wie der Beruf ist, dann wäre das ideal. Bei diesen Überlegungen muss ich daran denken, wie Sie von Ihrer Unternehmung mit Ihren Kindern erzählt haben, wobei ich spüren konnte, wie wichtig Ihnen Ihre Kinder sind – und wie wichtig **Sie** für die Kinder sind. Können Sie sich vorstellen, was ich jetzt für eine Hausaufgabe für Sie habe?"

Schon nach den ersten Sätzen war die Ängstlichkeit einem ernsthaften, gespannten Ausdruck gewichen, mit der er nun jede Wortnuance aufzunehmen scheint – um sich nun sichtlich gerne auf meine Frage mit einer Gegenfrage einzulassen: „Vielleicht wieder etwas mit den Kindern machen?"

> **Berater:** „Genau!
> Aber drei Besonderheiten sind dabei:
> Erstens sollten Sie diese **und** die nächste Woche etwas mit den Kindern unternehmen – einmal vielleicht wieder ein Schwimmbadbesuch und das andere Mal etwas anderes. Da werden Sie – vielleicht in Absprache mit Ihrer Frau – bestimmt eine gute Idee haben.

> Zweitens sollten Sie, wenn nächste Woche Schulferien sind, diese Aktivität schon für den frühen Morgen planen, damit Sie auch wirklich Zeit für die Kinder haben.
> Und drittens sollten Sie darauf achten, welche dieser beiden Unternehmungen Ihren Kindern und welche Ihnen selbst am besten gefällt."

Den Hinweis auf den frühen Morgen quittiert Herr E. mit einem kritischen Blick, er macht aber keine direkten Einwendungen.

> **Berater:** „Was mir übrigens sehr gut gefällt, das sind Ihre Gespräche mit diesem Priester! Wann werden Sie sich denn das nächste Mal mit ihm treffen?"

Herr E. versteht dies zugleich als Einladung, nun doch ein wenig davon zu erzählen, worüber letztes Mal diskutiert wurde …

> **Berater:** „Ich habe auch eine Hausaufgabe für mich: Wenn Sie einverstanden sind, will ich mit Ihrem Vermittler, Herrn G., einmal Kontakt aufnehmen, um von ihm zu hören, wie die Sache aus seiner Sicht aussieht, was er als weitere Vorgehensweise vorschlagen wird, sobald er vom Arbeitsamtsarzt sozusagen grünes Licht erhält. Vielleicht können wir jetzt schon ein wenig davon probeweise tun. Ich kann mir gut vorstellen, dass der Arzt geradezu auf so etwas wartet, bevor er zu einer neuen Beurteilung kommt. Außerdem wäre es bestimmt gut, wenn wir alle wichtigen Informationen zusammentragen würden, die uns dann die Entscheidung erleichtern, welches jetzt der beste nächste Schritt ist."

Herr E. bringt zum Ausdruck, dass er über alles froh sei, was ihn irgendwie aus diesem „dunklen Loch" heraushelfe.

> **Berater:** „Jetzt habe ich fast ein wenig ein schlechtes Gewissen, weil ich sehe, dass Ihre Hausaufgabe doch wesentlich größer ist als meine. Ist das dennoch für Sie so o.k.?"

Herr E. beschränkt sich wieder auf eine mimische Antwort, und die signalisiert sein Einverständnis mit einer solchen Form der „Arbeitsteilung".

> **Berater:** „Ich will mir kurz noch die einzelnen Aktivitäten und Beobachtungsaufgaben hier notieren, so dass wir uns beim nächsten Gespräch darauf beziehen können. Und wenn Sie möchten, mache ich Ihnen eine Kopie davon. Sehen wir uns in 14 Tagen wieder?
> Wir werden dann intensiver über das Berufliche sprechen.
> Ist es jetzt ein bisschen wie 2,5?"

Mit einem Anflug von Lächeln, das kurz auf seinem Gesicht erscheint: „2,5+!"

> **Berater:** „Ich bin schon gespannt darauf, welche Unternehmung Sie sich mit den Kindern einfallen lassen und wie die darauf reagieren werden – und auch was Ihre Frau dazu sagen wird."

8.3 Zweite Sitzung

Der erste Eindruck, den Herr E. heute vermittelt, signalisiert keine Veränderung. Dadurch, dass er spontan mit seinem Bericht beginnt, ergibt sich aber doch ein Unterschied zum Erstgespräch. Aber gleich wieder ein „Aber": … er sei immer noch bei 2 …

> **Berater:** „Ist das die ganzen 14 Tage so gewesen, oder hat es mitunter doch einmal eine kleine Schwankung gegeben?"

Doch, zum Beispiel als er die Sache mit den Kindern gemacht habe; sie seien sogar einmal in der Wilhelma in Stuttgart gewesen. Oder als er einmal früher als seine Frau aufgestanden sei und bei ihrem erstaunten Blick das Gefühl gehabt habe, dass sie tatsächlich wieder von ihm Notiz nehme … Aber dann …

> **Berater:** „Entschuldigen Sie, wenn ich Sie unterbreche: Verstehe ich Sie richtig, Ihr psychisches Befinden hat **meistens** der Stufe 2 entsprochen? Es ist **nie** schlechter gewesen? Aber **manchmal** war es ein klein wenig besser?"

Auf mein „Aber" reagiert er ebenso schnell mit seinem „Aber": „Ja, aber …" Und dann berichtet er von einem Buch, das er in den letzten beiden Wochen gelesen habe. Und da stünde etwas von psychischer Krankheit, die man annehmen müsse, weil das eben persönliches Schicksal sei … Herr E. ist sichtlich betroffen.

> **Berater:** „Das hat Sie sehr deprimiert – die Vorstellung, dass psychische Erkrankung etwas sein soll, wogegen man selbst angeblich nichts tun kann. Spüre ich das richtig, dass sich innerlich bei Ihnen zugleich etwas auflehnt gegen eine solche Sichtweise?"

Genau das ist es. Er fühlt, dass das bisschen Mut, das er gerade angesammelt hat, schon wieder bedroht ist. Erst zu einem späteren Zeitpunkt begreife ich, warum diese exzentrische Sichtweise bei Herrn E. sozusagen wie Schloss und Schlüssel zusammengepasst haben: Von einem Arzt der Nervenklinik war ihm nämlich bei der Entlassung die „Prognose" mit auf den Weg gegeben worden, dass einzig eine Psychoanalyse ihn vor einem Rückfall schützen könne – und alles sonstige, auch psychologische Beratung, sei wie mit Schleudern auf Panzer schießen!

> **Berater:** „Ich überlege mir gerade, ob es sinnvoll wäre, wenn Sie den Autor dieses Buches dazu einfach mal persönlich anschreiben würden. Es ist ja doch so, dass in der aktuellen wissenschaftlichen Fachliteratur die Sache etwas anders gesehen wird. Kürzlich erst habe ich im Radio einen Vortrag von Verena Kast gehört: 'Krise als Chance' … Ich habe übrigens eine Tonbandaufzeichnung davon."

Herr E. reagiert tatsächlich mit Interesse. Also wenn er diesem Autor schreiben würde …

> **Berater:** „Was würde das eigentlich für Sie, für Ihr konkretes Verhalten bedeuten, wenn dieser Autor recht hätte?"

Dann könne er eigentlich gar nichts tun, nur abwarten, dass es durch ein gütiges Schicksal irgendwann und irgendwie wieder besser werde. Und wenn man Glück habe, sei das dann so, wie wenn man morgens nach einem bösen Traum aufwache. Aber wenn man kein Glück habe …

> **Berater:** „Das macht mich jetzt selbst sehr betroffen. Lassen Sie mich einen Augenblick nachdenken, wie wir mit dieser Situation jetzt umgehen können."

Auch Herr E. beteiligt sich an der längeren Nachdenkpause.

> **Berater:** „Hätten Sie Lust zu einem Experiment, das mir helfen würde, das alles noch besser zu verstehen?
> Also, ich würde Sie gerne einladen, in der folgenden Woche an zwei Tagen einfach so zu tun, **als ob** dieser Autor recht hätte, das heißt, Sie unternehmen an diesen Tagen bewusst nichts, entwickeln keinerlei Initiative, nehmen lediglich Ihre Medikamente und beobachten ansonsten nur, was von sich aus geschieht. Und am Ende dieses Tages notieren Sie den Wert auf der Skala von 1 bis 10, der dem Tagesmittel Ihrer psychischen Befindlichkeit entspricht. An zwei anderen Tagen dagegen würden Sie sich ein ganz bestimmtes Pensum vornehmen – über das wir noch sprechen müssen – und abends dann wieder den Skalenwert ermitteln, um am Ende dann zu schauen, ob diese unterschiedlichen Arten, den Tag zu gestalten, einen Unterschied in Ihrem Erleben machen."

Herr E. hört aufmerksam zu, fragt sogar von sich aus nach, was das für „Pensen" denn sein könnten.

> **Berater:** „Nun, das eine wäre schon mal klar: Den Vortrag von Verena Kast abhören und die wichtigsten ihrer Gedanken notieren. Einverstanden? Ich würde Ihnen meine Tonbandkassette dazu ausleihen."

Das gefällt Herrn E. ganz gut – zufälligerweise hat er von Verena Kast schon mal ein Buch in der Hand gehabt, so dass meine Erläuterungen dazu knapp bleiben können.

> **Berater:** „Um eine zweite Aufgabe zu finden, habe ich jetzt zuerst eine Frage an Sie: Sie haben bislang ja Aktivitäten in verschiedenster Richtung entwickelt – Aktivitäten mit den Kindern, Aktivitäten in Richtung Arbeitsamt, Aktivitäten hinsichtlich psychologischer Literatur usw. Ein weiteres, sehr wichtiges Ziel ist es ja, beruflich wieder aktiv zu sein. Was wäre für Sie ein Anzeichen, dass sich auch in dieser Richtung etwas bewegt? Woran würde es zum Beispiel Ihre Frau merken, die Sie ja nur in der arbeitsfreien Zeit sieht, dass sich da etwas verändert?"

Die Abstraktheit, Komplexität oder Angstbesetzung dieser Frage, was immer es auch sein mag, lässt Herrn E. lange nachdenken. Schließlich: „Dann würde ich nicht mehr so rumhängen!"

> **Berater:** „Was würden Sie statt dessen tun, zum Beispiel abends zur üblichen Feierabendzeit? Versuchen Sie einmal in die Vorstellung hineinzugehen, wie das früher gewesen ist: Sie und Ihre Familie haben gemeinsam zu Abend gegessen und nun, nachdem das Geschirr abgeräumt ist, sucht sich jeder für sich zu beschäftigen … Ihre Frau … Ihr Sohn … Ihre Tochter … und auch Sie selbst …"

Wieder ein langes Nachdenken, ein bisschen wie in Trance. Dann schließlich erinnert sich Herr E., dass er früher häufiger gelesen hat, im Bereich der Fachzeitschriften zum Beispiel den „Harvard-Business-Manager". Den hat er inzwischen allerdings abbestellt. Bei der Universitätsbibliothek, so seine Idee, könnte man ihn jedoch lesen …

> **Berater:** „Die Bedingung ist jedoch, dass Sie nur einen einzigen Artikel lesen und sich auch nichts exzerpieren – einfach lesen! Selbst wenn Sie Neugierde oder Lust zum Weiterlesen spüren sollten, müssen Sie sich unbedingt an die Vereinbarung halten!"

Das leuchtet ihm zwar nicht so recht ein, regt eher seinen Widerspruch, wird aber als Aufgabe doch akzeptiert.

> **Berater:** „Ich möchte übrigens vorschlagen, dass Sie mit einem ruhigen Tag beginnen, dem dann ein aktiver folgt, nun wieder ein ruhiger, und schließlich wieder ein aktiver.
> Den Beginn dieses Experiments sollten wir dem Zufall überlassen. Vorschlag: Jedesmal abends, bevor Sie ins Bett gehen, werfen Sie zweimal hintereinander eine Münze – und wenn zweimal hintereinander die Zahl erscheint, heißt das, dass Sie nun am nächsten Tag mit dem Experiment beginnen können."

Herr E. hat inzwischen einen Stift aus seiner Mappe geholt und macht sich Notizen. Das ist ein weiterer Unterschied zum letzten Gespräch!

> **Berater:** „Zum Schluss will ich aber noch vom Ergebnis meiner Hausaufgabe berichten: Wie vereinbart, habe ich mit Ihrem Vermittler, Herrn G., gesprochen. Er hatte eine gute und eine weniger gute Nachricht. Mit welcher soll ich beginnen?
> Also, der Arbeitsmarkt für Betriebswirte ist im Augenblick tatsächlich sehr schwierig. Allerdings – und das ist nun die gute Nachricht – sieht er bei Ihnen doch gewichtige Pluspunkte: Ihr gutes Examen, Ihre Promotion und Ihre Berufserfahrung. Als sehr günstig schätzt er im Moment die Möglichkeit eines **gestuften** beruflichen Wiedereinstiegs ein – also zum Beispiel über eine ABM. Die finanziellen Mittel, die den Arbeitsämtern dazu gegenwärtig zur Verfügung stünden, seien sehr gut."

Das Stichwort „ABM" nimmt Herr E. sichtlich gerne zur Kenntnis. Daran habe er auch schon mal gedacht …, irgendwo im öffentlichen Dienst. Er glaube, dass er sowieso viel besser für eine Verwaltungstätigkeit in einer Behörde geeignet wäre und eigentlich auch besser Volkswirtschaft studiert hätte.

> **Berater:** „Ich überlege mir gerade, ob bei einem solchen gestuften Wiedereinstieg es **vor** dieser ABM noch die eine oder andere Stufe gibt, die sinnvoll sein könnte. Ich würde Ihnen das gerne als Hausaufgabe mitgeben, dass Sie sich dazu einmal Gedanken machen, über die wir nächstes Mal sprechen würden."

Wieder macht sich Herr E. gewissenhaft Notizen.

> **Berater:** „Jetzt ist nur noch die Frage, was **meine** Hausaufgabe sein könnte, so dass wir wirklich **gemeinsam** an der Sache arbeiten."

Und spontan bittet mich Herr E., dass ich wegen der ABM nochmals nachfragen soll – ob, wann und wo das machbar wäre. Und dann wirft er noch die Frage auf, ob es bei seinem Alter überhaupt noch eine Einstellungsmöglichkeit im öffentlichen Dienst gebe.

> **Berater:** „Das sind wirklich sehr gute und sehr wichtige Fragen!
> Ich will mich um beides kümmern."

Herr E. richtet sich plötzlich in seinem Stuhl auf.

> **Berater:** „Nun habe ich noch eine Rückmeldung für Sie: Zunehmend fällt mir ein Unterschied zwischen unserem ersten Gespräch und heute auf. Können Sie sich denken, was ich meine?"

Herr E. überlegt, zögert – und signalisiert, dass er es gerne von mir hören möchte. Offensichtlich glaubt er mir mehr als sich selbst.

> **Berater:** „Ich bin beeindruckt, wie Sie immer aktiver bei der Sache sind, sich zum Beispiel für Experimente begeistern lassen, sich unsere Arbeitsvereinbarungen genau notieren, auch Wünsche an mich formulieren usw. Ich habe ein sehr gutes Gefühl dabei und freue mich schon auf unser Gespräch in 14 Tagen!"

8.4 Dritte Sitzung

Inzwischen sind vier Wochen vergangen, ich hatte den Termin verschieben müssen. Als erstes fällt mir die Veränderung in der Kleidung von Herrn E. auf. Jetzt gleicht er mehr dem, was ich mir unter einem Unternehmensberater vorstelle. Und er marschiert direkt und fast forsch auf den inzwischen gewohnten Platz am Beratungstisch zu. Er habe viel zu erzählen – und dabei rückt er mit dem Stuhl an den Tisch heran, beugt sich nach vorne und stützt sich mit den verschränkten Unterarmen auf der Tischplatte auf.

> **Berater:** „Ich spüre, dass sich viel getan hat bei Ihnen!"

Mit einer etwas verärgerten Miene berichtet er vom Antwortschreiben, das er auf seinen Brief hin von jenem Buchautor, der übrigens Psychiater ist, erhalten hat. Das sei völlig oberflächlich gewesen, keine Frage habe er richtig beantwortet, fast wie ein Serientext aus dem Computer …

> **Berater:** „Und was für Schlussfolgerungen haben Sie aus dieser Nichtantwort, die aber halt doch eine Botschaft ist, nun für sich persönlich gezogen?"

Dieses Thema sei abgehakt – und die dazu ausgeführte Handbewegung unterstreicht, dass er es nicht für wert hält, darüber auch nur noch ein einziges Wort zu verlieren.

> **Berater:** „Das kann ich gut verstehen. Aber was für Konsequenzen hat es für Sie, dass das nun abgehakt ist?"

Das, was er damals gelesen und weswegen er sich so viele Sorgen gemacht habe, sei bedeutungslos geworden. Er glaube nicht, dass es jener Autor wirklich ernst meine mit dem, was er sage, so wie er ja auch die Zuschriften wohl nicht ernst nehme.

> **Berater:** „Woran könnte ein Außenstehender denn merken, dass Sie jetzt anders über die Sache denken? Was würde ihm im Vergleich zwischen heute und vor vier Wochen in Ihrem Verhalten auffallen? Was ist heute anders als zuvor?"

Vielleicht dass man bei ihm diesen Ärger spüre und dass er vielleicht doch wieder etwas aktiver sei.

> **Berater:** „Jetzt bin ich aber gespannt darauf, wie das Experiment ‚abwechselnd ruhige und aktive Tage' gelaufen ist."

Es folgt eine ausführliche Schilderung – angefangen beim vereinbarten Münzenwerfen: Erst am fünften Tag habe es geklappt, er sei schon ganz kribbelig gewesen, und dann auch noch zuerst gar nichts tun … Dieser erste Tag sei dann aber doch nicht so ruhig verlaufen, weil er sich mit seiner Frau gestritten habe, die seine Passivität schlecht ertragen könne. Und der zweite, der aktive Tag, sei eigentlich auch nicht besser gewesen. Einerseits sei er vom Vortag her noch sehr deprimiert und müde gewesen, andererseits habe er sich mit dem Lesen des „Harvard-Business-Manager" doch sehr schwer getan – obwohl oder gerade weil es um das Thema „Qualitätsmanagement" gegangen sei, ein Schwerpunktthema von ihm, mit dem er sich früher viel beschäftigt habe. Der dritte Tag verlief stimmungsmäßig ebenso deprimierend. Auf den vierten habe er dann im Voraus schon nichts mehr gegeben.

Und dann kam es doch anders: Das Tonband mit dem Vortrag von Verena Kast – und dabei die folgenden Aussagen, die er als wichtig für sich erkannte – so wichtig, dass er sie notiert hatte:

„In die Krise geraten wir, weil etwas Neues in unser Leben herein will. Krisen sind Wendepunkte. Die Chance einer Krise ist, dass alle Systeme überdacht werden müssen, dass neue Lebensmöglichkeiten in Betracht gezogen werden müssen" (Verena Kast, 1987, Audioband).

Aus einem Pool von Sätzen hatte er diese zwei, stimmig mit seinen Hoffnungen, für sich herausgegriffen – und im Nachdenken darüber erstmals neue Kräfte in sich wachsen gefühlt. Und erstmals erlebte er sich beim Skalenwert 4 angekommen!

Das war vormittags gewesen. Am späten Nachmittag nahm er sich dann nochmals den Artikel zum Qualitätsmanagement aus dem „Harvard-Business-Manager" vor und plötzlich ging es besser damit – sogar so gut, dass er am nächsten Tag aus seiner Ablage einen vor langer Zeit begonnenen, und dann doch wieder auf die Seite gelegten Aufsatz hervorkramte, ebenfalls zum Thema „Qualitätsmanagement". Und wie er das von ihm vor langer Zeit Verfasste las, sich immer mehr in diese Gedankenwelt vertiefte und zugleich neue Ideen entwarf, fühlte er sich fast in einer Art Aufbruchstimmung … Während er dies erzählt, werden ihm – in seiner inneren Bewegung – die Augen feucht. Nach einer kurzen Stille – um diesen Gefühlen Raum zu geben und sie zu respektieren, aber auch um Herrn E. Zeit zu lassen, wieder in das Hier und Jetzt zurückzukommen – stellt er dann entschieden fest (mehr sich selbst als mir gegenüber): „Ich werde daran weiterarbeiten!"

> **Berater:** „Ich muss Ihnen gestehen, dass mich das selbst nun sehr bewegt – und ich möchte Ihnen gratulieren!"

Ich ergreife spontan seine Hand, halte auch seinen Arm … und lasse eine längere Pause zu …, um dann zu einer Reihe von Fragen überzugehen, die dieses wichtige Projekt wieder mit der Gegenwart verknüpfen sollen:

> **Berater:** „Wie könnte der erste kleine Schritt aussehen, wenn Sie tatsächlich wieder an diesem Aufsatz arbeiten wollten?"
>
> „Wie werden Sie wissen, wann der richtige Zeitpunkt ist, um diesen ersten Schritt zu tun?"
>
> „Was wird Ihnen helfen, diesen ersten Schritt zu tun?"
>
> „Woran werden Sie erkennen, dass es Zeit ist, sich Gedanken über den zweiten Schritt zu machen?"
>
> „Was wird Ihnen weiterhelfen, wenn Sie feststellen, dass Sie nicht wie gewünscht vorankommen?"
>
> „Womit würden Sie sich belohnen, wenn Sie die erste auftauchende Schwierigkeit überwunden hätten?"
>
> „Gibt es schon Ideen für den zweiten Schritt?"

Seine Antworten machen deutlich, dass es für ihn wirklich entschiedene Sache ist, in diesen Aufsatz wieder Arbeit zu investieren. Und er zeigt auch gute Kompetenzen, was die notwendige Arbeitsorganisation sowie Arbeitssystematik betrifft. Gedanklich geht er sogar nochmals einen Schritt weiter: „Vielleicht könnte ich mich dann sogar um eine Veröffentlichung im „Harvard-Business-Manager" bemühen …", um sich dann aber wieder auf den ersten Schritt zu konzentrieren. Er hat die Absicht, mit dem ersten Arbeitgeber Kontakt aufzunehmen, um dort Zugang zu einer entsprechenden Studie zu erhalten, die damals in diesem Betrieb von einem externen Organisationsberater durchgeführt worden war und die Herrn E. ursprünglich zu diesem Aufsatz veranlasst hatte.

Beflügelt zu all dem hat Herrn E. aber nicht nur Verena Kast, sondern auch die sich konkretisierende Idee einer Arbeitsbeschaffungsmaßnahme (ABM) – und drittens (vielleicht aber auch erstens!) ein Sonntagsausflug mit der ganzen Familie – nach langer Zeit wieder einmal! Dabei hatte Frau E. fast beiläufig bemerkt: „Es wäre schön, wenn es mit dem Beruf wieder klappen würde!" Er interpretierte dies als Interesse an einer weiterhin gemeinsamen Zukunft, demgegenüber er sonst eher Signale in Richtung „Trennung" wahrnahm bzw. wahrzunehmen glaubte. Zugleich verstand er dies als Zeichen dafür, dass die Fortschritte, die er bei sich selbst registrierte, nichts Eingeredetes oder Eingebildetes waren, sondern auch von anderen gesehen wurden. Und das wirkte wie Medizin gegen eine zweite unheilvolle psychoanalytische Botschaft, die ihm in seiner akuten Krankheitsphase vom behandelnden Arzt (sicherlich mit der guten Absicht, Herrn E. zu mehr Aktivitäten zu motivieren) zugesteckt worden war: „Einen Schwachen kann man nicht lieben, bestenfalls hat man Mitleid mit ihm!"

> **Berater:** „Herr E., jetzt brauche ich wieder meine Nachdenkpause, um die vielen Neuigkeiten, die ich von Ihnen erfahren habe, in ihrer Bedeutung noch besser zu verstehen und zu begreifen …"

Inzwischen kennt er die Spielregeln unseres Gesprächs und verstärkt mich mit einem kurzen Kopfnicken.
Nach der Pause:

> **Berater:** „Ich möchte Ihnen als erstes sagen, dass ich geradezu begeistert bin über das, was Sie aus diesen vier Wochen gemacht haben – und das, obwohl es mit dem vereinbarten Hausaufgabenprogramm zunächst eigentlich mehr schlecht als recht angelaufen ist. Ich habe den Eindruck gewonnen, dass es Ihnen immer besser gelingt, sich bei auftauchenden Schwierigkeiten zu sagen: 'Jetzt erst recht!' und dadurch Ihre Kräfte erfolgreich zu bündeln. Das ist wirklich toll!
> Ich höre in mir allerdings auch eine Stimme, die etwas besorgt sagt: 'Langsam, langsam! Es besteht die Gefahr, dass er sich überfordert!'
> Aber dann beruhigt mich gleich wieder Ihre Antwort auf meine Frage, was Sie tun werden, wenn irgend etwas misslingen sollte. Sie sagen: 'Pause machen, irgend etwas mit den Kindern oder der Familie unternehmen, es dann mit einem kleineren Schritt nochmals probieren …'
> Besser könnte ich es Ihnen nicht raten!
> Das bringt mich auf eine Idee: Wenn wir hier einmal die Plätze tauschen würden, Sie also der Psychologe wären, zu welcher Hausaufgabe würden Sie mir jetzt raten?"

Die Überraschung ist gelungen, damit hatte Herr E. nicht gerechnet, das ist eine neue Perspektive für ihn. Aber er nimmt die Herausforderung an, bittet nun seinerseits um eine „Nachdenkpause".

Und dann macht er eine wichtige Unterscheidung bezüglich seines schriftstellerischen Projekts: Da ist zum einen das Ziel, einen Artikel für eine Fachzeitschrift zu verfassen, und da ist andererseits das Mittel dazu, das darin besteht, in der Universitätsbibliothek zu recherchieren bzw. mit seinem früheren Arbeitgeber Kontakt aufzunehmen, um in einer dort durchgeführten Studie nachzulesen. Vielleicht sollte er – im Sinne einer Strategie der kleinen Schritte – sich jetzt zuerst und allein darauf konzentrieren, seinen ehemaligen Chef anzusprechen und ihm sein Anliegen vorzutragen – zumal, und das ist eine zweite wichtige Unterscheidung, es sein eigentliches Ziel ja nicht ist, Fachjournalist zu werden, sondern wieder als „normaler" Betriebswirt „sich zu bewegen".

> **Berater:** „Das ist hervorragend, ich kann Ihnen nur gratulieren!
> Damit ist zugleich der letzte Punkt Ihres Hausaufgabenprogramms erledigt: Sie sollten sich ja noch weitere Zwischenschritte auf dem Weg zum beruflichen Wiedereinstieg überlegen. Jetzt haben wir, wenn ich das richtig sehe, folgende Reihenfolge – jedenfalls im Sinne eines ersten Entwurfs, den wir aber je nach Bedarf und Situation anpassen werden:
> - Recherchen an der Universitätsbibliothek,
> - Kontaktaufnahme mit Ihrem ehemaligen Arbeitgeber,
> - Analyse der damaligen Firmenstudie,
> - Überarbeitung Ihres Fachzeitschriftenartikels,
> - Entscheidung über eine mögliche Veröffentlichung,
> - Suche nach einer Arbeitsbeschaffungsmaßnahme,
> - Teilnahme an einer Arbeitsbeschaffungsmaßnahme,
> - regulärer beruflicher Wiedereinstieg.
>
> Wirklich hervorragend!"

Als ich die Hand von Herrn E. ergreife, zeigt er sich selbst sehr ergriffen, sehr gerührt – und auch ein bisschen stolz.

> **Berater:** „Zum Schluss möchte ich noch kurz über das Ergebnis meiner Hausaufgabe berichten: Also, die Sache mit der ABM nimmt konkretere Formen an. Herr G. wird mit dem Regierungspräsidium Kontakt aufnehmen und sich erkundigen, ob dort eine solche Maßnahme eingerichtet werden kann, und zwar mit einer Laufzeit von ein bis zwei Jahren. Zugleich hat er angeregt, einmal zu überprüfen, inwieweit über eine andere Beratungsstelle hier im Amt, die für berufliche Rehabilitation zuständig ist, noch weitere Formen der Hilfestellung möglich sind, um wieder zu einem Arbeitsplatz zu kommen. Ich werde hierzu mit dem zuständigen Berater, Herrn S., einmal telefonieren – das wäre dann auch gleich meine neue Hausaufgabe. Dann noch die Sache mit dem Einstellungsalter für den öffentlichen Dienst. Das dürfte, wie mir ein Verwaltungsexperte zugesichert hat, keine Probleme geben – für eine verbindliche Auskunft müsste man jedoch zu gegebener Zeit bei der betreffenden Behörde direkt nachfragen.
> Ja, damit wären wir für heute wieder am Ende. Aber bitte noch drei Fragen, um meine Neugierde zu befriedigen:

> - Wann werden Sie denn mit Ihren Recherchen in der Universitätsbibliothek beginnen?
> - Wie werden Sie sich belohnen, wenn Sie diesen Anfang gemacht haben?
> - Und wann denken Sie, sollten wir unser Gespräch fortsetzen?"

Herr E. schlägt einen Termin in drei Wochen vor, so dass er dann vielleicht schon von den ersten Erfahrungen mit seinen Recherchen in der Bibliothek oder gar bei seiner alten Firma berichten kann. Beim Hinausgehen dreht er sich noch einmal kurz um und murmelt ein etwas verlegenes und doch freundliches „Danke".

8.5 Vierte Sitzung

Wieder steht am Beginn des Beratungsgesprächs ein ausführlicher Bericht von Herrn E. darüber, was sich in der Zwischenzeit an Entwicklungen ergeben hat. Es ist wie die Beschreibung eines Weges, den er gegangen ist bzw. den er bewältigt hat – wobei er in der Erzählung sozusagen mich an die Hand nimmt und mir die sehens- und beachtenswerten Dinge detailliert zeigt. Und dabei bin **ich** nun in der Rolle des Lernenden.

Es wird deutlich, dass immer mehr in Bewegung gerät, dass ein generalisierender Veränderungsprozess sich etabliert, so dass die beraterischen Interventionen immer häufiger auf Verstärkungen in der Art „Tu' mehr desselben!" hinauslaufen.

Beispielsweise funktioniert es mit den Literaturrecherchen in der Universitätsbibliothek recht gut. Besonders stolz ist Herr E. darauf, dass er dort an einem Einführungskurs in die Nutzung des Internets teilgenommen hat und nun online auf alle möglichen Datenbanken zugreifen kann.

Später wird klar, dass sein Engagement in dieser Form des „Mehr desselben" ihm ein „Weniger des Neuen" ermöglichte, das heißt, er „musste" dadurch die vereinbarte Kontaktaufnahme mit seinem ehemaligen Arbeitgeber auf ein „später mal" verschieben. Er liefert auch spontan eine Begründung, die deutlich macht, dass diese Hausaufgabe doch mit stärkeren Unsicherheits- bis Angstgefühlen verbunden ist, denen ich beim letzten Gespräch zu wenig Beachtung geschenkt hatte: Die Vorstellung, dass er bei dieser Gelegenheit gleich mit der unverfänglich erscheinenden Begrüßung „Wie geht's denn?" konfrontiert werden würde, bereitete ihm sehr viel Unbehagen. In den letzten Monaten hatte er gelernt, auf derartige Fragen, zumeist eben von Ärzten gestellt, mit der Schilderung von vielfältigen Krankheitssymptomen zu antworten – in der jetzigen Situation war das so nicht mehr zutreffend, das heißt, es war etwas **nicht mehr**, aber es war auch etwas **noch nicht**, und das Dazwischenliegende, das „Jetzt", zu beschreiben, fiel ihm schwer, dafür fehlten ihm noch die Worte. Und auf keinen Fall wollte er mit bloßen Floskeln und einer ebenso unverbindlichen Gegenfrage reagieren. Schließlich fühlte er sich auch unbehaglich, weil ja sein Anliegen ungewöhnlich war, nämlich als Externer an Interna heranzukommen. Kurzum, Herr E. wusste nicht so recht, wie er diese Situation angehen sollte, und so ließ er es lieber gleich sein. Er hatte also von sich aus das Hausaufgabenprogramm seinen Möglichkeiten angepasst.

> **Berater:** „Dass Sie wieder wissenschaftlich arbeiten, ist der beste Beweis dafür, dass Sie erfolgreich Ihren Kompetenzen vertrauen. Dazu kann man Ihnen nur gratulieren!
> Ich möchte Ihnen aber auch dazu gratulieren, dass Sie in Ihrem Programm systematisch Schritt für Schritt vorangehen und sich genau überlegen, wann der richtige Zeitpunkt ist, um dann das Richtige zu tun. Durch diese Systematik und durch Ihre Flexibilität sind Sie jetzt zur Nutzung des Internets gekommen, was ja immer wichtiger wird. Und für die Kontaktaufnahme mit Ihrem ehemaligen Arbeitgeber haben wir jetzt etwas Zeit gewonnen, um uns nochmals zu überlegen, wann **dafür** der richtige Zeitpunkt ist. Vielleicht sollten wir diese Chance nutzen und uns jetzt nicht nur Gedanken über den richtigen Zeitpunkt, sondern auch über die richtige Vorgehensweise machen: Da ist ja einerseits der Plan, mit Ihrem ehemaligen Arbeitgeber wieder Kontakt aufzunehmen, und da ist andererseits Ihr Ziel, an diese Studie heranzukommen. Ich frage mich, ob es für dieses Ziel vielleicht noch alternative Pläne geben könnte. Möglicherweise bedeutet dies, einen etwas verschlungeneren Weg zu gehen, der im Endeffekt aber doch zielsicherer und damit erfolgreicher als die 'Direttissima' sein kann."

Am Ende einer längeren Diskussion steht schließlich der Plan, zuerst (oder ggf. auch statt dessen) bei jenem Organisationsberater nachzufragen, der die damalige Studie durchgeführt und auch den entsprechenden Bericht verfasst hatte.

Ein zweites großes Thema betrifft die Hoffnung, dass er noch mehr leisten könnte, wenn die Medikation herabgesetzt würde. Sein Hausarzt scheint davon jedoch überhaupt nichts zu halten und hat energisch davon abgeraten.

> **Berater:** „Gibt es auch positive Aspekte, dass die Medikation unverändert bleibt, dass sich daran **vorläufig** nichts ändert?"

Durch die Medikamente könne er sicher sein, dass es nicht zu einem Rückfall komme. Das ist eine ihn immer begleitende Angst. Herr E. erlebt sich wie auf einer Gratwanderung – auf der einen Seite der depressive Abgrund, auf der anderen Seite ein manisches Meer. Später erfahre ich, dass wichtige Bezugspersonen in seiner Lebenswelt diese Angst regelrecht nutzen bzw. ausnutzen. Beispielsweise hatte ein Freund Frau E. gegenüber die Bemerkung fallen lassen: „Ich glaub', der [Herr E.] geht wieder oben hinaus!" Vorausgegangen war eine Diskussion zwischen Herrn E. und diesem Freund, die zum Streitgespräch wurde, als Herr E. seinem arbeitslosen Freund den Vorschlag machte, doch endlich mal etwas mehr Initiative bei der Stellensuche zu entwickeln!!!

> **Berater:** „Es wäre zu überlegen, ob es andere Möglichkeiten gibt, die psychische und physische Fitness zu verbessern."

Er verweist auf seine gelegentlichen Schwimmaktivitäten.

> **Berater:** „Ich habe vor einiger Zeit in einer psychologischen Fachzeitschrift einen Artikel über die psychischen Auswirkungen von Jogging gelesen. Dort wurde gezeigt, dass damit depressive Personen ihre Befindlichkeit ebensogut verbessern konnten wie eine Kontrollgruppe, die psychologische Beratungsgespräche erhalten hatte."

Herr E. zeigt sich an einer Kopie dieses Psychologie-Heute-Artikels interessiert. Bevor ich jedoch handlungskonkretisierend nachfragen kann, was ein solches wissenschaftliches Ergebnis für **ihn** bedeuten könnte, wechselt er spontan auf ein anderes Problemthema (neben dem großen Problem „Arbeitslosigkeit"): Wo er **jetzt** am wenigsten zufrieden sei, das betreffe die familiäre Situation! Seine Frau habe, während er in der Klinik war, damit begonnen, kunstgeschichtliche Kurse an der Volkshochschule zu besuchen, zu denen auch Exkursionen gehörten bzw. gehören. Daraus sei ein kleiner Freundeskreis entstanden, den seine Frau weiterhin sehr pflege, zum Beispiel jetzt gerade mit einem Ausflug nach München, während er alleine zu Hause sitze. Die Gemeinsamkeiten hätten sich seit der Klinikzeit weitgehend auf das Essen und das Fernsehen reduziert …

> **Berater:** „Was wäre wohl als erstes anders, wenn sich die Beziehung zu Ihrer Frau wieder intensivieren würde?"

Sie würden wieder mehr gemeinsam unternehmen … Der in sich versunkene Blick signalisiert dabei, dass dies nur der erste Punkt einer langen Liste von schmerzlich Vermisstem darstellt und er nun in anklagender Weise Punkt um Punkt ergänzen will … Ich versuche diese Gedankenkette hinab in die Gefühle der Enttäuschung, Verletzung, Einsamkeit, Trauer, Verzweiflung zu unterbrechen:

> **Berater:** „Wie könnte der erste Schritt zu einem Mehr-miteinander-Unternehmen aussehen, den Ihre Frau möglicherweise von **Ihnen** erwartet?"

Wie Herr E. nach einer Antwort sucht, gleicht er jemandem, der in einem Fotoalbum die vergilbten Bilder aus einer längst vergessenen Zeit wehmütig betrachtet. Wieder ist er dabei, sich in den depressiven Abgrund fallen zu lassen … Es ist nichts mehr zu spüren von der zu Beginn unseres Gesprächs gezeigten Vitalität. Mir wird bewusst, wie vorläufig und „brüchig" all diese Lösungskonstruktionen und Lösungskompetenzen noch sind, auch wie einseitig ich durch meine Arbeitsamtssozialisation die Fokusse setze.

> **Berater:** „Wie haben Sie das früher gemacht, wenn der erste Schritt von Ihnen ausgegangen ist?"

Er erinnert sich, wie er seine Frau einmal eingeladen hat …

> **Berater:** „Was wäre das für eine Einladung, die etwas aus dem Rahmen fällt und die Ihrer Frau signalisiert, dass Sie es wirklich ernst meinen?"

Vielleicht ein Theaterbesuch … Aber wahrscheinlich wäre sie dann doch misstrauisch, wenn er plötzlich mit einer solchen Idee käme, obwohl sie früher gerne ins Theater gegangen seien …

> **Berater:** „Vielleicht könnte es einen Unterschied machen, wenn Sie Ihrer Frau sozusagen beiläufig erzählen würden, dass Sie von mir folgende Hausaufgabe erhalten hätten:
> Um aus der zurückgezogenen Lebensweise wieder herauszukommen, müssten Sie ab sofort einmal wöchentlich etwas unternehmen, wo Sie unter Leuten sind, und als Anfang sei ein Theaterbesuch 'verordnet' worden. Und dann könnten Sie Ihrer Frau sagen, dass es Sie freuen würde, wenn sie mitkäme, dass Sie gerne an frühere Zeiten anknüpfen würden …"

Diese Idee scheint Herrn E. zu gefallen, jedenfalls löst sich seine ernste Miene und ein zaghaftes Lächeln gewinnt die Oberhand.

> **Berater:** „Ihnen ist aber klar, dass Sie sich damit eine Hausaufgabe eingehandelt haben, die über den Theaterbesuch hinaus Ihnen einiges an Aktivitäten abverlangt? Sonst würde Ihre Frau ja gleich schlussfolgern, dass das alles nur ein Trick war! Außerdem sehe ich da noch ein bisschen das Problem, dass dieser Theaterbesuch so etwas wie ein 'Sonntagsereignis' ist und es Ihnen ja vorrangig darum geht, auch im Alltag wieder zu einer intensiveren Beziehung zu kommen. Deshalb überlege ich mir, ob es auch im Alltag etwas gibt, das Sie anders als bisher machen könnten, das Ihre Frau dann positiv registrieren würde. Haben Sie eine Idee dazu?"

Da ist das leidige Thema mit dem Aufstehen. Ein Mann, der morgens ewig im Bett liegt, scheint für Frau E. kein richtiger Mann zu sein – so bewertet Herr E. die Situation aus der Sicht seiner Frau. Und ein klein wenig sieht er die Sache auch so.

> **Berater:** „Wie wär's wieder mit einem Experiment?
> Also, wenn man morgens früh aufstehen muss, dann machen es die meisten Leute so, dass sie erstens einen Wecker stellen und zweitens, wenn der Wecker läutet, dann aufstehen. Mit unserer bewährten Methode der kleinen Schritte praktizieren Sie jetzt aber nur die Phase 1, das heißt, sie stellen einen Wecker, der dann morgens zur betreffenden Zeit läutet. Und auch den Wecker stellen Sie nur dann, wenn beim abendlichen Münzenwurf die Zahl oben war. Und ob nun der Wecker läutet oder nicht, sie machen ansonsten gar nichts außer beobachten, was Ihnen morgens dann an Gedanken durch den Kopf geht. Dazu sollten Sie später, wenn Sie irgendwann aufgestanden sind, ein paar Notizen machen, über die wir bei unserem nächsten Termin sprechen können."

Herr E. weiß offensichtlich nicht so recht, ob er nun skeptisch oder amüsiert sein soll über diese Hausaufgabe. Aber dann macht er sich wieder Notizen in seinem Kalender und teilt auf diese Weise sein Einverständnis mit.

> **Berater:** „Jetzt haben wir wieder drei Hausaufgaben: Kontakt mit jenem Organisationsberater, Theaterbesuch, Weckerstellen.
> Es macht richtiggehend Spaß, mit Ihnen zusammenzuarbeiten und zu sehen, wie Sie von Gespräch zu Gespräch immer souveräner die Dinge anpacken – und dabei auch sehr erfolgreich sind! Mir fällt auf, dass ich heute nicht einmal meine sonst übliche Nachdenkpause gebraucht habe."
>
> „Und während zu Beginn unserer Kontakte die Richtung des Gesprächsverlaufs vielleicht zu 80% noch von mir beeinflusst wurde und 20% bei Ihnen lag, scheint es sich inzwischen umgekehrt zu haben – jetzt sind Sie es, der die Führung übernommen hat. Und parallel dazu ist der Einfluss, den Sie wieder auf Ihr Leben nehmen, ständig gewachsen. Bei wieviel Prozent schätzen Sie selbst, dass jetzt Ihr 'Einflussquotient' liegt?"

Herr E. zögert etwas. Die Nachfrage, ob es mehr oder weniger als 50% sind, bringt ihn dann aber doch zu sicheren 60%!

> **Berater:** „Wenn Sie erlauben, dann mache ich jetzt etwas, was man sonst als Berater eigentlich nicht machen sollte, nämlich mehr als drei Hausaufgaben zu geben. Aber bei Ihnen bin ich zuversichtlich, dass Sie auch das schaffen werden.
> Ich möchte Sie bitten, bis zum nächsten Mal auf alles zu achten, was andeutet, dass sich Ihr 'Einflussquotient' noch weiter steigern wird."

8.6 Über die weiteren Sitzungen

Im letzten halben Jahr haben fünf weitere Beratungsgespräche stattgefunden. Korrespondierend zu den Veränderungsprozessen bei Herrn E. ergaben sich dabei entsprechende Veränderungen in den verschiedenen Variablen der Beratung selbst. Beispielsweise erschien es sinnvoll, das zeitliche Intervall zwischen zwei Terminen kontinuierlich zu vergrößern. Und schließlich wurde dazu übergegangen, erst dann einen Gesprächstermin anzusetzen, wenn im Zusammenhang mit weiteren Veränderungsschritten Herr E. explizit Beratungsbedarf formulierte.

Das war zum Beispiel der Fall, als er von seinem Arbeitsberater erfahren hatte, dass sich die geplante Arbeitsbeschaffungsmaßnahme beim Regierungspräsidium im Augenblick nicht realisieren ließ. Das Regierungspräsidium habe gegenwärtig keine freien finanziellen Mittel, um den notwendigen Kostenanteil zu übernehmen. Diese Enttäuschung bedeutete für ihn akute „Rückfallgefahr", und es musste rasch eine Ersatzlösung gesucht werden. Nach Kontakten mit dem Leiter der Universitätsbibliothek, der Kooperationsbereitschaft bestätigt hatte, konnte über den Rehabilitationsberater des Arbeitsamtes kurzfristig eine halbjährige Trainingsmaßnahme in der dortigen Personalabteilung organisiert werden.

Der volle Acht-Stunden-Tag hat, entgegen anfänglicher Befürchtung, keine Probleme bereitet (vielleicht auch dank des entsprechenden Vortrainings). Ebenso ist die soziale Integration gut gelungen. Der unmittelbare Vorgesetzte, mit dem Herr E. im selben Zimmer arbeitete, ist ebenfalls Betriebswirt, und er hat den promovierten Kollegen von Anfang an voll akzeptiert. Und über den fachlichen Austausch ergab sich dann auch eine positive persönliche Beziehung. Dies hat Herrn E. in seinem psychischen Stabilisierungsprozess entscheidend weitergeholfen – auch wenn er mit der Bezeichnung „Glücksfall" seinen Anteil relativierte.

> **Berater:** „Stellen Sie sich einmal vor, Sie selbst wären das Glück, das solche Glücksfälle arrangiert. Was könnte Sie als Glück dazu bringen, sich gerade mit Herrn E. zusammenzutun und ihn zu beglücken?"

Ein krisenhaftes Ereignis kam von einer ganz anderen Seite her und auch mit einer ganz unerwarteten Problematik: Frau E. hatte für die unmittelbar bevorstehenden Osterferien eine Einladung für einen einwöchigen Urlaub zu Bekannten in Österreich erhalten – und zwar für die ganze Familie. Die Trainingsmaßnahme bei der Universitätsbibliothek war gerade zwei Wochen alt! Herr E. erlebte sich im Zwiespalt, ob er die Chance, sich endlich wieder mal Urlaub leisten zu können, auch noch Familienurlaub, nutzen sollte, oder ob besser den beruflichen Belangen Priorität einzuräumen war. Die Angst, sich falsch zu entscheiden, belastete ihn sehr, und das wurde noch kumuliert durch die Frustration von Frau E. angesichts seiner Unentschlossenheit. Gegenseitige Vorwürfe wie zum Beispiel „Egoist" und „Immer nur Du" und „das war schon früher so" und „Irgendwann mag ich einfach nicht mehr" usw. schürten eine Konflikteskalation. Folgende Fragen brachten schließlich eine Lösung, da sie einen Unterschied einführten, der einen Unterschied machte:

> **Berater:** „Wie sicher sind Sie sich, dass Ihnen diese eine Woche in der Universitätsbibliothek hilft, Ihre Befindlichkeit weiter zu verbessern und sich immer leistungsfähiger zu fühlen?"

Hier war er sich zu 100% sicher.

> **Berater:** „Und wie sicher sind Sie, dass Ihnen dieser Urlaub zusammen mit Ihrer Familie hilft, psychisch weiterzukommen?"

Hier waren es nur 70%. Durch „so viel Nähe auf einmal", speziell zu seiner Frau, befürchtete er nämlich Reibereien und Streitereien.

> **Berater:** „Woran würde Ihre Frau sicherer erkennen, dass es Ihnen mit einer besseren gemeinsamen Zukunft wirklich ernst ist – an der Entscheidung für diesen Urlaub oder an der Entscheidung, sich jetzt voll auf das berufliche Training zu konzentrieren?"

Das Ergebnis war, dass er auf den Urlaub verzichtete – und seine Frau sich dem anschloss!

Herr E. hat diese Entscheidung nie bereut. Einerseits stellten sich tatsächlich die erhofften beruflichen Erfolgserlebnisse ein, zum Beispiel was die kollegiale Anerkennung oder die Routinisierung der täglichen Arbeit betraf, andererseits ergaben sich auch so, d.h. ohne Urlaub, positive Veränderungen in den familiären Beziehungen. Wieder einmal erwiesen sich dabei die Kinder als die „Helfer" für einen weiteren Schritt vorwärts. Sie spürten wohl die zunehmende Kompetenz bei ihrem Vater, nahmen entsprechend Abstand von dem früher einmal „verordneten" Schonumgang mit ihm und „belästigten" ihn nun wieder mit Hausaufgabenproblemen, d.h., er gab Nachhilfeunterricht in Latein, löste eine knifflige Matheaufgabe usw. Sowohl am Arbeitsplatz als auch innerhalb der Familie wurde ihm also deutlich signalisiert, dass man ihn brauchte!

Nur Frau E. sah weiterhin relativ reserviert den Entwicklungen zu – so das Erleben von Herrn E. jedenfalls. Von ihrer Seite aus kam kein Angebot für eine größere Nähe, die sich Herr E. wünschte. Erschwert wurde diese Situation noch dadurch, dass die Vorstellungen von Herrn E. von einer Intensivierung der Beziehung sich auf ein Mehr an Zärtlichkeiten und sexuellen Kontakten konzentrierten, was aber nur den **Endpunkt** einer positiven Entwicklung darstellen konnte! Deshalb folgende Intervention:

> **Berater:** „Entschuldigen Sie, wenn ich Ihnen jetzt wieder eine etwas verrückte Frage stelle: Angenommen, Ihre Frau wollte bewusst auf mehr Distanz zu Ihnen gehen, was würde sie dann anders machen, als sie es heute macht?"

Im Umkehrschluss ergaben sich so doch jetzt schon praktizierte „Zuneigungsbeweise" – zum Beispiel den, dass sie seine Hemden bügelte: „Wenn man jemand nicht mag, dann bügelt man nicht seine Hemden" – das war für ihn dann tatsächlich ein eindeutiges Indiz und ermöglichte ihm eine veränderte Perspektive. Entsprechend lautete dann die Hausaufgabe, auf all die Verhaltensweisen seiner Frau zu achten, von denen er sich wünschte, dass sie so bleiben mögen.

Im Rahmen dieser Beobachtungen wurde Herr E. offensichtlich sensibler für die Wahrnehmung der Belastungsfaktoren, denen seine Frau im Zusammenhang mit ihrer beruflichen Arbeit ausgesetzt war. Und die Respektierung der Tatsache, dass auch sie es schwer hatte, schaffte sowohl mehr Gleichheit als auch mehr Verständnis füreinander und so schließlich auch ein klein wenig mehr Nähe in der Beziehung.

> **Berater:** „Ich bin beeindruckt, wie sensibel und differenziert Ihre Fähigkeit geworden ist, Unterschiede in Ihrem Erleben und auch dem Ihrer Frau wahrzunehmen."

Im nächsten beraterischen Schritt war es allerdings wichtig, den Aufmerksamkeitsfokus weg von „Es-schwer-haben" auf „Schwieriges-bewältigen-können" zu lenken. Ein erstes Mittel dazu war wieder einmal ein Tonband: „Reinhard Tausch, Vom förderlichen Umgang mit beeinträchtigenden Gefühlen". Als Herr E. sich dieses Band eines Abends anhörte, setzte sich seine Frau – neugierig geworden – spontan mit dazu. Er hatte auch wieder eine für ihn wichtige Botschaft aus dem Tonbandvortrag für sich herausgehört:

„Wir machen in unserem Leben oft Denkfehler. Ein Fehler ist: Wir filtern unsere Erfahrungen und nehmen oft negative Einzelheiten heraus und vergrößern sie, während wir die positiven Gesichtspunkte einfach weglassen (Reinhard Tausch, 1987)."

Noch wichtiger für diese Zielsetzung war aber eine veränderte Attribution des depressiven „Krankheitsgeschehens" bei Herrn E. Dazu wurde seine Zeit in der Klinik hinsichtlich ihrer Schwere und Herausforderung verglichen mit einer besonderen Art von Promotion, nämlich seiner Promotion **in Sachen Leben**, so dass er nun eine doppelte Qualifikation erworben hatte: „Dr. oec." und „Dr. vitae"! Diese Sichtweise, die seiner Krankheit irgendwie Sinn verlieh, war ihm neu und er nahm sie emotional sehr bewegt zur Kenntnis. Er erlebte hierin zugleich eine Respektierung dessen, was er durchgemacht hatte. Bei der Diskussion dieser Konnotation berichtete Herr E. dann selbst von verschiedenen Veränderungen in seinen Werthaltungen seitdem, die, genau besehen, sein Leben eigentlich bereichert hätten. Auch könne er heute viel besser spüren, wie es anderen Leuten zumute ist. Von da aus war es dann nur ein kleiner Schritt, um Überlegungen dazu anzustellen, wie er dieses erweiterte Wissen auch im Umgang mit seiner Frau verwenden könnte.

All das lud nicht nur dazu ein, ein wenig stolz auf sich zu sein, sondern forderte zugleich die Frage heraus, wie er sich selbst belohnen könnte für das inzwischen Erreichte. So entstand zum Beispiel die Idee, einmal einen Ausflug nach München zu machen, um u.a. wieder die Alte Pinakothek aufzusuchen. Er knüpfte damit an frühere, vitale Erlebnisse an – und praktizierte unbewusst eine Art „Pacing" zum Verhalten seiner Frau.

Auf beruflichem Sektor konnte Herr E. – parallel zu der selbstwertstabilisierenden Entwicklung – immer besseren Zugang zu seinen Energien und Ressourcen finden. Und das wiederum hatte zur Folge, dass er wieder anfing, sich mit dem Stellenanzeiger für Betriebswirte und Unternehmensberater zu befassen – zuerst noch „um bloß mal zu sehen, was da läuft", dann aber mit der immer konkreter werdenden Idee, es vielleicht doch mal mit einer Bewerbung zu versuchen, um im dritten Schritt dann eine ernsthafte Bewerbung zu unternehmen. Aus solch einem Versuch wurde dann aber recht schnell Ernst: Die Universität hatte für Aufgaben im Rahmen einer organisatorischen und personellen Umstrukturierung des gesamten Verwaltungsbereichs eine auf drei Jahre befristete Stelle (Vergütungsgruppe IV) ausgeschrieben. Obwohl Herr E. dafür klar überqualifiziert war, erschien sie ihm unter folgenden Aspekten doch attraktiv: Entsprechend der inzwischen bewährten „Strategie der kleinen Schritte" war so etwas die logisch nächste Stufe nach der Trainingsmaßnahme in der Universitätsbibliothek, zweitens müsste er sich wieder einmal einem Auswahlverfahren stellen, was ihm gegenwärtig noch Angst einflößte, und drittens erhoffte er sich von einer Anstellung im öffentlichen Dienst, bei späteren internen Stellenausschreibungen bevorzugt zu werden.

Die weitere Entwicklung war vergleichbar mit einer „Wechselduschenkur": Der ersten Euphorie folgte ein mühseliger Entwurf für das Bewerbungsschreiben, wobei hier eben die besondere Schwierigkeit darin bestand, dem Arbeitgeber überzeugend zu erklären, warum er als promovierter Betriebswirt sich nicht zu schade für so etwas ist, und andererseits, warum er nach dieser langen Krankheitszeit doch die notwendige Arbeitsleistung bringen kann. Die Einladung zum Vorstellungsgespräch bewirkte wieder ein stimmungsmäßiges

Hoch, der Verlauf dieses Gesprächs selbst führte aber wieder in ein Tief. Als er die ganze Sache innerlich schon als Misserfolg abgehakt hatte, kam die Einladung zur vertrauensärztlichen Untersuchung, was ambivalente Gefühle auslöste. Er wusste nun, dass er noch im Rennen war, aber … Die fast einstündige medizinische Anamnese brachte ihn wieder in intensiven Kontakt mit den depressiven Emotionen der Vergangenheit: „Am Ende war ich fix und fertig" – und das betraf auch die Hoffnung, diese Hürde doch bewältigen zu können. In diese Bewertung passte der Umstand, dass die Universität in den nächsten drei Wochen nichts von sich hören ließ. Dann, wieder war die Sache für ihn eigentlich abgehakt, erreichte ihn der Brief des Universitätskanzlers, den er mit zitternden Händen öffnete …

Zum nächsten Beratungsgespräch – unangemeldet! – erschien Herr E. mit einer Flasche Sekt …

Meine Warnung: „Langsam, langsam, Herr E., versuchen Sie diese Freude – nach dem, was Sie in den letzten Monaten durchgemacht haben – ein bisschen gleichmäßiger zu verteilen!" – schien deplaziert und irritierte Herrn E. auch ein wenig, bewahrheitete sich dann aber doch rascher als erwartet: Ein Freund, dem er in seiner überschwenglichen Freude davon erzählte, sorgte mit der Bemerkung „Und Du als Doktor arbeitest für Vergütungsgruppe IV?!" für eine emotionale Bauchlandung.

Die Tatsache, dass er nicht alles gleich wieder hingeschmissen hatte, war ein „Kompliment" wert. Ebenso die Tatsache, dass er das ganze Bewerbungsverfahren erfolgreich absolviert hatte – eigentlich hätte das schon genügt, um ihm zu gratulieren!

> **Berater:** „Außerdem muss ich Ihnen gestehen, dass meines Erachtens dieser Job Ihnen nur dann etwas bringt, das heißt Sie **weiter**bringt, wenn er eine neue Herausforderung für Sie darstellt. Eine Bemerkung, wie sie Ihr Freund gemacht hat, und wie sie andere vermutlich noch äußern werden, als Einladung zu einem „Jetzt erst recht!" zu verstehen, ist wohl schon die erste neue Herausforderung. Und dann geht es darum, ganz egoistisch die Universität und diese Arbeitsstelle für ein zweites, entscheidendes Arbeitstraining zu nutzen – um nicht zu sagen **aus**zunutzen … Welche 'Arbeitseigenschaften', die Ihnen persönlich wichtig sind, lassen sich in dieser Arbeitsumgebung wohl am besten trainieren? Welches Trainingsziel wollen Sie sich als erstes vornehmen?"

Das leuchtete Herrn E. ein und brachte ihn zugleich auf neue Gedanken mit Bildern von einer Zukunft, in der er immer selbstbewusster Fuß fassen konnte. An dieser Stelle schien eine Misserfolgsprophylaxe sinnvoll:

> **Berater:** „Man sagt, wirkliche Fortschritte vollziehen sich immer nach der Methode: Drei Schritte vorwärts und einen zurück. Wie könnten Sie sich stark machen für den Fall, wenn es zwischendurch mal wieder einen Schritt zurück gehen sollte? Und wie würden Sie sich belohnen für drei Schritte vorwärts? Meines Erachtens waren jetzt das erfolgreiche Vorstellungsgespräch, die erfolgreiche ärztliche Untersuchung und die erfolgreiche Endauswahl solche drei Schritte vorwärts – und die Bemerkung Ihres Freundes der eine Schritt rückwärts. Aber Sie haben sich noch nicht für die drei Vorwärtsschritte belohnt!"

Als Herr E. die erste Woche erfolgreich bei der Universitätsverwaltung überstanden hatte und sogar selbst darüber Zufriedenheit zeigte, war nun **ich** an der Reihe, ihm mit einer Flasche Sekt zu gratulieren. Wir stießen miteinander an, und den Rest der Flasche nahm er mit nach Hause.

Damit ist der aktuelle Stand in diesem Beratungsfall erreicht, hier endet also mein Bericht. Die Beratungen selbst werden wohl noch einige Zeit weitergehen – bis dann die Frage gestellt werden wird:

> **Berater:** „Welchen Punkt der Skala von 1 bis 10 müssen Sie erreicht haben, damit Sie sich entscheiden, für sich alleine weiterzugehen – mit all dem 'Lebenswissen', das Sie sich in unseren Gesprächen erarbeitet haben?"

Und dann wird auch der Zeitpunkt erreicht sein, um ihm zu den erfolgreichen Gesprächen wie zu einem erfolgreichen Rigorosum zu gratulieren und ihm dann die Urkunde „**Dr. vitae**" mit „summa cum laude" zu überreichen.

9 Beforschte Beratung: Qualitätsmanagement und Prozesskontrolle

Beratung bedeutet immer Gespräch. Aber Gespräch ist nicht immer Beratung. Der Unterschied ergibt sich aus der Systematik, mit der ein Berater bestimmte Intentionen verfolgt und diese mit spezifischen Interventionen zu realisieren versucht. Beratung ist insofern ein zielorientiert-manipuliertes Gespräch – im Gegensatz zu einer spontan-assoziativ verlaufenden Unterhaltung.

Wie der Berater das im Einzelnen macht, vor allem auch, wie Intentionales und Interaktionales im Verlaufe eines längeren Beratungsprozesses zusammenwirken, das ist in der Gesamtwahrnehmung eines außenstehenden Beobachters oft nur schwer auszumachen – und geht für ein differenziertes Verstehen vollends verloren, wenn man vom Ende der Beratung her, also rückblickend, das Geschehene zu interpretieren versucht. Ein Berater, der sich zu einem konsequenten Qualitätsmanagement verpflichtet hat und damit auf evaluative Selbstkontrolle und Supervision Wert legt bzw. Wert legen muss, kann sich mit einem solchen retrospektiven Gesamteindruck und dem korrespondierenden „Gesamtgefühl" („Irgendwie ist es ganz gut gelaufen …") aber nicht zufrieden geben. Er wird vielmehr nach Möglichkeiten suchen, die interaktiv-prozessualen Abläufe detailliert zu erfassen – also das, was sich wie ein Film darbietet, in den zugrunde liegenden Einzelbildern sichtbar zu machen, so wie dies auch im Lichtblitzverfahren eines Stroboskops geschieht, wenn man komplexe Bewegungen studieren möchte. Mit solchen Einzelsequenzen, wie sie über Videoaufzeichnungen zugänglich werden, differenziert sich „die Beratung" zu einem vielzähligen und vielfältigen Microcounseling (Allen E. Ivey und Jerry Authier, 1983), wobei jede Microeinheit nun für sich protokolliert und dann im Rahmen der Analyse in Beziehung gesetzt werden kann zu den Erlebensreaktionen des Klienten bzw. zu den langfristigen Ergebnisqualitäten von Beratung. Und da Beratung Gespräch ist, bedeutet eine solche Protokollierung bzw. Kodierung, die üblicherweise in sprachlicher Form erfolgt, dass Sprachliches im eigenen Medium der Sprache beschrieben wird, allerdings auf unterschiedlichen Abstraktionsniveaus.

Die Beratungspsychologie bietet eine Vielzahl solcher Protokollierungs- bzw. Kodierungsschemata mit Fokus auf das Verhalten des Beraters an. Die aktuell einflussreichsten und qualitativ sicherlich auch anspruchsvollsten sind die „Wirkfaktorenanalyse" von Klaus Grawe (1999b), das „Ratinginventar lösungsorientierter Interventionen" von Günter Schiepek et al. (1997) sowie die „Sequentielle Plananalyse" von Günter Schiepek (1999).

9.1 Eine Analyse der Wirkfaktoren

Klaus Grawe (1999b) bezeichnet sein Kodierungssystem, das im Zusammenhang zu sehen ist mit seinen Aktivitäten zur Etablierung einer allgemeinen, schulenübergreifenden „Psychologischen Therapie", als „Wirkfaktorenanalyse". Sie nimmt dabei für sich in Anspruch, ein wirklich allgemeines operationales Beschreibungsvokabular zu verwenden und insofern unabhängig zu sein von den spezifischen Begrifflichkeiten der verschiedenen Therapieschulen. Ein solches Vokabular steht dann unter der Anforderung, sozusagen alle nur denkbaren beraterischen Variabilitäten bzw. eben den gesamten Raum möglicher beraterischer Interventionen beschreiben zu können – und zwar so zu beschreiben, dass für jede beraterische „Microeinheit" die jeweiligen Koordinaten in diesem Gesamtraum klar definiert sind. Klaus Grawe hat diesen beraterischen/therapeutischen Gesamtraum mit einem fünfdimensionalen Koordinatensystem „formatiert", wobei jede Dimension nach zwei Perspektiven differenziert ist, so dass sich insgesamt 10 Perspektiven ergeben:

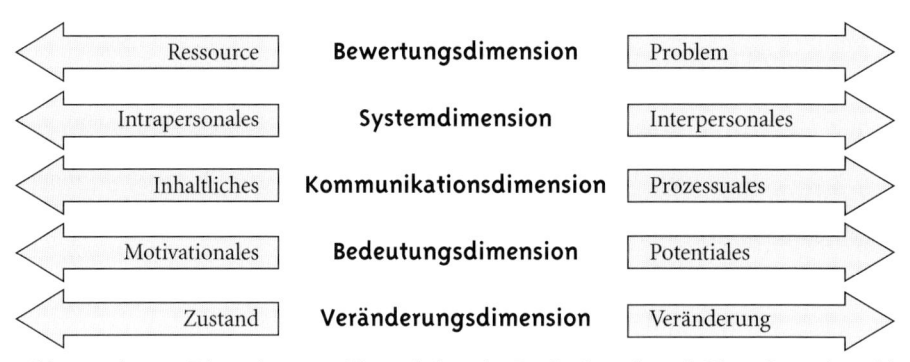

Ressource	**Bewertungsdimension**	Problem
Intrapersonales	**Systemdimension**	Interpersonales
Inhaltliches	**Kommunikationsdimension**	Prozessuales
Motivationales	**Bedeutungsdimension**	Potentiales
Zustand	**Veränderungsdimension**	Veränderung

Wirkungsrelevante Dimensionen und Perspektiven der Psychotherapie nach Klaus Grawe (1999b)

▶ **Bewertung: Problem versus Ressource.** Hinsichtlich der ersten Dimension, der Bewertungsdimension, wird unterschieden, ob in der jeweiligen Intervention eher das Problem des Klienten oder mehr seine verfügbaren Problemlösekompetenzen (Ressourcen) fokussiert werden.
▶ **System: Intra- versus Interpersonales.** Die zweite Dimension, die Systemdimension, bewertet das beraterische Agieren danach, ob es auf intrapersonales oder auf interpersonales Verhalten des Klienten konzentriert ist. Die Analyse eines Problems, wie es ein Klient im Zusammenleben mit seinem Ehepartner erlebt, entspräche soweit gesehen dem Interventionstyp „Problem/Interpersonal".

- **Kommunikation: Inhaltliches versus Prozessuales.** Die dritte Dimension, die Kommunikationsdimension beschreibt den Kommunikationsmodus zwischen Berater und Klient, also ob über etwas (statisch) Inhaltliches gesprochen wird, oder über das, was gerade im Hier und Jetzt abläuft (Prozessuales). Wenn beim obigen Klienten die Aufmerksamkeit auf die beim Erzählen aufsteigenden Gefühle gelenkt würde, wäre Folgendes zu kodieren: „Problem/Interpersonal/Prozessual".
- **Bedeutung: Motivationales versus Potentiales.** Nach der Bedeutungsdimension kann der Berater das aktuell Fokussierte unter dem Aspekt betrachten, welche Motive für den Klienten damit verbunden sind (Motivationales) oder welche Fähigkeiten (Potentiales) bzw. welche Defizite darin sichtbar werden. Beim Beispielklienten könnte der Berater die erlebten Gefühle als Ausdruck einer differenzierten Sensibilität würdigen, was folgender Perspektivenkombination entsprechen würde: „Problem/Interpersonal/Prozessual/Potential".
- **Veränderung: Zustand versus Veränderung.** Die fünfte Dimension, die Veränderungsdimension, kennzeichnet die Beschäftigung des Therapeuten mit einem Problemsachverhalt entweder so, wie er ist (Zustand), z.B. in Form von diagnostisch-analytischen Aktivitäten, oder aber so, wie er unter dem Aspekt der Veränderung sein könnte (Veränderung), z.B. in Form von problemlösenden Interventionen. Die Einladung des Beispielklienten, sich zu überlegen, wie er auf den Partner reagieren würde, wenn der solche Gefühle äußern würde, entspräche dem Kode „Problem/Interpersonal/Prozessual/Potential/Veränderung".

Beraterische Interventionen entsprechen also immer einer Kombination von Perspektiven. Da jede der fünf Dimensionen sich durch zwei Perspektiven ausweist, sind im Prinzip $2^5=32$ unterschiedliche Perspektivenkombinationen denkbar, und entsprechend lassen sich nach diesem Kodierungssystem im Prinzip 32 unterschiedliche Interventionsmuster unterscheiden.

Was die Verwendung dieses Beobachtungsinstruments in der Praxis betrifft, räumt Klaus Grawe allerdings ein, dass man sich hier auf einer hohen Abstraktions- und Komplexitätsebene bewegt. Er empfiehlt eine zweiwöchige Rater-Schulung. Für die Videoanalyse einer einzelnen Therapiesitzung setzt er gut fünf Stunden an. Die Wirkfaktorenanalyse ist insofern eher ein Instrument für die Forschung.

Das Ergebnis einer der damit durchgeführten Studie soll kurz berichtet werden: Es wurde versucht, Wirkfaktorenmuster von positiv beurteilten Therapiesitzungen mit solchen von negativ beurteilten zu vergleichen, wobei die Klienten die Beurteiler waren. Dabei ergab sich die – für den lösungsorientierten Berater nicht überraschende – Erkenntnis, dass die Perspektiven „Ressourcenfokussierung" und „Veränderungsorientierung" die Hauptmerkmale von „guten" Beratungsgesprächen sind.

9.2 Das Ratinginventar lösungsorientierter Interventionen

Während Klaus Grawe mit seinem komplexen System der Wirkfaktorenanalyse in der Regel Beratungssequenzen mit einer Intervallgröße von 10 Minuten zu kodieren versucht, wählen Günter Schiepek et al. (1997) für ihr Ratinginventar eine viel feinere zeitliche Auflösung (1 Minute) und können dafür das Kodierungssystem einfacher halten. Dadurch wird es auch für die Praxis nutzbar. Ein weiterer Vorzug besteht darin, dass es explizit als Ratinginventar zur Erfassung einer „lösungs- und ressourcenorientierten Gesprächsführung" entwickelt wurde, und das mit Rekurs auf den kurztherapeutischen Ansatz von Steve de Shazer. Und schließlich handelt es sich um ein bildgebendes Verfahren, mit dem das Beobachtete in einer Art „Sonagramm" plastisch sichtbar wird.

> ❗ Das Ratinginventar besteht aus 23 Items, die konkretes Beraterverhalten beschreiben und insgesamt 7 (faktorenanalytisch ermittelte) Dimensionen des Beraterverhaltens repräsentieren:
> - Analyse des Problems („problemtalk")
> - Vision von Lösungen
> - Operationalisierung von Lösungsverhalten
> - Verstärkung von Rapport
> - Fokussierung von Ressourcen
> - Induktion alternativer Bewusstseinszustände
> - Umwandlung von Bedeutung (Reframing)

Die Items, die auf dem Faktor „Ressourcenfokussierung" laden und entsprechend für diese Dimension des Beraterverhaltens stehen, lauten beispielsweise:
- „Der Therapeut stärkt den Klienten durch Anerkennung."
- „Der Therapeut fokussiert Ausnahmen."
- „Der Therapeut hilft dem Klienten, Ressourcen zu erkennen."

Hier als weiteres Beispiel die Items für die Dimension „Rapport":
- „Der Therapeut behandelt den Klienten als kompetenten Experten für sich selbst."
- „Der Therapeut klärt und respektiert Anliegen, Auftrag und Erwartungen des Klienten."
- „Der Therapeut greift Sprache und Metaphern des Klienten auf oder arbeitet damit".

Mit Hilfe dieser Liste von insgesamt 23 Items werden die Sequenzen eines mit Video aufgezeichneten Beratungsgesprächs Minute für Minute kodiert. Kodieren bedeutet hier, dass für alle 23 Items jeweils auf einer fünf-stufigen Skala abgeschätzt wird, inwieweit das betreffende Beraterverhalten zu diesem Zeitpunkt realisiert wurde (von „gar nicht" = 0 bis „außerordentlich stark" = 4). Es ergeben sich so für jede Minute des Beratungsgesprächs 23 Beurteilungswerte. Und über das gesamte Beratungsgespräch hinweg lassen sich dann für jedes der 23 Items Verlaufskurven zeichnen (mit einer Intervallgröße von 1 Minute), die anschaulich machen, wie intensiv der Berater die betreffenden Verhaltensweisen zu den verschiedenen Zeitpunkten des Gesprächs umgesetzt hat. Die Darstellung aller 23 Verlaufsdiagramme in einer dreidimensionalen Graphik (**x** = Itemachse, **y** = Zeitachse, **z** = Intensitätsachse) führt dann zu einem plastischen „Sonogramm" des Beratungsgesprächs (Hermann Honermann et al., 1999).

Das folgende Beispiel zeigt das Sonagramm eines lösungsorientierten Erstgesprächs. Dabei wurden jedoch für eine bessere Übersichtlichkeit die 23 Items zu den 7 grundlegenden Dimensionen des Beraterverhaltens zusammengefasst:

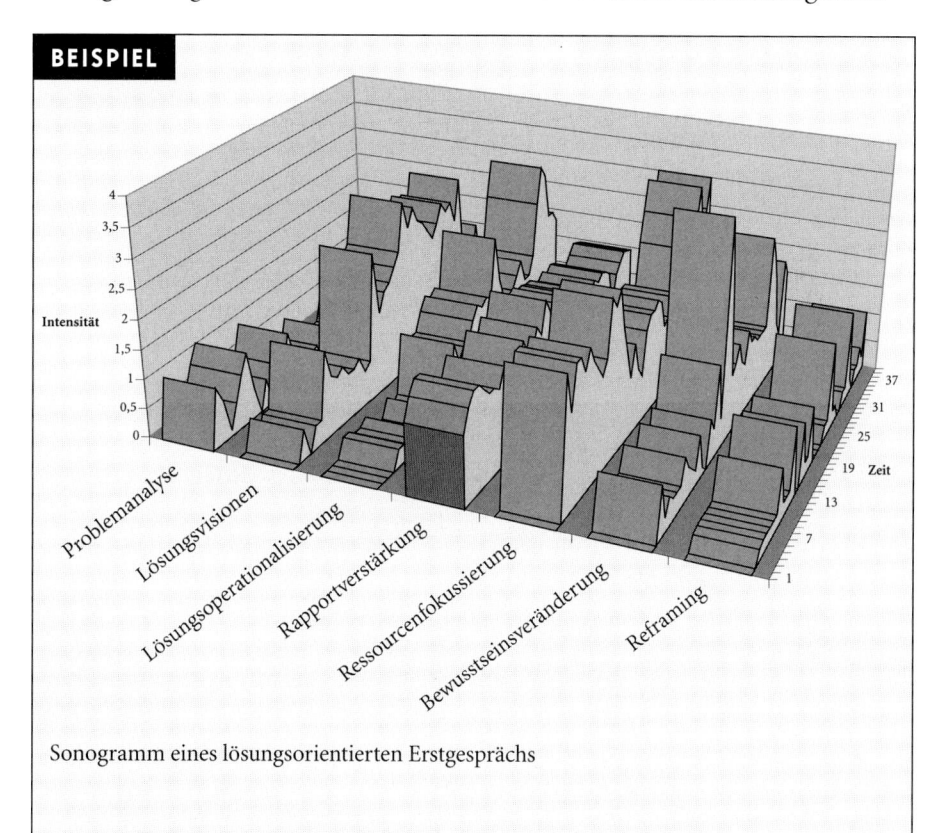

> **BEISPIEL**
>
> Sonogramm eines lösungsorientierten Erstgesprächs
>
> Die Abbildung macht deutlich, dass der Berater von Anfang an allergrößten Wert auf eine gute Beziehung zum Klienten legt („Rapportverstärkung") und dies während des gesamten Gesprächs nicht aus dem Auge verliert, sich also zum Beispiel immer wieder vergewissert, dass der Klient sich wirklich verstanden fühlt. Zudem ist ihm ein zweites klares Anfangssignal offensichtlich wichtig, nämlich die Einbeziehung und Hervorhebung von

> Stärken des Klienten („Ressourcenfocussierung"). Man kann sich gut vorstellen, wie er dem Klienten zum Beispiel Komplimente dafür macht, dass er das Problem jetzt in Angriff nimmt und an einer Lösung arbeiten will. Erst nach einem Drittel des Gesprächs nimmt sich der Berater in dieser Hinsicht etwas zurück – um statt dessen einen anderen Aspekt zu fokussieren, nämlich die Lösung selbst, das heißt, der Blick geht von dem, was schon an Gutem ist, zu dem, was noch an Gutem hinzukommen wird („Lösungsvisionen"). Vielleicht wurde an dieser Stelle die Wunderfrage gestellt. Das Sonagramm macht dabei klar, dass die Dimension „Lösungsvisionen" geradezu als komplementär zur Dimension „Ressourcenfokussierung" angesehen werden kann.
>
> Die „Problemanalyse" spielt demgegenüber eine relativ unbedeutende Rolle. Es wird in den ersten zwanzig Minuten zwar immer wieder mal thematisiert, aber eben „en passant", kaum als zentraler Punkt der Aufmerksamkeit. Es lässt sich leicht ausmalen, wie sich diese Dimension im Rahmen einer Verhaltenstherapie darstellen würde, welches Gewicht sie dort hätte.
>
> Korrespondierend zur Vision von Lösungen gewinnt die „Lösungsoperationalisierung" natürlich eine immer größere Bedeutung, erreicht gegen Ende des Beratungsgesprächs einen absoluten Höhepunkt – zusammen mit einer nochmaligen Betonung spezifischer Stärken des Klienten, die vermutlich für das anstehende Lösungsverhalten von besonderer Bedeutung sind.
>
> Die Induktion alternativer Bewusstseinszustände wie auch das Reframing stellen quasi gezielte Einzelaktionen dar. Sie werden vom Berater offensichtlich bewusst genutzt, um immer wieder „Neues" einzubringen und dadurch Impulse zu geben.

Validität. Die Validität dieses bildgebenden Verfahrens wurde u.a. in der Weise untersucht (Hermann Honermann et al., 1999), dass auf der Grundlage eines solchen Sonagramms ein Berater, der das Originalgespräch nicht kannte, den Versuch unternahm, den tatsächlichen Sitzungsablauf zu „rekonstruieren". Die Übereinstimmungen zwischen solchen Interpretationen und dem jeweiligen Original waren beeindruckend.

Dieses Kodierungsverfahren eignet sich offensichtlich ganz hervorragend für Dokumentations- und Supervisionszwecke.

Aber auch in anderer Hinsicht bietet dieses Instrument faszinierende Analysemöglichkeiten: Beispielsweise lassen sich auf diese Weise Unterschiede bzw. Gemeinsamkeiten zwischen den verschiedenen beraterischen/therapeutischen Schulen deutlich machen. Es zeigen sich geradezu „typische Landschaften" von Beratung/Therapie, und man sieht sich als Berater eingeladen, seine „beraterische Heimat" zu finden.

9.3 Die Methode der sequentiellen Plananalyse

Wenn man das prozessuale Geschehen im Verlaufe einer Beratung nicht nur mit Fokus auf den Berater betrachten möchte, sondern – unter systemischem Gesichtspunkt – die Berater-Klient-**Interaktionen** erfasst werden sollen, bietet Günter Schiepek (1999) die „Methode der sequentiellen Plananalyse" an. Aus der Sicht des „Praktikers" handelt es sich aber wieder um ein sehr komplexes Kodierungssystem mit schwierigen definitorischen Vorarbeiten.

Unter einem „Plan" versteht man dabei zusammengehörige Verhaltensintentionen, die sich aus dem beobachteten Verhalten verbaler und nonverbaler Art, den sogenannten „Operatoren", hypothetisch ableiten lassen. Hierarchisch gesehen ist also zu unterscheiden zwischen Operatoren, Verhaltensintentionen und Verhaltensplänen (ggf. noch differenziert nach Unterplänen, Oberplänen, und generellen Selbstdarstellungskategorien). „Sequentiell" bedeutet, dass man die Diagnostik sowohl für den Berater als auch den Klienten zu identischen Zeitpunkten im 10-Sekunden-Abstand (!) vornimmt, das heißt, in den einzelnen Analyseeinheiten werden für beide die jeweils aktivierten Pläne erfasst und als Konstellation aufeinander bezogen. Es ergibt sich so eine Art „Beratungs-Partitur".

Solche „Pläne" sind für den Berater zum Beispiel: Zeige Kompetenz, reagiere empathisch, motiviere den Klienten, gib dem Beratungsprozess Struktur usw. Pläne des Klienten können sein: Sei ein guter Klient, fordere Hilfe, zeige Interesse an der Lösung, schütze dich vor Veränderung usw.

Es lassen sich so nicht nur die Vorlieben von Berater und Klient für bestimmte Pläne erkennen, sondern zum Beispiel auch die Häufigkeiten spezifischer Plänekonstellationen als Kennzeichen spezifischer Beratungsverläufe identifizieren.

	Beobachtungen in 10-Sekunden-Abständen																	
Pläne des Beraters																		
zeige Kompetenz					x	x	x	x	x									
reagiere empathisch	x	x	x	x	x	x									x	x	x	
motiviere den Klienten				x				x	x	x	x	x						
gib dem Beratungsprozess Struktur											x	x	x					
usw.																		
Pläne des Klienten																		
sei ein guter Klient	x	x	x	x	x	x	x										x	x
fordere Hilfe		x	x				x											
zeige Interesse an der Lösung									x	x	x	x	x					
schütze Dich vor Veränderung			x							x	x	x	x	x				
usw.																		

Hier ein konstruiertes Beispiel eines 3minütigen Ausschnitts einer Beratungspartitur, und das bei nur 8 Plänen, um einfach einen Eindruck von der komplexen optischen Darstellungsform zu vermitteln. Ein „x" bedeutet dabei, dass in der jeweiligen Zeiteinheit der betreffende Plan aus dem Verhalten des Beraters bzw. des Klienten erschlossen werden konnte.

10 Die Effektivität der lösungsorientierten Beratung: Einige kritische Fragen und manche (auch provozierende) Antworten

Bei aller Sympathie für lösungsorientiertes Denken und bei noch mehr Liebe für die Wunderfrage wird die tatsächliche „Radikalität" dieses beraterischen Konzepts oft übersehen, manchmal ignoriert, gelegentlich skeptisch in Frage gestellt:
- Ist die Kurzformel „Lösungen konstruieren statt Probleme analysieren!" nicht zu simpel gegenüber der Komplexität von Problemen?
- Bieten so universell anwendbare Techniken wie zum Beispiel die „Standardintervention der ersten Stunde" oder die „Universallösung" tatsächlich problemlösende Hilfe im ganz konkreten und ganz individuellen Einzelfall?
- Besteht die beraterische Kunstfertigkeit lediglich darin, dass man neugierig, experimentierfreudig und visionär dem Klienten eine Frage nach der anderen stellt?
- Ist es nicht unseriös, in wenigen Stunden tiefgreifende menschliche Probleme lösen zu wollen?

Unter Bezug auf die ganz zu Anfang dargestellte Metapher, in der das Problem als Türschloss betrachtet wird, das den Weg in eine befriedigendere Zukunft versperrt, gibt Steve de Shazer (1989, S. 13) auf solch skeptische Fragen folgende Antwort:

„Es dürfte doch klar sein, dass man zu Lösungen mit Hilfe eines Schlüssels und nicht mit Hilfe eines Schlosses gelangt, und die sogenannten Dietriche (aller Art) passen zu vielen verschiedenen Schlössern. Eine Intervention braucht nur in der Weise zu passen, dass die Lösung auftaucht. Es ist nicht nötig, dass sie es an Komplexität mit dem 'Schloss' aufnehmen kann. Nur weil das, was der Klient beklagt, kompliziert ist, muss die Lösung nicht gleichermaßen kompliziert sein.

Damit die Lösung rasch auftaucht, empfiehlt es sich, die 'Vision' oder Schilderung einer erfreulicheren Zukunft zu entwerfen, die sich dann sozusagen in der Gegenwart breitmachen kann. Ist eine solche 'realistische Vision' – als einer von mehreren in der Zukunft möglichen und erreichbaren Zuständen –

erst einmal konstruiert, dann entwickeln die Klienten häufig 'spontane' Formen der Lösung ihrer Schwierigkeiten. Der Therapeut hat also die Aufgabe, die entsprechenden Hoffnungen und Erwartungen in seinem Klienten zu erwecken ..."

10.1 Ein Plädoyer für „Minimalismus" und „Pragmatismus"

Man hat Steve de Shazer schon mal als den „minimalsten der Minimalisten" bezeichnet, was er jedoch als Kompliment interpretiert – Minimalismus ist geradezu das Gütesiegel seiner beraterischen Arbeit und auch das Merkmal, das einem als Erstes auffällt, wenn man ihn life „agieren" erlebt, wie zum Beispiel in einer Videoaufzeichnung des Norddeutschen Instituts für Kurzzeittherapie (1995b): „To Whom the Bell Tolls". Und wenn andere meinen, ein so einfaches Modell der Beratung bzw. der Therapie nur dann akzeptieren zu können, wenn wenigstens eine komplexe Erläuterung oder Beschreibung im Hintergrund vorhanden ist, dann muss er solche Erwartungen enttäuschen, für ein solches Anliegen fühlt er sich nicht zuständig.

Kriterium der Nützlichkeit. Ein beraterisches Konzept, das auf dem Prinzip der Konstruktivität basiert, also auf der Überzeugung, dass die Welt- und Selbstsicht eine Leistung des Individuums darstellt und insofern immer eine subjektiv konstruierte Realität repräsentiert, interessiert sich logischerweise nur wenig für die Frage nach „objektiv-validierten" Beratungstheorien. Was Steve de Shazer wirklich interessiert und wo er sich tatsächlich als Fachmann versteht, das ist das konkrete beraterische Vorgehen, also das Wissen, was in einer bestimmten beraterischen Situation zu tun und was zu unterlassen ist, um in dieser Interaktion mit einem Klienten hilfreiche Perspektiven zu eröffnen und förderliche Entwicklungsimpulse zu vermitteln. In diesem Sinne fühlt er sich ausschließlich dem Kriterium der Nützlichkeit verpflichtet: Entscheidend ist, **dass** etwas funktioniert, nicht **warum** dies so ist.

Flussdiagramm für lösungsorientierte Interventionen. Statt also irgendwelche ursachenerklärenden Geschichten zu erzählen oder irgendwelche kausalen Erklärungsmodelle zu konstruieren, zieht es Steve de Shazer vor, sich auf die Phänomenologie des lösungsorientierten Beratungsgeschehens zu konzentrieren und sich um eine systematische Beschreibung dieser Phänomene zu bemühen. Ein solches Ergebnis ist sein „Flußdiagramm für lösungsorientierte Interventionen" (1989, S. 52, leicht modifiziert).

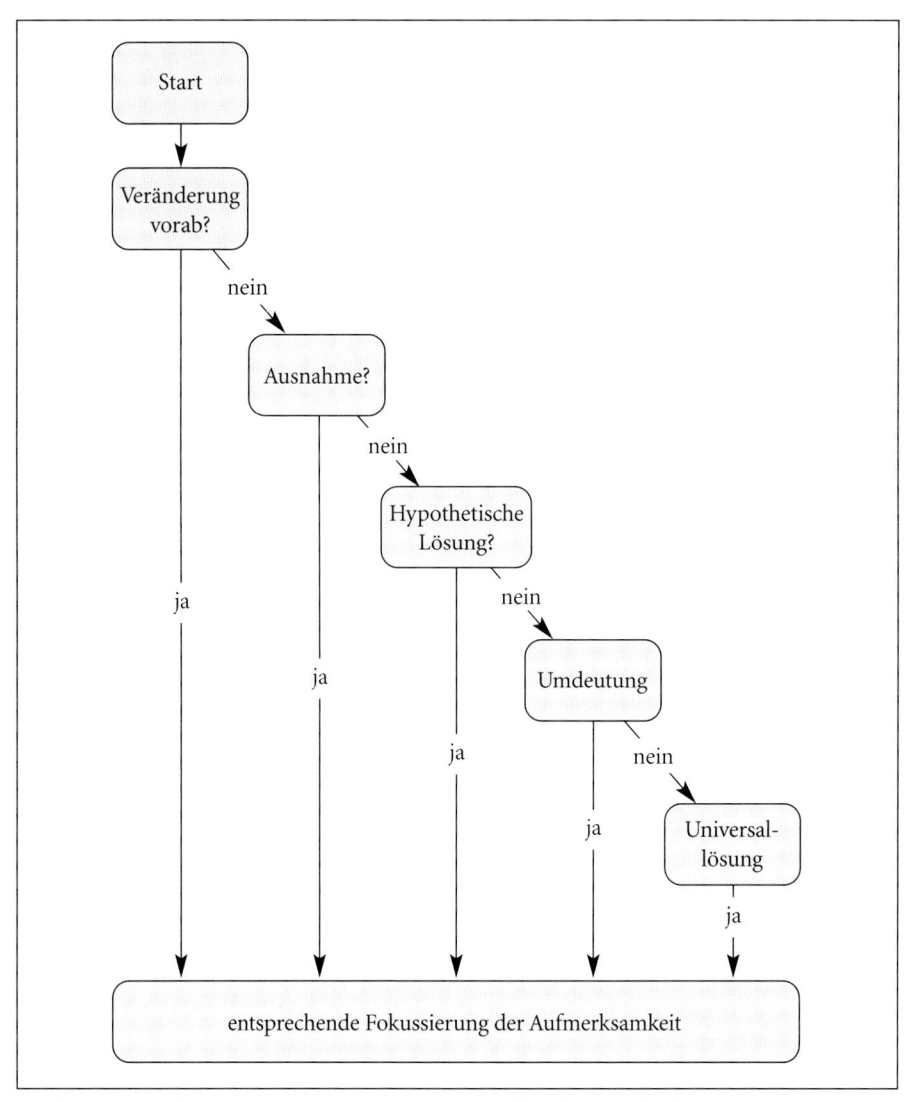

```
                    Start
                      │
                      ▼
              ┌───────────────┐
              │  Veränderung  │
              │    vorab?     │
              └───────┬───────┘
                  nein │
                      ▼
              ┌───────────────┐
              │   Ausnahme?   │
              └───────┬───────┘
                  nein │
                      ▼
              ┌───────────────┐
              │ Hypothetische │
              │    Lösung?    │
              └───────┬───────┘
                  nein │
                      ▼
              ┌───────────────┐
              │   Umdeutung   │
              └───────┬───────┘
                  nein │
                      ▼
              ┌───────────────┐
              │  Universal-   │
              │    lösung     │
              └───────┬───────┘
                   ja │
                      ▼
```

„Flußdiagramm für lösungsorientierte Interventionen" nach Steve de Shazer (1989)

In der Konzentration auf das, was an Interaktionen zwischen Berater und Klient geschieht (anstelle von Warum-Recherchen), hat Steve de Shazer sogar Versuche unternommen, dieses Flussdiagramm zu einem Expertensystem weiterzuentwickeln, das sozusagen alle denkbaren Formen der Berater/Klient-Interaktion gespeichert hat und so Lösungsalgorithmen anbieten kann. Im konkreten Beratungsgespräch gibt ein solches Expertensystem dem Berater den „Rat", dass **wenn** der Klient das Verhalten X zeigt, er, der Berater, **dann** am besten mit der Intervention Y antworten soll. Die Reaktion des Klienten daraufhin (X') wird wieder mit verschiedenen im System abgespeicherten „Wenns" verglichen, um das passende Y' zu identifizieren. Die Intervention Y' wird als solche wieder Ausgangspunkt für ein „Wenn" (X") sein usw. Bausteine eines solchen Expertensystems sind feste XY-Zuordnungen, die als „Regeln" bezeichnet werden, hier zum Beispiel die „Regel 110" und die „Regel 111":

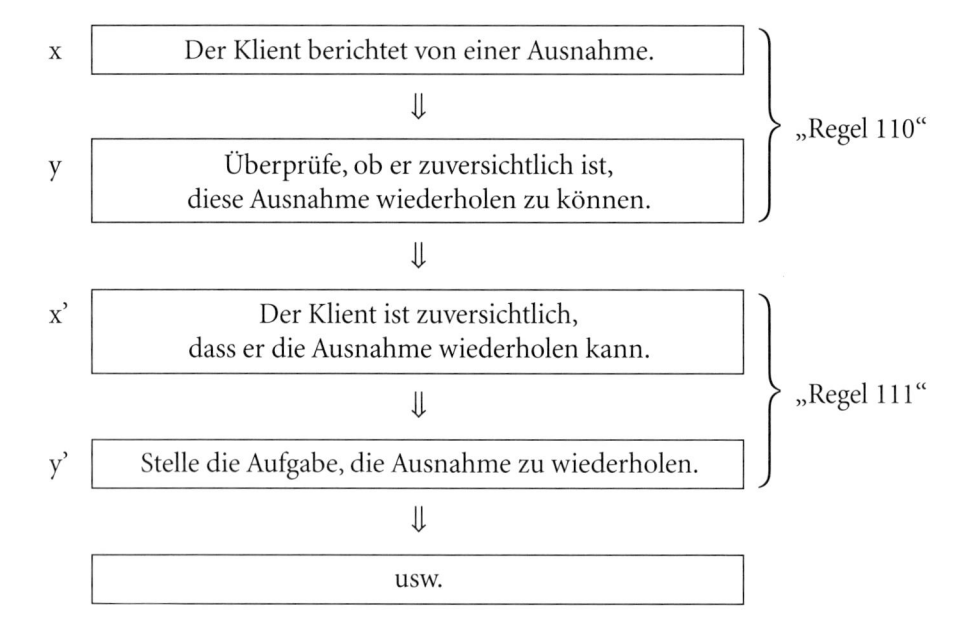

x	Der Klient berichtet von einer Ausnahme.	
	⇓	„Regel 110"
y	Überprüfe, ob er zuversichtlich ist, diese Ausnahme wiederholen zu können.	
	⇓	
x'	Der Klient ist zuversichtlich, dass er die Ausnahme wiederholen kann.	
	⇓	„Regel 111"
y'	Stelle die Aufgabe, die Ausnahme zu wiederholen.	
	⇓	
	usw.	

Sollte der Klient sich nicht in der Lage sehen, die Ausnahme zu wiederholen, weil er sie als zufällig auftretend wahrnimmt, dann wäre nicht Regel 111 zutreffend, sondern 113, die dem Berater nahelegt, dem Klienten vorzuschlagen, dass er einfach beobachten soll, was in der Ausnahmesituation anders ist als sonst.

Es geht hier nicht darum, ein „Update" des ELIZA-Simulationsprogramms von Joseph Weizenbaum zu konzipieren und womöglich eine automatisierte psychologische Beratung im Internet zu plazieren. Ziel ist vielmehr, die Interventionsformen im Rahmen der lösungsorientierten Beratung zu systematisieren und sie dadurch leichter erlernbar bzw. sie in ihrer Effizienz auch leichter überprüfbar zu machen.

10.2 Sprachphilosophische Gründe für die Wirksamkeit lösungsorientierter Beratung

Eine derart pragmatische Sichtweise des beraterischen bzw. des therapeutischen Geschehens repräsentiert natürlich nur eine von vielen möglichen Perspektiven. Und Steve de Shazer wäre nicht Steve de Shazer, wenn er nicht gleichzeitig eine alternative Sichtweise anbieten und damit zu einer erhöhten Flexibilität einladen würde. Man hat den Eindruck, dass er, nachdem er die Therapieforscher zuerst mit seinem pragmatischen Standpunkt gehörig verschreckt hatte, sich nun frei und unbefangen erlebte, um sich quasi auf die Seite des anderen Extrems zu schlagen und eine philosophische Erklärung zu konstruieren.

Ausgangspunkt ist die auf den ersten Blick recht banale Tatsache, dass Beratung aus nichts anderem besteht, als dass Berater und Klient abwechselnd sprechen. Insofern liegt es nahe, die Suche nach Wirksamkeitserklärungen mit der Analyse von Sprach- bzw. Sprechstrukturen zu beginnen, und zwar mit Hilfe psycholinguistischer sowie sprachphilosophischer Konzepte. Insbesondere Ludwig Wittgenstein (1977) und seine Philosophie von den Sprachspielen hat es Steve de Shazer angetan. Danach sind Sprache und die Bedeutung der Wörter nicht etwas Vorgegebenes, subjektunabhängig Definiertes, sondern entstehen durch ihren Gebrauch im Kontext der Kommunikation – zwischen Individuen und ihren jeweils individuellen Lebenserfahrungen und individuellen Sprachkodierungen. Wenn die Bedeutung von Sprache also immer erst beim Sprechen entsteht, kann sie auch durch Sprechen verändert werden. Genau da setzen nun Berater an und agieren als Experten für sprachspielerische Veränderungen. Ihre zentrale Aufgabe ist es, für das vom Klienten Angesprochene nützliche Bedeutungen herauszufinden bzw. zu erfinden (mit den Techniken der Wunderfrage, des Reframing usw.) – und zwar so viele wie nur möglich. Und da Sprache subjektive Realitäten schafft, werden auf diese Weise vielfältige Wirklichkeiten und Handlungsräume konstruiert, so dass der Klient wieder die Wahl hat, sich so oder so zu verhalten und dabei seine Ressourcen besser zu nutzen.

10.3 Der Klient als Experte der Wirksamkeitsbeurteilung

Aber vielleicht sollte man sich bei der Suche nach den Wirksamkeitsfaktoren des lösungsorientierten Konzepts weniger auf die sprachspielerischen Beratungstechniken (wie die Suche nach Ausnahmen, das Reframing usw.) konzentrieren, als vielmehr auf die implizite beraterische Grundhaltung, die bestimmt ist durch Respekt und Wertschätzung des Klienten als des Experten für sein Leben. Von da aus erscheint es dann logisch, die Frage nach der Wirksamkeit an den weiterzugeben, den sie tatsächlich betrifft – an den Klienten – und zwar wieder pragmatisch reduziert auf die Frage nach der Wirksamkeit „per se" und nicht nach der Wirksamkeit „per causam". Aus empirischen Befragungen von Klienten lassen sich exemplarisch folgende Ergebnisse anführen:
▶ Steve de Shazer et al. (1986) berichten von einer telefonischen Nachbefragung bei 400 Klienten, die im Durchschnitt an sechs Therapiesitzungen teilgenommen hatten: 72% geben an, dass sie ihr Therapieziel erreicht hätten bzw. sich so gebessert fühlten, dass keine Therapie mehr nötig sei. Interessant ist, dass in einer zweiten Untersuchung etwa 50% davon be-

richten, dass sie selbst Verbesserungen in solchen Problembereichen erlebt hätten, die in der Therapie selbst nicht direkt thematisiert worden waren. Offensichtlich kommen durch Beratung/Therapie tatsächlich systemische Prozesse in Gang, die eine positive Entwicklung der Persönlichkeit insgesamt unterstützen.

▸ Neuere Untersuchungen (Steve de Shazer, 1992; Mark Beyebach und Alberto Rodriguez Morejón, 1998; Alasdair J. Macdonald, 1998) belegen eine Erfolgsrate von 68–80% bei durchschnittlich vier bis fünf Sitzungen. Als dieselben Stichproben über ein Jahr später nochmals befragt wurden, hatten sich die Quoten sogar noch erhöht („post-session-change"). Außerdem berichteten die Klienten wieder, dass sie oft auch in anderen Lebensbereichen positive Veränderungen beobachtet hätten. Es bestätigt sich also ein systemischer „Domino-Effekt".

▸ Mark Beyebach et al. (1998) konnten außerdem nachweisen, dass die Exploration von „Lösungstendenzen", also von Veränderungen schon vor der eigentlichen Beratung bzw. Behandlung, sich als bester Prädiktor für den späteren Beratungserfolg eignet.

▸ Peter de Jong und Insoo Kim Berg (1998) kommen bei ihrem Versuch, durch Klientenbefragungen die Wirksamkeit des lösungsorientierten Vorgehens in Abhängigkeit von der Art des vorgetragenen Problems zu überprüfen, zu ähnlichen Erfolgsquoten von 60–89%. Lediglich „Panikattacken" sprechen offensichtlich weniger gut darauf an (50%).

10.4 Wirksamkeit aus der Sicht anderer Beratungsschulen

Man kann die „pragmatische" Wirksamkeit des lösungsorientierten Vorgehens aber auch noch unter dem Aspekt betrachten, dass man analysiert, wie andere etablierte Beratungsschulen auf die Ideen von Steve de Shazer reagieren. Hier zeigt es sich, dass sie immer mehr von ihm rezipieren. So gibt es nun beispielsweise eine „Zielorientierte Gesprächspsychotherapie" (Rainer Sachse, 1992); Ralf Vogt (1996) plädiert für eine „Integration lösungsorientierten und analytisch orientierten kurztherapeutischen Vorgehens in der tiefenpsychologisch fundierten psychotherapeutischen Praxis"; für die Verhaltenstherapie gibt Andreas Naumann (1996) die Empfehlung, manchmal einfach so zu tun, als ob man keine Verhaltensanalyse bezüglich des Problems bräuchte, um sich statt dessen auf eine Verhaltensanalyse bezüglich der Kompetenzen zu konzentrieren; und ebenso räumt Günter Schiepek (1999, S. 66) für die Systemische Therapie ein, dass „die detaillierte Analyse von Problemen nicht immer eine notwendige Voraussetzung für Veränderungen darstellt", und favorisiert statt dessen die „Zielantizipation des angestrebten Zustandes", so dass er häufig von „Systemisch-lösungsorientierter Therapie" spricht.

10.5 Eine lösungsorientierte „Universalantwort"

Wen all dies immer noch unbefriedigt lässt, so dass er weiter ein wissenschaftlich validiertes Erklärungsmodell der lösungsorientierten Beratung einfordert, dem bietet Steve de Shazer (1992a, S.16f) in seiner flexiblen Einstellung auf den „Klienten" noch folgende Problemlösung an: „Geben Sie sich Ihre eigene Erklärung: Sie ist so gut oder besser als meine … Ich hoffe, dass [diese Erklärung] Sie nicht von einer nützlichen und wirkungsvollen Therapiepraxis ablenkt."

Und damit weiß sich Steve de Shazer konform mit einem hoch angesehenen Therapie- und Beratungsforscher, Günter Schiepek (1999), der angesichts der Komplexität des beraterischen Wirkungsgefüges, das er mit Begriffen wie „Kreiskausalität", „interaktionale Pläne", „nichtlineare Synergetik" usw. beschreibt, letztlich zu dem Schluss kommt, dass die Suche nach den „Ingredienzien" von Beratung bzw. Psychotherapie bislang vergeblich geblieben ist und entsprechend ein valides Erklärungsmodell beraterisch induzierter Veränderungsprozesse auf absehbare Zeit ein Wunschtraum bleiben wird.

Damit ist man als Berater wieder auf eine pragmatische Konzeptualisierung „zurückgeworfen". Vielleicht hilft jedoch ein Vorschlag von Peter Kaimer (1995, S. 389). Er lädt einfach dazu ein, „in jedem Fall lösungsorientiert zu beginnen", und dann wird man ja sehen …

> **!** **Lösungsorientiert zuerst!**

Was ich Ihnen ganz zum Schluss noch sagen wollte ...

Ihre Entscheidung, andere nicht im Stich zu lassen, sondern, wo Hilfe nötig ist, zu einer positiven Veränderung beizutragen und dadurch das Schicksal eines Einzelnen zum Besseren zu wenden, ist bewundernswert! Machen Sie all die guten Dinge, die Sie tun, weiter so!

Setzen Sie auf Ihre Bescheidenheit, in der Ihnen bewusst ist, dass alle „beraterischen Regeln" nur **Möglichkeiten** darstellen, um auf einen Klienten zuzugehen.

Und lassen Sie sich selbst nicht im Stich, sondern vertrauen Sie dem Wunder, das immer wieder geschieht und das Sie mit Zuversicht erfüllt.

Literaturverzeichnis

Aambø, A. (1998). Therapie als Kunst – von Komponisten lernen. In: Wolfgang Eberling & Manfred Vogt-Hillmann (Hrsg.), Kurzgefaßt – zum Stand der lösungsorientierten Praxis in Europa (S. 21–49). Dortmund: Borgmann.

Ahlers, C., Hinsch, J., Rössler, E., Wagner, H. & Wolf, F. (1991). Erfahrungen mit de Shazers kurztherapeutischem Konzept in Österreich: Bericht aus der zweijährigen Zusammenarbeit eines Teams. In: Ludwig Reiter & Corina Ahlers (Hrsg.), Systemisches Denken und therapeutischer Prozess (S. 136–153). Berlin: Springer.

Angermaier, M.J.W. (1994). Gruppenpsychotherapie: Lösungsorientiert statt problemhypnotisiert. Weinheim: Psychologie-Verlags-Union.

Antonovsky, A. (1997). Salutogenese: Zur Entmystifizierung der Gesundheit. Tübingen: Deutsche Gesellschaft für Verhaltenstherapie.
Die Originalausgabe erschien 1987 unter dem Titel: „Unraveling the Mystery of Health – How People Manage Stress and Stay Well, San Francisco: Jossey-Bass.

Bandler, R. & Grinder, J. (1980). Metasprache und Psychotherapie: Die Struktur der Magie I. Paderborn: Junfermann.

Bandler, R. & Grinder, J. (1981). Neue Wege der Kurzzeit-Therapie: Neurolinguistische Programme. Paderborn: Junfermann.

Bandura, A. (1977). Self-efficacy: Toward a unifying theory of behavioral change. In: Psychological Review, 2, 191–215.

Bartling, G., Echelmeyer, L., Engberding, M. & Krause, R. (1998). Problemanalyse im therapeutischen Prozess: Leitfaden für die Praxis (4. Auflage). Stuttgart: Kohlhammer.

Becker, P. (1999). Allgemeine und Differentielle Psychotherapie auf systemischer Grundlage. In: R.F. Wagner & P. Becker (Hrsg.), Allgemeine Psychotherapie: Neue Ansätze zu einer Integration psychotherapeutischer Schulen (S. 169–226). Göttingen: Hogrefe.

Berg, I.K. (1995). Familien-Zusammenhalt(en): Ein kurz-therapeutisches und lösungs-orientiertes Arbeitsbuch (2. Auflage). Dortmund: verlag modernes lernen.

Berg, I.K. & Miller, S.D. (1995). Kurzzeittherapie bei Alkoholproblemen: Ein lösungsorientierter Ansatz (2. Auflage). Heidelberg: Carl-Auer-Systeme.

Berg, I.K. & Reuss, N.H. (1999). Lösungen – Schritt für Schritt. Handbuch zur Behandlung von Drogenmissbrauch. Dortmund: verlag modernes lernen.

Berg, I.K. & de Shazer, S. (1993). Wie man Zahlen zum Sprechen bringt: Die Sprache in der Therapie. In: Familiendynamik, 18, 146–162.

Berg, I.K. & de Shazer, S. (1998). Kurzfamilientherapie – von Problemen zu Lösungen. Videoaufzeichnung eines Workshops vom 10. Weltkongreß für Familientherapie, Düsseldorf 1998. Münsterschwarzach: Videotorium.

Bermann, I. (1976). Szenen einer Ehe. Textbuch zum Film. München: Heyne.

Beyebach, M. & Morejón, A.R. (1998). Lösungsorientierte Therapie in Spanien: Die Erfahrungen der Salamanca-Gruppe. In: W. Eberling & M. Vogt-Hillmann (Hrsg.), Kurzgefaßt – zum Stand der lösungsorientierten Praxis in Europa (S. 252–277). Dortmund: Borgmann.

Boesch, E.E. (1981). Möglichkeiten und Grenzen psychotherapeutischen Handelns. In: Wolf-Rüdiger Minsel (Hrsg.), Brennpunkte der klinischen Psychologie – Band 1: Psychotherapie (S. 11–38). München: Kösel.

Boscolo, L. & Bertrando, P. (1997). Systemische Einzeltherapie. Heidelberg: Carl-Auer-Systeme.

Brandau, H. (Hrsg.) (1991). Supervision aus systemischer Sicht. Salzburg: Otto Müller.
Brunner, E.J. (1986). Grundlagen der Familientherapie: Systemische Theorie und Methodologie. Berlin: Springer.
Budman, S.H. (1994). Treating time effectively: The first session in brief therapy: New York: Guilford.
Bühler, C. & Allen, M. (1974). Einführung in die humanistische Psychologie. Stuttgart: Klett.
Cade, B. (1986). Kurz-Familientherapie mit der „Zauberer von OZ"-Methode. In: Familiendynamik, 11, 343–350.
Cameron-Bandler, L. (1983). Wieder zusammenfinden: NLP – neue Wege der Paartherapie. Paderborn: Junfermann.
Caspar, F. (Hrsg.) (1987). Problemanalyse in der Psychotherapie: Bestandsaufnahme und Perspektiven (Forum für Verhaltenstherapie und psychosoziale Praxis, Band 13). Tübingen: Deutsche Gesellschaft für Verhaltenstherapie.
Caspar, F. (Hrsg.) (1996a). Psychotherapeutische Problemanalyse (Forum für Verhaltenstherapie und psychosoziale Praxis, Band 23). Tübingen: Deutsche Gesellschaft für Verhaltenstherapie.
Caspar, F. (1996b). Beziehungen und Probleme verstehen: Eine Einführung in die psychotherapeutische Plananalyse (2. Auflage). Bern: Huber.
Caspar, F. & Grawe, K. (1996). Was spricht für, was gegen individuelle Fallkonzeptionen? In: F. Caspar (Hrsg.), Psychotherapeutische Problemanalyse (S. 65–85). Tübingen: Deutsche Gesellschaft für Verhaltenstherapie.
Cecchin, G., Lane, G. & Ray, W.A. (1996). Respektlosigkeit: Eine Überlebensstrategie für Therapeuten (2. Auflage). Heidelberg: Carl-Auer-Systeme.
Chur, D. (1997). Beratung und Kontext – Überlegungen zu einem handlungsanleitenden Modell. In: F. Nestmann (Hrsg.), Beratung – Bausteine für eine interdisziplinäre Wissenschaft und Praxis (S. 39–69). Tübingen: Deutsche Gesellschaft für Verhaltenstherapie.
de Shazer, S. (1975). Brief Therapy: Two's Company. In: Family Process, 14, 79–93.
de Shazer, S. (1983). Über übliche Metaphern. In: Zeitschrift für systemische Therapie, 1, 21–30.
de Shazer, S. (1986). Ein Requiem der Macht. In: Zeitschrift für systemische Therapie, 4, 208–212.
de Shazer, S. (1988). Therapie als System. Entwurf einer Theorie. In: L. Reiter, E.J. Brunner & S. Reiter-Theil (Hrsg.), Von der Familientherapie zur systemischen Perspektive (S. 217–229). Berlin: Springer.
de Shazer, S. (1989a). Wege der erfolgreichen Kurztherapie. Stuttgart: Klett.
de Shazer, S. (1989b). Der Dreh. Überraschende Wendungen und Lösungen in der Kurzzeittherapie. Heidelberg: Carl-Auer-Systeme.
de Shazer, S. (1990a). Kreatives Missverstehen. In: Systeme, 4, 136–148.
de Shazer, S. (1990b). Noch einmal: Widerstand. In: Zeitschrift für systemische Therapie, 8(2), 76–80.
de Shazer, S. (1992a). Das Spiel mit Unterschieden: Wie therapeutische Lösungen lösen. Heidelberg: Carl-Auer-Systeme.
de Shazer, S. (1992b). Muster familientherapeutischer Kurzzeit-Therapie. Paderborn: Junfermann.
de Shazer, S. (1992c). Aus der Sprache gibt es kein Entrinnen. In: J. Schweitzer, A. Retzer & H.R. Fischer (Hrsg.), Systemische Praxis und Postmoderne (S. 64–77). Frankfurt am Main: Suhrkamp.
de Shazer, S. (1995a). Therapy as Conversation (Audioband). Bremen: Norddeutsches Institut für Kurzzeittherapie.
de Shazer, S. (1995b). To Whom the Bell Tolls (Videoaufzeichnung). Bremen: Norddeutsches Institut für Kurzzeittherapie.
de Shazer, S. (1996). Worte waren ursprünglich Zauber: Lösungsorientierte Kurztherapie in Theorie und Praxis. Dortmund: verlag modernes lernen.
de Shazer, S. (1997). Die Lösungsorientierte Kurztherapie – ein neuer Akzent der Psychotherapie. In: J. Hesse (Hrsg.), Systemisch-lösungsorientierte Kurztherapie (S. 55–74). Göttingen: Vandenhoeck & Ruprecht.

de Shazer, S. (1999). Supervision zu einem Rückfall-Patienten. Videoaufzeichnung vom Symposion „Ambulante und stationäre Lösungsmodelle für die effektive Kurzzeittherapie von Suchtproblemen", Heidelberg, 1999. Dortmund: Video-Cooperative-Ruhr.

de Shazer, S. & Molnar, A. (1983). Rekursivität: Die Praxis-Theorie Beziehung. In: Zeitschrift für systemische Therapie, 1, 2–10.

de Shazer, S., Berg, I.K., Lipchik, E., Munally, E., Molnar, A., Gingerich, W. & Weiner-Davis, M. (1986). Kurztherapie – Zielgerichtete Entwicklung von Lösungen. In: Familiendynamik, 11, 182–205.

Dilling, H., Mombour, W. & Schmidt, M.H. (1991). Internationale Klassifikation psychischer Störungen: ICD-10. Bern: Hans Huber.

Döring, N. (1999). Sozialpsychologie des Internet: Die Bedeutung des Internet für Kommunikationsprozesse, Identitäten, soziale Beziehungen und Gruppen. Göttingen: Hogrefe.

Döring-Meijer, H. (Hrsg.) (1999). Ressourcenorientierung – Lösungsorientierung: Etwas mehr Spaß und Leichtigkeit in der systemischen Therapie und Beratung. Göttingen: Vandenhoeck & Ruprecht.

Dörner, D. (1976). Problemlösen als Informationsverarbeitung. Stuttgart: Kohlhammer.

Domin, H. (1987). Gesammelte Gedichte. Frankfurt am Main: Fischer.

Dreesen, H. & Eberling, W. (1996). Success Recording. Komplimente und Dokumente in der systemisch-lösungsorientierten Kurztherapie. In: W. Eberling & J. Hargens (Hrsg.), Einfach kurz und gut: Zur Praxis der lösungsorientierten Kurztherapie (S. 19–55). Dortmund: Borgmann.

Dürckheim, K. (1954). Hara, die Erdmitte des Menschen. Weilheim: Barth.

Durrant, M. (1996). Auf die Stärken kannst du bauen: Lösungsorientierte Arbeit in Heimen und anderen stationären Settings. Dortmund: verlag modernes lernen.

Eberhart, H. (1993). Die zielgerichtete Entwicklung von Lösungen: Zur Anwendung der lösungsorientierten Kurzberatung in der Berufsberatung. In: Berufsberatung und Berufsbildung, 1/1993, 33–42.

Eberling, W. & Hargens, J. (Hrsg.) (1996). Einfach kurz und gut: Zur Praxis der lösungsorientierten Kurztherapie. Dortmund: Borgmann.

Eberling, W. & Vogt-Hillmann, M. (Hrsg.) (1998). Kurzgefaßt – zum Stand der lösungsorientierten Praxis in Europa. Dortmund: Borgmann.

Eckstein, B. & Fröhlig, B. (2000). Praxishandbuch der Beratung und Psychotherapie: Eine Arbeitshilfe für den Anfang. Stuttgart: Pfeiffer bei Klett-Cotta.

Ellis, A. (1993). Die rational-emotive Therapie: Das innere Selbstgespräch bei seelischen Problemen und seiner Veränderung (5. Auflage). München: Pfeiffer.

Empt, A.-K. & Schiepek, G. (1997). Systemische Psychotherapie: Trends und Forschungsaktivitäten. In: Report Psychologie, 22, 706–713.

Engberding, M. (1996). Problemlösen – Ein Orientierungsmodell für Analyse und Therapie psychischer Störungen. In: F. Caspar (Hrsg.), Psychotherapeutische Problemanalyse (S. 87–131). Tübingen: Deutsche Gesellschaft für Verhaltenstherapie.

Erickson, M.H. (1954). Special Techniques of Brief Hypnotherapy. In: Journal of Clinical and Experimental Hypnosis, 2, 109–129.

Erickson, M.H. (1995). Meine Stimme begleitet Sie überallhin. Ein Lehrseminar mit M.H. Erickson. Herausgegeben und kommentiert von Jeffrey K. Zeig (6. Auflage). Stuttgart: Klett-Cotta.

Ertelt, B.-J. & Hofer, M. (Hrsg.) (1996). Theorie und Praxis der Beratung. Nürnberg: Institut für Arbeitsmarkt- und Berufsforschung der Bundesanstalt für Arbeit.

Farrelly, F. & Brandsma, J. (1974). Provokative Therapie. Heidelberg: Springer.

Fiedler, P. (1996). Verhaltenstherapie in und mit Gruppen: Psychologische Psychotherapie in der Praxis. Weinheim: Psychologie Verlags Union.

Foerster, H.v. (1985). Sicht und Einsicht. Braunschweig: Vieweg.

Foerster, H.v. (1988). Abbau und Aufbau. In: Fritz B. Simon (Hrsg.), Lebende Systeme: Wirklichkeitskonstruktionen in der systemischen Therapie (S. 19–33). Berlin: Springer.

Foerster, H.v. (1993). KybernEthik. Berlin: Merve.
Foerster, H.v. & Pörksen, B. (1999). Wahrheit ist die Erfindung eines Lügners: Gespräche für Skeptiker (3. Auflage). Heidelberg: Carl-Auer-Systeme.
Fried, E. (1996). Es ist, was es ist. Berlin: Wagenbach.
Friedman, S. (2000). Effektive Psychotherapie: Wirksam handeln bei begrenzten Ressourcen. Dortmund: verlag modernes lernen.
Friedmann, D. (1997). Integrierte Kurztherapie: Neue Wege zu einer Psychologie des Gelingens. Darmstadt: Primus.
Frisch, M. (1977). Homo faber. Frankfurt: Suhrkamp.
Furman, B. (1999). Lösungsorientiertes Programm zur persönlichen Entwicklung (online). Avialable from World Wide Web: www.reteaming.com
Furman, B. & Ahola, T. (1995). Die Zukunft ist das Land, das niemandem gehört. Probleme lösen im Gespräch. Stuttgart: Klett-Cotta.
Furman, B. & Ahola, T. (1996). Die Kunst, Nackten in die Tasche zu greifen. Systemische Therapie: Vom Problem zur Lösung. Dortmund: Borgmann.
Gendlin, E.T. (1981). Focusing: Technik der Selbsthilfe bei der Lösung persönlicher Probleme. Salzburg: Otto Müller.
Geuter, U. (Moderator) (1995). Die Anwendung der Hypnose in der Psychotherapie. Eine Radio-Diskussion mit W. Butollo, W. Bongartz, D. Revenstorf und G. Schmidt (Audioband). Mannheim: Süddeutscher Rundfunk, Wissenschaftsredaktion.
Geyerhofer, S. & Komori, Y. (1999). Die Integration poststrukturalistischer Modelle von Familienkurzzeittherapie. In: P. Watzlawick & G. Nardone (Hrsg.), Kurzzeittherapie und Wirklichkeit (S. 237–259). München: Piper.
Glasersfeld, E.v. (1981). Einführung in den radikalen Konstruktivismus. In: P. Watzlawick (Hrsg.). Die erfundene Wirklichkeit (S. 16–38). München: Piper.
Goolishian, H.A. & Anderson, H. (1988). Menschliche Systeme: Vor welche Probleme sie uns stellen und wie wir mit ihnen arbeiten. In: Reiter, L., Brunner, E.J. & Reiter-Theil, S. (Hrsg.), Von der Familientherapie zur systemischen Perspektive (S. 189–216). Berlin: Springer.
Grawe, K. (1987). Psychotherapie als Entwicklungsstimulation von Schemata: Ein Prozess mit nicht vorhersehbarem Ausgang. In: F. Caspar (Hrsg.). Problemanalyse in der Psychotherapie. Tübingen: Deutsche Gesellschaft für Verhaltenstherapie.
Grawe, K. (1994). Grundriß einer Allgemeinen Psychotherapie. Videoaufzeichnung eines Vortrags auf dem 39. Kongreß der Deutschen Gesellschaft für Psychologie in Hamburg. Medienarchiv für den Psychologischen Dienst der Bundesanstalt für Arbeit, Tübingen.
Grawe, K. (1998). Psychologische Therapie. Göttingen: Hogrefe.
Grawe, K. (1999a). Wie kann Psychotherapie noch wirksamer werden? In: Verhaltenstherapie und psychosoziale Praxis, 31 (2), 185–199.
Grawe, K. (1999b). Wirkfaktorenanalyse – ein Spektroskop für die Psychotherapie. In: Verhaltenstherapie und psychosoziale Praxis, 31 (2), 201–225.
Grawe, K. (1999c). Allgemeine Psychotherapie: Leitbild für eine empiriegeleitete psychologische Therapie. In: R.F. Wagner und P. Becker (Hrsg.), Allgemeine Psychotherapie (S. 117–167). Göttingen: Hogrefe.
Grawe, K., Donati, R. & Bernauer, F. (1994). Psychotherapie im Wandel: Von der Konfession zur Profession. Göttingen: Hogrefe.
Grawe, K., Grawe-Gerber, M., Heiniger, B., Ambühl, H. & Caspar, F. (1996). Schematheoretische Fallkonzeption und Therapieplanung. Eine Anleitung für Therapeuten. In: F. Caspar (Hrsg.), Psychotherapeutische Problemanalyse (S. 189–224). Tübingen: Deutsche Gesellschaft für Verhaltenstherapie.
Grinder, J. (1996). Paradigms of Change. Videoaufzeichnung vom „1st Congress of the world Council for Psychotherapy", Wien, 1996. Dortmund: Video-Cooperative-Ruhr.

Grinder, J. & Bandler, R. (1982). Kommunikation und Veränderung: Die Struktur der Magie II. Paderborn: Junfermann.

Grochowiak, K. (1995). Das NLP-Practitioner-Handbuch. Reihe Pragmatismus & Tradition, Band 40. Paderborn: Junfermann.

Grossarth-Maticek, R. (1999). Systemische Epidemiologie und präventive Verhaltensmedizin chronischer Erkrankungen. Strategien zur Aufrechterhaltung der Gesundheit. Berlin: de Gruyter.

Grossarth-Maticek, R. (2000). Autonomietraining. Gesundheit und Problemlösung durch Anregung der Selbstregulation. Berlin: de Gruyter.

Guntern, G. (1980). Die kopernikanische Revolution in der Psychotherapie: Der Wandel vom psychoanalytischen zum systemischen Paradigma. In: Familiendynamik, 5, 2–41.

Haley, J. (1967). Advanced Techniques of Hypnosis and Therapy. New York: Grune & Stratton.

Haley, J. (1996). Die Psychotherapie Milton H. Ericksons (4. Auflage). München: Pfeiffer.

Hargens, J. (1995). Kurztherapie und Lösungen – Kundigkeit und Respektieren. In: Familiendynamik, 20, 32–43.

Hargens, J. (1996). Ein Interview mit Steve de Shazer. In: W. Eberling & J. Hargens (Hrsg.), Einfach kurz und gut: Zur Praxis der Kurztherapie (S. 7–12). Dortmund: Borgmann.

Hargens, J. & Eberling, W. (Hrsg.) (2000). Einfach kurz und gut – Teil 2: Ressourcen erkennen und nutzen. Dortmund: Borgmann.

Hargens, J. (2000). Bitte nicht helfen! Es ist auch so schon schwer genug. Heidelberg: Carl-Auer-Systeme.

Hennig, H., Fikentscher, E., Bahrke, U. & Rosendahl, W. (Hrsg.) (1996). Kurzzeitpsychotherapie in Theorie und Praxis. Lengerich: Pabst Science Publishers.

Hentig, H.v. (1991). Die Sachen klären und den Menschen stärken. Eine Radioproduktion des Südwestfunks in Baden-Baden.

Hermer, M. (1996). Erlernte Inkompetenz – Von der defizitfixierten zur ressourcenorientierten Psychotherapie. In: Verhaltenstherapie und psychosoziale Praxis, 28 (3), 377–392.

Hesse, J. (Hrsg.) (1997). Systemisch-lösungsorientierte Kurztherapie. Göttingen: Vandenhoeck & Ruprecht.

Hesse, J. (1999). Die lösungs- und ressourcenorientierte Kurztherapie in Deutschland und den USA. In: H. Döring-Meijer (Hrsg.), Ressourcenorientierung – Lösungsorientierung: Etwas mehr Spaß und Leichtigkeit in der systemischen Therapie und Beratung (S. 47–69). Göttingen: Vandenhoeck & Ruprecht.

Hoffmann, L. (1992). Für eine reflexive Kultur der Familientherapie. In: J. Schweitzer, A. Retzer & H.R. Fischer (Hrsg.), Systemische Praxis und Postmoderne (S. 16–38). Frankfurt: Suhrkamp.

Hoffmann, L. (1996). Therapeutische Konversationen. Von Macht und Einflußnahme zur Zusammenarbeit in der Therapie. Die Entwicklung systemischer Praxis. Dortmund: verlag modernes lernen.

Honermann, H., Müssen, P., Brinkmann, A. & Schiepek, G. (1999). Ratinginventar Lösungsorientierter Interventionen (RLI): Ein bildgebendes Verfahren zur Darstellung ressourcen- und lösungsorientierten Therapeutenverhaltens. Göttingen: Vandenhoeck & Ruprecht.

Hummitzsch, H. (1999). Psychotherapie und die Integration psychotherapeutisch relevanten Wissens im Rahmen eines allgemeinen Modells. In: R.F. Wagner & P. Becker (Hrsg.), Allgemeine Psychotherapie (S. 75–116). Göttingen: Hogrefe.

Imber-Black, E., Roberts, J. & Whiting, R.A. (1998). Rituale in Familien und Familientherapien (3. Auflage). Heidelberg: Carl-Auer-Systeme.

Ivey, A.E. & Authier, J. (1983). Microcounseling. Neue Wege im Kommunikationstraining. Goch: Bratt-Institut für Neues Lernen.

Jong, P. de & Berg, I.K. (1998). Lösungen (er-)finden. Das Werkstattbuch der lösungsorientierten Kurztherapie. Dortmund: verlag modernes lernen.

Jürgens, G. & Salm, H. (1984). Familientherapie. In: H. Petzold (Hrsg.), Wege zum Menschen: Methoden und Persönlichkeiten moderner Psychotherapie (S. 387–450). Paderborn: Junfermann.

Kaimer, P. (1995). Lösungsorientiert zuerst! Ein Vorschlag. In: Verhaltenstherapie und psychosoziale Praxis, 27(3), 389–404.

Kaimer, P. (1998). Lösungsfokussierte Therapie (online). Aviailable from World Wide Web: www.uni-bamberg.de/~ba2pk99/DOKUMENT/STATESFT.HTM

Kanfer, F.H., Reinecker, H. & Schmelzer, D. (1996). Selbstmangement-Therapie: Ein Lehrbuch für die klinische Praxis (2. Auflage). Berlin: Springer.

Kast, V. (1987). Die Chancen der Krise: Ein Interview mit Theo Wurm (Audioband). Stuttgart: Süddeutscher Rundfunk.

Keeney, B. P. (1991). Improvisational Therapy: Eine praktische Anleitung zur Entwicklung kreativer klinischer Strategien. Paderborn: Junfermann.

Kibéd, M.V. von (1998). Die theoretischen Grundlagen systemischen Denkens (Audio). Münsterschwarzach: Audiotorium Netzwerk.

Klare, J. & Swaaij, L. van (2000). Atlas der Erlebniswelten. Frankfurt: Eichborn.

Kriz, J. (1994). Grundkonzepte der Psychotherapie (4. Auflage). Weinheim: Beltz.

Kriz, J. (1999). Systemtheorie für Psychotherapeuten, Psychologen und Mediziner: eine Einführung. Wien: Facultas Universitätsverlag.

Krüger, T. & Funke, J. (1998). Psychologie im Internet: Ein Wegweiser für psychologisch interessierte User. Weinheim: Beltz.

Kuhl, J. & Kazén, M. (1997). Persönlichkeits-Stil und -Störungs-Inventar (PSSI). Handanweisung. Göttingen: Hogrefe.

Lazarus, A.A. (2000). Multimediale Kurzpsychotherapie. Stuttgart: Klett-Cotta.

Lipchik, E. (1994). Die Hast, kurz zu sein. In: Zeitschrift für systemische Therapie, 12, 228–235.

Ludewig, K. (1992). Systemische Therapie: Grundlagen klinischer Theorie und Praxis. Stuttgart: Klett-Cotta.

Ludewig, K. (1996). Systemische Therapie in Deutschland. Ein Überblick. In: Familiendynamik, 21, 95–116.

Lutz, R. (1996). Exploration positiver Eigenschaften – ein Beitrag zum verhaltensdiagnostischen Interview. In: H. Reinecker & D. Schmelzer (Hrsg.), Verhaltenstherapie – Selbstregulation – Selbstmanagement (S. 185–198). Göttingen: Hogrefe.

Lynn, S. (1994). Kurztherapie. In: R.J. Corsini (Hrsg.). Handbuch der Psychotherapie (4. Auflage). Weinheim: Beltz.

Macdonald, A.J. (1998). Lösungsorientierte Kurztherapie in einer schottischen Psychiatrie: Die Erfahrungen von acht Jahren. In: W. Eberling & M. Vogt-Hillmann (Hrsg.), Kurzgefaßt – zum Stand der lösungsorientierten Praxis in Europa (S. 340–355). Dortmund: Borgmann.

Madelung, E. (1996). Kurztherapien: Neue Wege zur Lebensgestaltung. München: Kösel.

Mehlmann, R. & Röse, O. (2000). Das LOT-Prinzip: Lösungsorientierte Kommunikation im Coaching, mit Teams und in Organisationen. Göttingen: Vandenhoeck & Ruprecht.

Metsch, H. (1993). Familientherapie. In: D. Revenstorf. Psychotherapeutische Verfahren (Band IV): Gruppen-, Paar- und Familientherapie. Stuttgart: Kohlhammer.

Miller, G. & de Shazer, S. (1991). Jenseits von Beschwerden: Ein Entwurf der Kurztherapie. In: L. Reiter & C. Ahlers (Hrsg.), Systemisches Denken und therapeutischer Prozess (S. 117–135). Berlin: Springer.

Miller, S.D. & Berg, I.K. (1997). Die Wunder-Methode: Ein völlig neuer Ansatz bei Alkoholproblemen. Dortmund: verlag modernes lernen.

Minsel, W.R. (1981). Brennpunkte der klinischen Psychologie – Band 1: Psychotherapie. München: Kösel.

Mosak, H.H. & Maniacci, M.P. (1999). Beratung und Psychotherapie: Die Kunst, im richtigen Moment das Richtige zu tun. Sinntal: RDI Verlag.

Moskau, G. & Müller, G.F. (Hrsg.) (1995). Virginia Satir – Wege zum Wachstum (2. Auflage). Paderborn: Junfermann.

Nardone, G. (1997). Systemische Kurztherapie bei Zwängen und Phobien: Einführung in die Kunst der Lösung komplizierter Probleme mit einfachen Mitteln. Bern: Hans Huber.

Naumann, A. (1996). Lösungsorientierte Therapie und VT: Was für eine Verhaltensanalyse darf's denn sein, auf dass die Therapie erfolgreich ist? In: H. Hennig, E. Fikentscher, U. Bahrke & W. Rosendahl (Hrsg.), Kurzpsychotherapie in Theorie und Praxis (S. 888–896). Lengerich: Pabst Science Publishers.

Nelle, A.-C. & Prechtl, A.M. (2000). Lebensfülle statt Leibesfülle. Ein lösungsorientiertes Gruppenprogramm für Frauen mit Eßstörungen. In: J. Hargens & W. Eberling (Hrsg.), Einfach kurz und gut – Teil 2: Ressourcen erkennen und nutzen (S. 159–176). Dortmund: Borgmann.

O'Connor, J. & Seymour, J. (1995). Neurolinguistisches Programmieren: Gelungene Kommunikation und persönliche Entfaltung (5. Auflage). Freiburg: Verlag für angewandte Kinesiologie.

O'Hanlon, B. & Sandy B. (1998). Das wär' was! Ein Wegweiser ins Möglichkeiten-Land. 51 Methoden für eine kurze und respektvolle Therapie. Dortmund: Borgmann.

Radatz, S. (2000). Beratung ohne Ratschlag: Systemisches Coaching für Führungskräfte und BeraterInnen. Wien: Institut für systemisches Coaching und Training.

Rahm, D. (1986). Gestaltberatung: Grundlagen und Praxis integrativer Beratungsarbeit (4. Auflage). Paderborn: Junfermann.

Reinecker, H. & Schmelzer, D. (Hrsg.) (1996). Verhaltenstherapie – Selbstregulation – Selbstmanagement. Göttingen: Hogrefe.

Reiter, L., Brunner, E.J. & Reiter-Theil, S. (Hrsg.) (1988). Von der Familientherapie zur systemischen Perspektive. Berlin: Springer.

Reiter, L. & Ahlers, C. (Hrsg.) (1991). Systemisches Denken und therapeutischer Prozess. Berlin: Springer.

Retzer, A. (1992). Fördernde und hemmende Einflüsse sozialer Netzwerke: Der systemische Ansatz. Unveröffentlichter Vortrag anläßlich der Fachtagung „Psychologie in der beruflichen Rehabilitation", Heidelberg.

Retzer, A. (1994). Familie und Psychose: Zum Zusammenhang von Familieninteraktion und Psychopathologie bei schizophrenen, schizoaffektiven und manisch-depressiven Psychosen. Stuttgart: Gustav Fischer.

Retzer, A. (1996). Zeit und Psychotherapie. In: Familiendynamik, 21, 136–159.

Rogers, C. (1972). Die nicht-direktive Beratung. München: Kindler.

Rogers, C. (1974). Encounter-Gruppen. München: Kindler.

Sachse, R. (1992). Zielorientierte Gesprächspsychotherapie: Eine grundlegende Neukonzeption. Göttingen: Hogrefe.

Satir, V. (1973). Familienbehandlung: Kommunikation und Beziehung in Theorie, Erleben und Therapie. Freiburg: Lambertus.

Schiepek, G. (1999). Die Grundlagen der Systemischen Therapie: Theorie – Praxis – Forschung. Göttingen: Vandenhoeck & Ruprecht.

Schiepek, G. & Kaimer, P. (1996). Systemische Diagnostik im Fluß praktischer Erfahrung. In: F. Caspar (Hrsg.), Psychotherapeutische Problemanalyse (S. 269–301). Tübingen: Deutsche Gesellschaft für Verhaltenstherapie.

Schiepek, G., Honermann, H., Müssen, P. & Senkbeil, A. (1997). Ratinginventar lösungsorientierter Interventionen (RLI): Die Entwicklung eines Kodierungsinstrumentes für ressourcenorientierte Gesprächsführung in der Psychotherapie. In: Zeitschrift für Klinische Psychologie, 26 (4), 269–277.

Schlippe, A.v. (1995). Möglichkeiten der Selbst-Supervision – eine Umsetzung des Satirschen Ansatzes. In: G. Moskau & G.F. Müller (Hrsg.), Virginia Satir – Wege zum Wachstum (S. 233–242). Paderborn: Junfermann.

Schlippe, A. v. (1995). Familientherapie im Überblick: Basiskonzepte, Formen, Anwendungsmöglichkeiten (11. Auflage). Paderborn: Junfermann.

Schlippe, A. v. & Schweitzer, J. (1996). Lehrbuch der systemischen Therapie und Beratung. Göttingen: Vandenhoeck & Ruprecht.

Schmidt, G. (1985). Systemische Familientherapie als zirkuläre Hypnotherapie. In: Familiendynamik, 10, 241–263.

Schmidt, G. (1989). Von der symptomstabilisierenden selbstinduzierten Problemhypnose zur beziehungsorientierten Lösungstrance. Videoaufzeichnung vom 1. Europäischen Kongreß für Hypnose und Psychotherapie nach M. H. Erickson, Heidelberg. Dortmund: Video-Cooperative-Ruhr.

Schmidt, G. (1992). Lösungsorientierte Arbeit mit Eltern als Co-Therapeuten (Audioband). Heidelberg: Carl-Auer-Systeme.

Schmidt, G. (1994). Trance-Ebenen lösungsorientierter systemischer Supervision (Audioband). Vortrag auf dem Forum „Systemische Supervision – was ist das, und wie macht man das? Heidelberg: Carl-Auer-Systeme.

Schmidt, G. (1997). Gestaltungsmöglichkeiten systemisch-lösungsorientierter Therapie – Verknüpfungen und Varianten. In: J. Hesse (Hrsg.), Systemisch-lösungsorientierte Kurztherapie (S. 75–94). Göttingen: Vandenhoeck & Ruprecht.

Schmidt, G. (1998). Lösungsorientierte Konzepte für Teamsysteme. Live-Mitschnitt eines Vortrags (Audio). Münsterschwarzach: Vier-Türme-Verlag.

Schmidt, G. (1999). Hypno-systemische Kompetenzentfaltung: Nutzungsmöglichkeiten der Problemkonstruktion. In: H. Döring-Meijer (Hrsg.), Ressourcenorientierung – Lösungsorientierung: Etwas mehr Spaß und Leichtigkeit in der systemischen Therapie und Beratung (S. 70–129). Göttingen: Vandenhoeck & Ruprecht.

Schmidt, G. (2000). Selbsthypnose und Selbstmanagement. Videoaufzeichnung eines Workshops. Dortmund: Video-Cooperative-Ruhr.

Schulte-Cloos, C. & Baisch, A. (1996). Lebenskraft – Ressourcen im Umgang mit Belastungen … und was Helfer dazu meinen. In: Verhaltenstherapie und psychosoziale Praxis, 28 (3), 421–440.

Schweitzer, J., Retzer, A. & Fischer, H. R. (Hrsg.) (1992). Systemische Praxis und Postmoderne. Frankfurt am Main: Suhrkamp.

Schweitzer, J. & Weber, G. (2000). Systemische Familientherapie. In: J. Straub, A. Kochinka & H. Werbik (Hrsg.), Psychologie in der Praxis (S. 209–228). München: Deutscher Taschenbuch Verlag.

Selvini-Palazzoli, M. & Prata, G. (1985). Eine neue Methode zur Erforschung und Behandlung schizophrener Familien. In: H. Stierlin, L. C. Wynne & M. Wirsching (Hrsg.), Psychotherapie und Sozialtherapie der Schizophrenie (S. 275–282). Berlin: Springer.

Selvini-Palazzoli, M., Boscolo, L., Cecchin, G. & Prata, G. (1974). The Treatment of Children through Brief Therapy of Their Parents. In: Family Process, 13, 429–442.

Selvini-Palazzoli, M., Boscolo, L., Cecchin, G. & Prata, G. (1981). Hypothetisieren – Zirkularität – Neutralität: Drei Richtlinien für den Leiter der Sitzung. In: Familiendynamik, 6, 123–139.

Simon, F. B. (1988). Lebende Systeme: Wirklichkeitskonstruktionen in der systemischen Therapie. Berlin: Springer.

Simon, F. B. (1993). Meine Psychose, mein Fahrrad und ich: Zur Selbstorganisation der Verrücktheit (4. Auflage). Heidelberg: Carl-Auer-Systeme.

Simon, F. B. (1999a). Die Kunst, nicht zu lernen. Und andere Paradoxien in Psychotherapie, Management, Politik … (2. Auflage). Heidelberg: Carl-Auer-Systeme.

Simon, F. B. (1999b). Interview von Heinz Kersting (online). Avialable from world wide web: http://www.simon-weber.de/simon/Kersting-Interview.html

Simon, F. B. & Weber, G. (1988). Zwischen Allmacht, Ohnmacht und „macht nichts!". In: Familiendynamik, 13, 270–274.

Spitzer, M. (1997). Kolloqium der Neurowissenschaften, Universität Tübingen; unveröffentlichter Vortrag.

Stierlin, H., Wynne, L.C. & Wirsching, M. (Hrsg.) (1985). Psychotherapie und Sozialtherapie der Schizophrenie. Berlin: Springer.
Straub, J., Kochinka, A. & Werbik, H. (Hrsg.) (2000). Psychologie in der Praxis. Anwendungs- und Berufsfelder einer modernen Wissenschaft. München: Deutscher Taschenbuch Verlag.
Talmon, M. (1996). Schluß mit den endlosen Sitzungen: Wege zu einer lösungsorientierten Kurztherapie. München: Droemersche Verlagsanstalt.
Tausch, R. (1987). Wohin mit Ärger, Streß und Traurigkeit? Vom förderlichen Umgang mit beeinträchtigenden Gefühlen (Audioband). Wien: Österreichischer Rundfunk.
Tomm, K. (1996). Die Fragen des Beobachters: Schritte zu einer Kybernetik zweiter Ordnung in der systemischen Therapie (2. Auflage). Heidelberg: Carl-Auer-Systeme.
Trenkle, B. (1998). Familientherapie ohne Familie. Videoaufzeichnung eines Workshops von der 20. Jahrestagung der Deutschen Gesellschaft für Hypnose. Düsseldorf: Video-Cooperative-Ruhr.
Troxler, W. & Hirschi, F. (1997). BeziehungsKiste: Die wichtigsten Fragen in der Beziehung. Eine Anleitung für eine bessere Kommunikation in der Partnerschaft. Zürich: Hirschi + Troxler.
Vogt, R. (1996). Zur Integration lösungsorientierten und analytisch orientierten kurztherapeutischen Vorgehens in der tiefenpsychologisch fundierten psychotherapeutischen Praxis. In: H. Hennig, E. Fikentscher, U. Bahrke & W. Rosendahl (Hrsg.), Kurzpsychotherapie in Theorie und Praxis (S. 910–917). Lengerich: Pabst Science Publishers.
Vogt-Hillmann, M., Eberling, W., Dahm, M., Dreesen, H. (Hrsg.) (2000). Gelöst und Los! Systemisch-lösungsorientierte Perspektiven in Supervision und Organisationsberatung. Dortmund: Borgmann.
Wagner, R.F. & Becker, P. (Hrsg.) (1999). Allgemeine Psychotherapie: Neue Ansätze zu einer Integration psychotherapeutischer Schulen. Göttingen: Hogrefe.
Walter, J.L. & Peller, J.E. (1994). Lösungs-orientierte Kurztherapie: Ein Lehr- und Lernbuch (Band 9 der Reihe „systemische Studien"). Dortmund: verlag modernes lernen.
Watzlawick, P. (1977). Die Möglichkeit des Andersseins. Bern: Hans Huber.
Watzlawick, P. (Hrsg.) (1981). Die erfundene Wirklichkeit: Wie wissen wir, was wir zu wissen glauben? Beiträge zum Konstruktivismus. München: Piper.
Watzlawick, P. (1983). Anleitung zum Unglücklichsein (4. Auflage). München: Piper.
Watzlawick, P. (1985). Kurzbehandlungen schizophrener Störungen. In: H. Stierlin, L.C. Wynne & M. Wirsching (Hrsg.), Psychotherapie und Sozialtherapie der Schizophrenie (S. 247–261). Berlin: Springer.
Watzlawick, P. (1986). Vom Schlechten des Guten oder Hekates Lösungen. München: Piper.
Watzlawick, P. (1990). Wenn die Lösung das Problem ist. Videoaufzeichnung eines Vortrags im Hospitalhof in Stuttgart. Baden-Baden: Südwestfunk.
Watzlawick, P. (1991). Supervision am Mental Research Institute. In: Hannes Brandau (Hrsg.), Supervision aus systemischer Sicht (S. 257–260). Salzburg: Otto Müller.
Watzlawick, P. (1996). Neues und Vergessenes. In: Familiendynamik, 21, 203–210.
Watzlawick, P. & Nardone, G. (Hrsg.) (1999). Kurzzeittherapie und Wirklichkeit. München: Piper.
Watzlawick, P., Beavin, Janet H. & Jackson, D.D. (1969). Menschliche Kommunikation: Formen, Störungen, Paradoxien. Bern: Hans Huber.
Watzlawick, P., Weakland, J.H. & Fisch, R. (1988). Lösungen: Zur Theorie und Praxis menschlichen Wandels (4. Auflage). Bern: Hans Huber.
Weakland, J., Fisch, R., Watzlawick, P. & Bodin, A. (1974). Brief Therapy: Focused Problem Resolution. In: Family Process, 13, 141–168.
Weber, G. (1981). Rückfall oder Vorfall – über den systemischen Umgang mit sich vermeindlich wiederholenden Verhaltensweisen. Videoaufzeichnung vom Heidelberger Kongreß „Das Ende der großen Entwürfe und das Blühen systemischer Praxis". Dortmund: Video-Cooperative-Ruhr.

Weber, G. (1994). Selbstsupervision für Therapeuten. Audioaufzeichnung eines Vortrags auf einem Fortbildungsworkshop in Heidelberg: „Systemische Supervision – Was ist das, und wie macht man das?". Tübingen: Medienarchiv für den Psychologischen Dienst der Bundesanstalt für Arbeit.

Weiss, T. (1988). Familientherapie ohne Familie: Kurztherapie mit Einzelpatienten. München: Kösel.

White, M. & Epston, D. (1994). Die Zähmung der Monster: Literarische Mittel zu therapeutischen Zwecken (2. Auflage). Heidelberg: Carl-Auer-Systeme.

Wittgenstein, L. (1977). Philosophische Untersuchungen. Frankfurt: Suhrkamp.

Wolf, A. (1999). Hilfe zur Selbsthilfe in der Physiotherapie – Eine lösungsorientierte Rückenschule (online). Avialable from World Wide Web: www.uni-bamberg.de/~ba2pk99/forschung/WolfKurzDA.htm

Wolf, F. (2000). Lösungsorientierte Moderation als kurztherapeutische Intervention in EpertInnensystemen. In: J. Hargens und W. Eberling (Hrsg.), Einfach kurz und gut – Teil 2: Ressourcen erkennen und nutzen (S. 177–198). Dortmund: Borgmann.

Wolters, U. (2000). Lösungsorientierte Kurzberatung: Was auf schnellem Wege Nutzen bringt. Leonberg: Rosenberger.

Zeig, J.K. (1995). Die Weisheit des Unbewussten: Hypnotherapeutische Lektionen bei M.H. Erickson. Heidelberg: Carl-Auer-Systeme.

Zimmer, D. (1983). Die therapeutische Beziehung: Konzepte, empirische Befunde und Prinzipien ihrer Gestaltung. Weinheim: Edition Psychologie.

Stichwortverzeichnis

A

Abschiedsrituale 154ff
Abschlussformen 154ff
Abschlussfrage 121
Änderungsoptionen – suggestive 91
Anerkennung 111
Anliegen 40
Annäherung 152
Anteilnahme 104
Atlas der Erlebniswelten 109
Attraktoren 77
Attraktoren – emotionale 77
Attraktoren – motivationale 77
Attribution 74, 80
Attribution – externale 74
Attribution – instrumentale 74
Attribution – ressourcenorientierte 74
Attribution – utilisierende 74
Aufmerksamkeit – paraverbale 140
Aufmerksamkeitsfokussierung 107
Auftragsklärung 40ff
Ausnahmen 54ff
Außenperspektive 144
Autonomie 24
Autonomietraining 28
Autopoiesis 102

B

Balance 152
BASIC-ID 139
Bedeutung – Umwandlung von 74ff
Bedeutungsdimension 189
Bedingungsanalyse 19, 85
Beendigung 152ff
Begleitung 124
Begutachtung 128f
Beobachter 10, 94
Beobachtungsaufgabe 60
Berater – lösungsorientierter 21ff, 25
Beratung – beforschte 187ff
Beratung – des Beraters 96
Beratung – Ende der 152ff
Beratung – phantasieschenkende 67
Beratung – Phasenmodell der 29ff

Beratung – zeiteffiziente 156
Beratungsablaufschema 48
Beratungsfrequenz 124
Beratungs-Partitur 193
Bescheidenheit 106
Beschwörungsformeln 56f
Besucher 43ff
Betty-Erickson-Übung 115
Bewertungsdimension 188
Beziehung – responsiv-rezeptive 120
Botschaften – nonverbale 104
Breitbandscreening 139
Brief Family Therapy Center 11
Brief Therapy Center 11
Briefe – elektronische 133
Briefe – therapeutische 125ff, 155
Briefing für das Lösungshandeln 118
Briefwechsel 131
Burn-out-Syndrom 44

C

Cheerleading 119
Circulus virtouosus 74, 114
Compliance 38, 120, 138
Coping-Fragen 52
Copingressourcen 52

D

Dauer 157
Denken – divergentes 107
Denken – systemisches 5
EARS 140f

E

e-Beratung 133
Effekte 157
Effektivität 157, 195ff
ELIZA-Simulationsprogramm 198
Empathie 101, 104
Erfolgsgeschichten 137
Erfolgsindikatoren 121
Erfolgsmeldungen 125
Erfolgsprädiktor 31, 101, 106
European Brief Therapy Association 14

Euthyme Therapie 114
Experiencing 73
Expertensystem 197f

F

Fähigkeitenteppich 117
Familientherapie 5f
Flussdiagramm lösungsorientierter Interventionen 196f
Folgegespräch 124, 137ff
Fragen – zirkuläre 77
Fragentypen 32
Freiheiten – Die fünf 91f
Fully-functioning-person 153
Fürsorge – delegierte 44
Futurepacing 50

G

Generalisierungen – unzutreffende 81
Gesprächspsychotherapie – zielorientierte 200
Grundeinstellung – lösungsorientierte 105
Grundgesetz für lebende Systeme 94

H

Handlungspotential – adaptives 119
Handlungsregulation 77
Hausaufgaben 100, 118f, 144f
Hausaufgaben – für den Berater 122
Hemisphärenspezialisierung 104
Homo Faber 8f
Humanistische Psychologie 29, 38

I

Immunisierung gegen Misserfolge 142f
Immunsystem – psychisches 27, 39
Imperativ – beraterischer 22
Impulse – multimodale 133
Indexpatient 106
Innenperspektive 144
Interaktion – Berater-Klient- 193
Intervall zwischen den Sitzungen 157
Interventionen – strategische 11
Intuition – innere 115
Ist-Soll-Diskrepanz 30, 74, 75

J

Joker-Auftrag 71f

K

Kehrtwende vorwärts 21
Kippbild 82
Klagende 43ff
Klemmen-Symptome 149ff
Klientypus 106
Kodierung 187
Kodierungssystem 188
Koevolution 94f
Kohärenzgefühl 27f
Kommunikation – interpersonelle 6
Kommunikation – symmetrische 102
Kommunikationsdimension 189
Kompetenzen 57
Kompetenzen-Würfelspiel 141f
Komplementarität 102
Komplimente 39, 103, 110, 122
Konfrontationsverfahren 125
Konnotation – positive 57, 77, 99, 110ff
Konsens 49
Konsistenz 18
Konstellation – triadische 94
Konstruktivismus 7f, 29
Kontakte – telekommunikative 125ff
Kontrakt 40ff
Kontrasteffekte 110
Koppelung 31
Kristallkugel-Technik 12
Kundenorientierung 24
Kunstfehler 105
Kurztherapie 10f
Kurzzeitberatung 157
Kybernetik 9f
Kybernetik zweiter Ordnung 9f, 29f

L

Langzeittherapie 157
Lebensphilosophie 24f
Lebensutopien 81
Leidende 43ff
Leitfragen 30
Lichtenbergsche Maxime 85
Logotherapie 27f
Lösung 47
Lösungen – hypothetische 65ff
Lösungen – verdrängte 83
Lösungsalgorithmen 197f
Lösungserfindung 85
Lösungsevaluation 32, 137ff
Lösungsfortschreibung 58
Lösungskompetenz 33

Lösungsphysiologie   120
Lösungspotentiale   22
Lösungsprozess   138
Lösungsrealisation   100
Lösungstendenzen   51ff
Lösungstrance   56, 99, 115
Lösungsunterbreitung   122
Lösungsunterstellung   61f
Lösungsverschreibung   32, 58, 99ff, 142f
Lösungsvision   47ff, 84
Lösungsvorschlag   118ff
LOT-Prinzip   13

M

Mach' etwas ander(e)s   85ff
Maschine – nichttriviale   19f
Maxime – lösungsorientierte   21
Mehr des Unterschiedlichen   50
Menschenbild   23f, 29
Menschenbild – humanistisches   23f
Metaebene   108
Metaperspektive   68, 96
Metaphern   77
Microcounseling   187
Milwaukee-Axiom   11f
Minimalismus   196ff
Minimax-Prinzip   118
Misserfolg   147f
Misserfolgsprophylaxe   142f
Missverständnisse   80f
Missverständnisse – kreative   80, 145f
Modell neuronaler Landkarten   16f
Modelllernen   95, 113
Möglichkeiten-Land   47
Möglichkeiten-Therapie   22
Möglichkeitssinn   22

N

Nachdenkpause   99, 107ff
Negationen   69
Neutralität   101
Noch-nicht-Verschreibung   90f
Norddeutsches Institut für Kurzzeittherapie   13, 206
Nützlichkeit   196

O

Objektivität   10, 17
Ontologie – konstitutive   8
Operationalisierung   120
Operatoren   193

P

Pacing   102
Pacing – verbales   105
Paraphrasieren   105
Perspektivenwechsel   75
Plananalyse   102
Plananalyse – sequentielle   193
Pläne   193
Position – selbstsupervidierende   108
Post-session-change   200
Potentiale – handlungssteuernde   77
Pragmatismus   196ff
Pre-session-change   51
Problem 2. Ordnung   39
Problemanalyse   15f, 37ff
Problemanalyse – lösungsorientierte   36f
Problemanalyse – Umdeutung der   40
Problemfixierung   84
Problemhypnose   16, 52, 56f, 62, 104
Problemlösekompetenz   57
Problemlöseschemata   89
Problemlösungspassivität   81
Problemsystem   85
Problem-talk   16, 21
Problemverlagerung   149
Protokollierung   187
Provokative Therapie   81
Prozess – koevolutiver   94f
Prozesskontrolle   187ff
Psychoanalyse   157
Psychologische Therapie   23, 188
Psychotherapie – Allgemeine   23
Psychotherapieforschung   107

Q

Qualitätsmanagement   187ff

R

Rapport   81, 99, 101, 125f
Rapportverhalten – systemisch-adaptives   106
Ratinginventar lösungsorientierter Interventionen   187ff
Rational-Emotive-Therapie   86
Reaktanzhypothese   145
Realisierungsschritte   66
Realität   7f, 80
Re-Authoring   140
Reframing   73ff
Reframing – motivationsdiversifizierendes   75ff

Reframing – situationsutilisierendes 75ff
Reframing – verhaltensdiversifizierendes 74ff
Regel – goldene 153
Regel – silberne 153
Reparatur 20
Repräsentationssystem 105
Resilienz 25
Ressourcen 22, 29, 56, 90, 140
Ressourcen – aktivieren 23, 110ff
Ressourcen – fokussieren 31, 190
Rituale 89f
Rückkoppelungsprozesse 49, 74, 75, 85, 112
Rückmeldung 108

S
Salutogenese 26ff
Schlüsselfragen 50f
Schlüsselwörter 105
Sebstkongruenz 95
Sehnsucht nach Zukunft 21
Selbstbeobachtung 60
Selbstberatung des Beraters 95f
Selbsterfahrung 115
Selbstexploration 105
Selbsthypnose 115
Selbstkontrolle – evaluative 187
Selbstkonzept 140
Selbstorganisationsprozess 100, 102
Selbstregulation 152f
Selbstsuggestion 61
Selbstverständnis des Beraters 24, 95
Selbstverständnis des Klienten 56
Selbstwahrnehmung 115, 140
Selbstwerterhöhung 112
Selbstwirksamkeit 25, 114
Selbstwirksamkeitsüberzeugung 100
Self-efficacy 25, 27, 63
Self-empowerment 140
Self-fulfilling-prophecy 51
Sichtweise – zirkuläre 67
Similarität 133
Sitzungszahl 157
Skalierungsfragen 62f, 142, 152
Solution-line 63f
Sonagramm 190f
So-tun-als-ob-Aufgabe 61f, 71, 119
Splitting 57, 59f
Sprache – gemeinsame 104
Sprache – Zauber der 49f
Sprachphilosophie 198f

Standardintervention der ersten Stunde 60, 137
Stellungsarbeit – lösungsorientierte 113
Stimulierung – motivationale 118
Strategie des ersten Schritts 23
Suchprozesse 1, 10, 51
Suchprozesse – innere 24
Suggestion 63
Supervision 187
Synchronisation 30f, 35ff
Systemdimension 188f
Systemische Beratung 6
Systemische Therapie 6
Systemisch-lösungsorientierte Therapie 200

T
Theorie – systemische 8
Therapeutenvariablen 95
Therapie – lösungsfokussierte 14
Thesaurus – lösungsorientierter 79
think small steps 49, 121
Tiefen-Screening 140
Timing – lösungsorientiertes 124
Tracking 139
Trance 52
Trance – Induktion von 107
Transformation 109

U
Übertragung 153
Überzeugungen – irrationale 81
Universalantwort 201
Universallösung 84ff
Universallösung 2. Ordnung 94ff, 106
Unterhaltung 187
Unterschiedsfragen 55
Unterstützungsformen 124
Utilisierung 22, 58

V
Validität 192f
Veränderungsdimension 189
Veränderungsprozess 50, 138
Veränderungsskala 146
Verarbeitung – innere 20
Verbesserungen 137
Verfahren – bildgebendes 190f
Vereinbarung 121f
Vergegenwärtigung – imaginativ-erprobende 120
Verhaltensaufgaben 50

Verhaltensbeschreibungen 68
Verhaltensmodalitäten 139
Verhaltenspläne 193
Verhaltenstherapie 19, 60
Verschlimmerungsfrage 58f
Verschreibung – paradoxe 87
Verstärkung – telekommunikative 125ff
Verzerrungen 81
Video-Cooperative-Ruhr 115, 212f
Vorhersage 155f
Vorhersageaufgabe 60f
Vorklärung 118,
Vorklärungsfrage 122

W

Wachstumsprozess 32f
Wertschätzung 103
Widerstandsanalyse 145

Wirkfaktoren 23, 95
Wirkfaktorenanalyse 187ff
Wirklichkeit 8, 79f
Wirklichkeitssinn 67
Wirksamkeitsbeurteilung 199f
Wow-Signale 140
Wunderfrage 65f
Wundermethode 67

Y

Yes-Setting 101f

Z

Zauberwörter 43, 66
Zentralfrage – lösungsorientierte 48
Zieldefinition 48f
Zielerreichungsskala 46
Zirkularität 7, 29